KB271075

日本近代史를 보는 눈

日本近代史를 보는 눈

초판 1쇄 발행 1991. 6. 29.
초판 9쇄 발행 2005. 10. 1.

지은이   김 용 덕
펴낸이   김 경 희
펴낸곳   (주)지식산업사
          서울시 종로구 통의동 35-18
          전화 (02)734-1978(대) 팩스 (02)720-7900
          인터넷 한글문패   지식산업사
          인터넷 영문문패   www.jisik.co.kr
          전자우편   jsp@jisik.co.kr
          등록번호   1-363
          등록날짜   1969. 5. 8.

책값은 뒤표지에 있습니다.

ISBN 89-423-2905-5 93910

이 책을 읽고 지은이에게 문의하고자 하는 이는
지식산업사 전자우편으로 연락 바랍니다.

책 머 리 에

일본의 근대사를 우리는 객관적으로 보고 있다고 말하기는 아직도 어렵다. 과거 日帝에 의한 한국의 침탈 때문만이 아니라 두 나라의 관계가 오늘까지도 바람직한 방향으로 나아가고 있다고 보이지 않기 때문일 것이다. 또한 일본의 근대적 변화를 경제적 발전이라는 면에 치우쳐 보는 사람들은 우리는 결국 일본의 軌跡을 따르게 되리라고 말하기도 한다. 그러나 한 나라의 역사적 경험은 엄밀하게는 그 나라만의 독특한 것으로서, 거기에 우리와의 관계만을 매개시켜 好惡의 평가를 할 수는 없다. 그 나라 역사의 실체를 파악하여 우리를 살펴보는 데 참고로 하는 것이 오히려 중요하다.

일본의 근대사는 외압에 의한 개항으로부터 시작하였다. 따라서 서양선진국들과의 불평등한 관계를 극복하는 것은 일차적 관심이요 과제였다. 이는 일본근대사의 한계로서 보편주의적 가치를 추구할 수 있는 범위를 극도로 제한하였다. 일본 나름의 특수한 목표가 설정되어 이를 일방적으로 추진하는 세력이 사회적 지배력을 압도적으로 행사하게 된 것이다. 여기에서 생기는 모순이 해외침략과 국내에서의 불균형발전 및 탄압으로 나타났다고 보인다. 이러한 관점에서 공부하고 강의해 오며 쓴 글 가운데 근대일본의 변천에 관한 史論·紹介·研究動向 등을 모아 다시 정리한 것이 이 책이다.

일본근대사에 관한 개설서를 쓰기로 지식산업사와 약속한 것은 오래 전의 일이나 나의 게으름으로 아직도 이를 지키지 못하고 있다. 우선 이것으로 당분간 책임을 면할 수 있으면 싶다. 근래 有無形의 피해에도 위축되지 않고 꿋꿋이 버티고 있는 지식산업사의 여러분께 저자로서의 감사보다는 격려와 지원을 보내고 싶다. 지금까지 나를 이끌어주신 스승과 선배 그리고 동료들의 도움이 없었으면 이 책을 낼 수 없었을 것이다. 또 한편으로 나의 힘이 되어주고 있는 아내와 아이들에게 고마움을 느낀다. 앞으로 성실하게 노력하여 도와준 모든 이들에게 더 나은 성과로 갚아야겠다.

1991년 5월

金 容 德

차　례

제1장 日本近代史의 배경과 흐름

1. 日本史의 배경과 특질

1) 머 릿 말

한 나라의 역사를 볼 때 역사학자들은 지리적인 조건이 어떠하였는가, 어떠한 인간들이 살았는가 하는 것을 제일 기초적인 이해의 수단으로 삼는다. 일본사를 볼 때도 땅과 인간이 일본역사의 전개에서 어떠한 영향을 주었느냐에 대해 지적할 수가 있겠다. 일본의 땅은 지도에서 보는 것처럼 홋카이도(北海道)·혼슈(本州)·시코쿠(四國)·규슈(九州) 등 4개의 큰 섬으로 되어 있지만 실제 일본에는 수천개의 섬이 있다. 오늘날 4개의 큰 섬은 모두 연결되어 있다. 제일 먼저 연결된 것이 혼슈와 규슈 사이의 간몬(關門;下關와 門司)해협인데 자동차·기차가 바다 밑으로 달리고 있다. 혼슈와 홋카이도 사이에도 세이칸(靑函;靑森와 函館)터널이 뚫려 있는데 1988년부터 기차가 다니기 시작했다. 또한 시코쿠와 혼슈 사이도 같은 해 다리로 연결되었다. 그렇다고 해도 일본은 면적 약 38만 평방킬로미터의 섬나라로서 우리나라 남북 22만 평방킬로미터의 1.7배 정도이다. 그러나 일본은 화산으로 이루어진 섬이기 때문에 화산 피해가 많고, 지진·태풍의 피해도 심각해서 이용면에서는 그리 넓지 않다. 또한 상당히 높은 산들이 많은데 높이 2천 미터가 넘는 산들이 약 70개 이상 있다. 따라서 국토가 산맥으로 많이 갈라져 있으며, 산맥이 많다 보니 그에 따라 강도 많이 흐르고 있다. 일본의 경지율이 우리나라보다 낮은 약 17퍼센트 정도라는 것은 당연하다.

그곳에 살고 있는 사람에 관하여 살펴보면, 일본인의 기원은 아직도 확실히 밝혀지지 않은 문제이다. 얼굴이 우리와 유사하고 언어의 구조가 유사하기 때문에 몽골리안이라는 것은 대체적으로 인정이 되나, 일본에는 아이누족이라는 것도 있다. 오늘날 미국이 인디언을 보호하듯이 홋카이도 일부 지역에서 보호지역을 만들어 보호하고 있지만, 순수 아이누족을 찾아보기는 힘든 실정이다. 그러나 역사적으로는 일본 중세까지도 대단한 세력으로 북방에 남아 있었다. 아이누족의 정벌을 위한 대장군의 칭호가 나중에 일본에서 장군이라는 칭호 즉, '쇼군'(將軍)의 시초가 될 정도였다. 또 남방 계통의 인종비율이 우리보다는 훨씬 많다. 일본사람의 풍습이라든지 모양 등에서 그러한 사실을 알 수 있는데 이들이 말레이-폴리네시아 계통, 즉 남태평양 계통의 종족이다. 일본사람은 키가 작고 털이 많으며 치아가 고르지 못한데, 치아가 고르지 못한 것은 남방 계통의 특성이고 수염이 많은 것은 아이누족 계통의 특성이라고 한다.

문화적 의식적 측면에서 일본민족이 형성되는 것은 대개 5세기 이후로서 이 시대가 古墳時代 후기에 해당한다. 이 시대에는 큰 무덤이 많이 축조되었으며 통일권력이 형성되고 있었다. 그러나 통일왕조가 나타나는 것은 그보다 100여 년이 훨씬 지난 후의 일이다. 일본민족이라는 것은 다양한 요소에 의해서 오랜 기간을 거쳐왔고, 문화적으로는 대륙적인 것을 지배문화로 수용하면서 일본민족이 형성되어 갔다. 오늘날 일본인구는 1억 2천만이 넘는다. 이와 같은 풍토, 지리적인 조건 속에서 일본에 살고 있는 인간들이 일본사의 전개에서 어떠한 특질을 보이고 있는가를 살펴본다.

2) 풍토적 배경과 특질

일본은 동아시아의 변경에 위치한 섬나라로서 자체적인 문화의 원천을 갖고 있지 못했기 때문에, 외래문화를 받아서 자기문화로 만들어갈 수밖에 없었다. 즉 외래문화에 대해서 종속적이고 수용적인 입장이었다. 일본 고대문화는 한반도를 통해서 전래되거나 중국과의 의도적인 접촉을 통해서 형성되었던 것이다. 섬나라로서 일본은 문화를 받아들이는 데 이점도 있었다. 자기 나라에 필요한 문화는 받아들이지만 필요하지 않을 경우에는 바다를 자연의 장벽으로 해서 문화수용을 절제 조절할 수가 있었다. 고대국가 형성과정에서 볼 때 국가경영에 요구되는 기본지식을 다 받아들여 충분해졌다고 생각되면, 소화의 필요를 위해 이 지리적인 장벽을 이용하였던 것이다. 중국이나 한국 같은 선진외국이 바다 멀리 떨어져 있는 일본을 개명시키겠다는 의도가 없을 경우에는 일본은 자기들의 필요에 의해, 와서 배울 수밖에 없었다. 예를 들어 隋나라나 唐나라를 모방하기 위해서 일본은 遣隋使나 遣唐使 등과 같은 대규모 사절단을 보냈다. 견수사는 수나라의 수명이 짧았던 이유로 얼마 보내지 않았지만 견당사는 여러 차례 수백명씩 보냈으며, 특히 그 사절단 속에 유학생을 끼워 보내 다음 사절단이 데려오는 경우도 있었다. 그렇게 중국문화를 배워왔으나 838년에 마지막 견당사가 다녀온 후로는 중국에 가지 않았다.

그후 일본내에서는 자체적으로 소화를 하면서 일본적인 성격이 그 내부에서 생겨나는데 소위 헤이안(平安)문화가 그것이다. 헤이안이란 오늘날의 교토로서 교토에 왕실이 들어서면서 꽃핀 문화를 말한다. 헤이안문화가 일본의 고유문화라고 일본사람이 많이 이야기하고, 이 시기에 《萬葉集》과 같은 고전작품들이 나오지만 헤이안문화가 생기기 전 일본 고대문화는 한반도와 중국대륙 등을 통해 배워온 문화가 기본이 된 것이었다. 이것이 일본내에서 헤이안문화로 꽃필 수 있었던 것은 바로 지리적인 단절을 이용해서 스스로 소화할 수 있는 시간적 여유를 가졌기 때문이다. 한반도와 비교해서 보면, 한반도에서는 독자적 문화를 가질 수 있는 여유가 일본보다 적었다. 한반도는 만주를 통해 직접 육지로 연결되어 있어, 중국에서 왕조가 바뀐다든지, 특별한 지방세력이 생긴다든지 또는 새로운 정치사상이 왕조교체와 함께 일어난다고 할 때 그것이 한반도로 직접 밀려오게 된다. 한반도에서는 이것을 절단하고 조절할 수 있는 지리적인 장벽을 갖고 있지 못했기 때문에 중국의 영향이 급속도로 그리고 직접 미치게 되는 것이다. 따라서 한국문화 토착화의 여유는 일본보다 제한될 수밖에 없었다.

섬나라라는 지리적 여건이 또 하나 유리하게 작용한 것은 외부침략으로부터 보호를 받았다는 점이다. 일본 역사상 외국군대가 국내로 직접 들어간 것은 1945년 이전에는 없었다. 1945년부터 맥아더가 일본을 군정으로 통치한 7년간을 빼고는 일본 역사상 외국군이 들어온 적이 없었다는 말이다. 물론 몽고군이 쿠빌라이 칸 때 두 번(1274, 1281) 일본을 점령하려고 갔던 적이 있지만, 일본으로서는 요행히도, 그 당시에 불어닥친 태풍으로 인해 성공할 수가 없었다. 일본을 처음 방문하는 방문객들은 일본의 사원을 보고 그 규모의 거창함에 놀라는 경우가 많다. 그러나 그러한 큰 사원들이 고대일본이 힘이 강성해서 만들어진 것만은 아니다. 대규모 건축물과 같은 것은 우리나라에도 존재했었으나 외침에 의해 그런 것들이 현재는 남아 있지 않다는 점이 다르다. 신라 때 만든 경주의 皇龍寺나 백제에서 만든 익산의 彌勒寺 같은 것들도 복원을 하면 일본의 어느 절보다도 큰 절일 것이 확실하다. 피상적 관찰로 일본의 불교문화가 엄청난 규모로 발전했고 우리나라는 그렇지 못했다고 자칫 속단하기 쉬우나 외침이 없었던 일본이 우리보다 문화보존의 여건에서 더 나았다는 것이다.

섬나라이기 때문에 나타나는 단점도 있다. 우선 섬나라이기 때문에 생기는 폐쇄적인 속성을 들 수 있다. 외국과 고립되었다는 인식에서 동질성이 형성되지만 그 동질성이 배타적인 성격으로 되기 쉬운 것이다. 일본에서는 이런 것들을 일본에서만 가지게 되는 독특성이라고까지 주장하고 있으나 그 독특성이란 지리적 환경으로 인해, 일본역사의 神聖化로까지 미화시켜 외국에 대한 일반적이고 보편적인 시각을 왜곡하는 경향이 많았다. 일본역사에서는 외국문화를 수입하여 일본화시키는 경향이 농후하다. 예를 들어 일본의 천황관을 보면 그들은 자기 나라의 독특한 것이라고 주장하지만, 그것은 중국과 한국의 영향을 받아 고대국가가 형성될 무렵에는 비슷한 관념이었으며 이를 일본내의 단절된 상태 속에서 통치의 정당성을 확보하기 위해서 천황의 위치를 승격시킨 것이다.

불교도 일본에서는 특이하게 변하고 있다. 우리나라도 물론 불교가 密教

이기 때문에 토속신앙과 많이 결부되어 있지만 일본에서는 이러한 현상이 특히 많이 나타난다. 흔히 '神佛習合'이라는 표현을 많이 쓰는데 神道와 불교가 어우러져 하나가 된다는 뜻으로서 불교사원내에 신도적 요소가 많고 또 신도 내부에도 불교적인 요소가 많다. '신불습합'적인 논리에서는 신도와 불교는 하나로서 일본천황은 석가모니가 일본에 현세불로 나타난 존재라는 것이다. 이러한 불교사상이 일본 불교의 중요한 조류를 이루고 있다.

儒家思想에서도 유사하다. 천황이라고 하는 것을 전제로 하고 유가사상을 받아들이기 때문에 천황은 다른 나라와 구별되는 독특한 것이다. 유가에서는 왕에 대한 시역이라든가 왕을 내몬다든가 하는 것은 인정하지 않지만, 왕이 無道한 경우에는 정당화될 수 있다. 중국이나 한국에서 왕조교체가 자주 일어난 이유의 하나는 여기에 있다. 그러나 일본의 유학자들 가운데에는 충성의 대상을 바꾸지 않는다는 점에서 "진정한 유가의 이념이 구현되고 있는 곳은 萬世一系의 天皇이 군림하는 일본뿐이다"는 식으로 유가를 일본식으로 변형하고 있다. 더 심한 것은 기독교가 일본식으로 변형되기도 한 예이다. 1945년 이전 일본 군국주의시대 때 "일본에는 이미 유일신에 대한 개념이 있었다. 그것은 천황에 의해 계속 내려왔고 신도가 일본 기독교를 토착화시키는 데 가장 중요한 요소가 된다. 때문에 일본 기독교사상은 신도와 연결될 수 있다"고까지 얘기하는 사람이 있었다. 일본의 독특성을 강조하다 보니까 외국에서 받아들이는 모든 것을 일본형으로 변질시킨 것이다. 이러한 것들은 일본의 지리적 폐쇄성과 연결지을 수 있을 것이다.

또 하나 지리적인 조건으로 인한 불리한 요소는, 일본 전체에 지진과 태풍의 피해가 잦아 언제나 불안을 가지고 살아가고 있음으로써, 이런 불안이 현세 허무적인 관념으로 치닫는 수가 많다는 점이다. 일본인들의 죽음에 관한 관념은 우리와 상당히 다르다. 우리나라에서는 죽음이란 모든 것이 끝나는 절대적인 의미로 생각하는 데 비해 일본에서는 생과 사의 갈림길을 가볍게 보는 경향이 있다. 그래서 자살까지도 미화시키는 경우가 있다. 불안한 자연환경에 대해서는 그들 나름대로의 대응태도도 가지고 있다. 예를 들어 그들은 석조건축물은 별로 짓지 않는다. 물론 큰 빌딩은 예외겠지만 일반주택은 아직도 목조를 중심으로 한다. 목조가 건축기술상 지진의 피해를 최소한으로 줄일 수 있다는 까닭에서이다. 자연환경에 대한 그들 나름의 대응태도라 하겠다.

한편 일본사람은 끊임없이 저축을 하는데 이는 자본축적을 위해 위로부터 강요된 것이 아니고 역사적으로 쌓아두어야만 하는 관습에서 나온 것이다. 잠재적으로 불안요소에 대한 보상관념에서 나왔다고 볼 수도 있다. 불안에 따른 강박관념이 저축성향을 낳았기 때문일 것이다. 이러한 불안이 종교적인 깊은 명상이나 수행보다는 현세적인 복을 기원하는 민간신앙 형태를 촉진시켰다. 신도라고 하는 것을 일반적인 고등종교의 범주에 넣을 수는 없는 것이다. 이런 면에서 일본인들에게서는 현세 긍정적이고 쾌락적인 측면이 나타나기도 한다.

또한, 일본에는 높은 산과 그에 따르는 강이 있어 뚜렷하게 지역을 구분하기 때문에, 지역에 따른 사회조직과 사회풍습의 특성이 뚜렷하게 나타났다. 예를 들어 고대국가가 확립된 후에 '國'(구니)이라고 하는 것이 일본에는 65개가 있었는데, 이는 지역적인 조건에 따른 풍습의 차이에서 나온 것이다. 일본에서는 '國'이라는 것이, 많은 경우 나라가 아니고 풍습이 다른 지방을 일컫는다. 이런 지역적 분리가 도쿠가와(德川)시대에 이르면 정치적인 편의에 의해서 260여 개의 藩으로 나누어지는데, 연합체의 성격을 띤 중앙정부가 있어 중앙정부는 여러 번들의 조정자 역할을 하였다. 일본에서는 메이지(明治)시대까지 획일적인 중앙집권제가 생기지 않았던 것이다. 물론 室町幕府나 德川幕府에 중앙집권적인 성격이 있지만 그것은 전체 번의 연합체·조정자·관할자와 같은 성격을 가지고 있었다. 지역사회는 중앙의 공권력에 의해서 완전하게 통합되기는 어려웠다. 일본역사에서 봉건분할체제의 요인은 지리적인 조건과 특성에서 찾아볼 수도 있다.

3) 인종과 사회문화적 특질

또 다른 특성으로 지적할 수 있는 것이 일본인들의 가족관이다. 이는 지리적 조건보다는 인종적 차이에 기인하는 것으로 보인다. 동아시아의 같은 문화권 속에서 일본 특유의 토착적인 관습이 그만큼 오래 지속되어 왔다는 것은 인종적인 요인 특히, 아이누 계통의 요인보다 남방 계통의 요인이 더 강했기 때문이 아닐까 생각된다. 일본학자들 가운데에는 아이누적인 요소가 더 강했다고 주장하는 학자도 있지만 관습내용면에서 아이누 계통이라고 보기는 어렵다. 일본인들은 근친혼을 인정하는데, 물론 친남매간은 아니지만, 삼촌·사촌간에는 결혼을 할 수 있다. 우리나라에도 유가문화가 지배적이기 전, 고려시대까지는 왕실에서 근친혼을 했었으나 유가적인 관념이 철저해지는 조선조부터 금기시해 왔고 이 관습이 지금까지 남아 있는 것이다.

일본은 양자를 맞아들이는 데서도 혈연과는 무관하게 맞아들인다. 우리 사회에서는 양자를 맞아들일 때 관습적인 틀이 있다. 즉 형제 가운데 한 사람이 자식이 없을 때는 자식이 있는 형제의 아들을 양자로 맞고 그것이 안 될 때는 사촌·육촌 가운데서 양자를 맞아들인다. 피를 기본으로 양자를 들이는 것이다. 그러나 일본에서는 능력본위로 양자를 들인다. 물론 친척 가운데 능력있는 사람이 있으면 양자로 맞이하지만 그렇지 않을 경우에는 혈연에 연연하지는 않는다. 회사사장이라면, 그 회사내에서 능력있는 사람을 골라 자기 딸을 주고 성을 주어서 자기 가문을 사위로 잇게 한다. 따라서 일본에서는 결혼을 해서 처가 쪽의 성을 갖게 되는 것을 전혀 이상하게 받아들이지 않는다. 가까운 예로 형제 수상으로 유명한 기시 노부스케(岸信介)와 사토 에이사쿠(佐藤榮作)라고 하는 사람 가운데, 기시라는 성은 기시 노부스케가 양자로 들어간 집안의 성이다. 이런 경우는 일본가문 가운데 수없이 많다. 최초의 일본 노벨수상자인 유카와 히데키(湯川秀樹)도 처가의 성을 딴 경우이다.

일본사람에게 '家'라고 하는 것은 우리가 생각하는 피의 연결성보다는 집안의 명예나 전통으로 생각하는 경향이 강하다는 것을 알 수 있다. 즉 '家'를 추상적인 연속체로서 생각하는 것이다. 우리 식의 혈연적인 '家'를 지탱하는 덕목을 '孝'라고 볼 때, 부모에게서 받은 것은 일점이라도 훼손시킬 수 없다는 '身體髮膚 受之父母'의 관념이 강하다. 그래서 자살은 부모에 대한 불효요, 가문을 무너뜨리는 것이라고 생각한다. 그러나 일본식으로 이름·명예·전통을 대표로 하는 '家'일 경우 덕목은 '孝'의 실행보다는 명예·전통을 위한 '忠'이 강조된다. 일본에서 '家'는 혈연을 떠난 집단관념으로 될 수도 있다. 일본에서는 '忠'이 '孝'에 우선하는 경향이 많이 나타나고 있어서 사무라이들이 자살을 하는 경우에도, 가문을 중시하기 때문에 부모·처자 등이 상대적으로 큰 문제가 되지 않는다.

마지막 문화적 특색으로 들 수 있는 것은 神道와 같은 주술적인 특이한 신앙 형태가 변함없이 이어져내려왔다는 점이다. 토속신앙은 어느 문화에서도 다 보이지만 신도는 윤리적인 기본의식이 박약하다. 덕을 쌓아야 내세가 있다는 차원이 아니라 '가미사마'(神樣)에게 복을 빌어서 복을 받겠다 하는 卽自的인 관념이다. 인간과 신의 구분이 우리와는 또한 다르다. 신이란 것은 일반적으로 초월적인 의미를 가지고 있는데, 일본에서는 신을 이 초월적인 의미의 신과 인간의 중간단계에 두고 있다. 일본에서의 義民信仰이라는 것도 이러한 형태의 하나이다. 즉, 농민이 도탄에 빠졌을 때 앞장 서서 관원에 호소하다가 안되어, 농민을 이끌고 난을 일으킨 주모자들은 난이 평정된 후 처형당하는 경우가 많다. 이때 관에서도 어느 정도 양보를 하게 되기 때문에 농민들은 지도자의 희생의 대가를 받게 된다. 처형당한 지도자는 후에 신앙의 대상이 되는 것이다. 일본에는 군신이라는 것도 있다. 예를 들어 러일전쟁 때 유명한 장군으로, 明治天皇이 죽었을 때 殉死를 한 '노기 마레스케'(乃木希典)라는 대장은 일본에서 신이 되어 있다. 이와 같이 신에 대한 관념이 우리와는 차이가 난다. 다른 나라의 고등종교를 본떠 일본 신도를 개화시켜 나간 것이 아니라, 신도가 나름대로 지속되어 오다가, 때로는 외부에서 들어오는 고등종교까지도 일본형으로 바꾸어갔다고 볼 수 있다.

4) 정치적 특질

지리적인 상황과 결부시켜 일본의 정치사의 몇 가지 특색을 들어본다. 우선 주목되는 것은 좁은 농경지에 많은 사람들이 모여 살았다는 점이다. 제한된 경지면적에 많은 사람들이 살고 있었기 때문에, 제한된 식량을 가지고 많은 사람이 먹고 살기 위해서는 강력한 신분질서가 생겨날 수밖에 없었다. 이처럼 질서의 유지 없이는 생존할 수가 없었다고 하는 것을 일본적인 조건이라고 한다면 우리는 일본에 비해서는 여유가 있었다. 우리나라에서는 먹을 것이 없으면 화전민이 될 수도 있었으나 일본은 산이 높기 때문에 화전을 할 수 있는 데도 별로 없었다. 주어진 땅 안에서 먹고 사는 방법 외에는 없었다.

이러한 철저한 신분질서사회는 계층사회를 만들어내고, 계층사회가 유지되려면 계급의 세습화가 되지 않을 수 없었다. 자기가 속해 있는 계층 속에서의 자기의 위치는 고정될 수밖에 없었고, 법과 도덕의 기준도 만민에게 평등하게 적용되는 것이 아니라 계층에 따라 차별이 생겼다. 사무라이가 일반농민보다 잘사는 이유는 일반농민들의 지도자로서 모범이 되어야 했기 때문이지만, 대신 법과 윤리는 더 엄하게 적용되었다. 농민들에게는 생산자로서의 역할을 인정해 주면서 법과 도덕의 적용은 덜 엄하지만 복종은 절대적인 것으로 강요되고 있었다. 이때 움직일 수 없는 신분질서 속의 한 개인이 취할 수 있는 성취의 방향이란 자기가 속한 집단 속에서, 자기에게 부여된 조건 속에서 가능한 극한을 추구하는 것이라고 볼 수 있다. 즉 어느 刀匠工이 일본적인 신분질서 속에서 칼을 만드는 사람으로 태어났다면, 그 신분을 벗어날 수 없는 것이 전통시대의 일본사회이기 때문에, 그 사람이 주어진 조건 가운데서 가능한 성취의 방향이란 열심히 좋은 칼을 만드는 길밖에 없었다. 장인의식 속에서 자기에게 주어진 극한을 추구하는 것이 일본문화의 특색인 것이다. 철저한 장인의식과 직업윤리, 이것은 신분이동이 불가능한 계층적인 지배질서 속에서 나왔다고 볼 수가 있다.

이와 관련하여 볼 때 동아시아에서 일본만이 과거제도를 채택하지 않은 이유를 이해할 수 있다. 明治시대에 들어와 고등문관시험이라는 것을 채택하기 전까지 일본에는 과거제도가 없었다. 과거제도란 것은 儒家政治圈 속에서 엘리트를 뽑는 기본적인 방법인데 일본에서는 이를 채택하지 않았던 것이다. 그것은 과거를 통한 신분상승의 이념이란 것이 일본과 같이 세습적인 신분사회가 지배하는 곳에서는 부합되지 못했기 때문일 것이다. 사회학자 데이비드 리즈만이 지적한 이 특징을 더 발전시킨 것이 역사학자 라이샤워이다. 즉, 일본사회는 목표를 지향하는 사회이고, 한국이나 중국 같은 사회는 지위를 지향하는 사회라고 보는 것이다. 일본사회는 지위상승이 불가능하기 때문에 제한된 신분 속에서 자기의 목표를 추구할 수밖에 없다는 사실이 일본의 근대화와 관련하여 중요한 개념으로 등장하고 있다. 일본이 근대화에 왜 빨리 성공했는가를 전형적인 봉건사회를 겪었기 때문이라고 설명하는 것이다. 서양에서도 전형적인 봉건사회를 겪고 난 다음에 근대화로 들어서는 계기를 마련했던 것처럼 극한을 추구하는 사회에서는 기술축적이 가능했다. 반면 과거제도가 채택된 사회는 하나의 목표에 대한 집념보다 지위상승을 위한 공부를 중시하게 되므로 장인의식 등을 통한 기술집적이 박약해지게 된다는 것이다. 오늘날 이런 주장들이 전적으로 수용되는 것은 아니지만 상당한 논리를 가졌다고 볼 수 있다.

사회유지를 위한 일본사회의 철저한 질서의식이 외국인들의 눈에는 아주 유기적으로 움직이는 것으로 보이기도 하였다. 1776년에 일본에 왔던 스웨덴 사람 툰베리는 일본에 관한 그의 기록에서 일본을 제1급의 나라로 평가하면서 조직화된 질서는 서양 어느 문명국과도 비교될 수 있다고 하였다. 그러나 그는 세습적인 신분사회구조 속에서의 질서의식이라는 것이 자기의 자유와 권리를 지키기 위한 시민사회의 질서와 구별되어야 한다는 것을 인식하지는 못했다. 1700년대말의 일본의 사회질서는 세습적인 신분사회 밑에서 복종이라는 형태의 질서, 즉 봉건 복종의 질서였으나 근대사회의 질서는 봉건 복종의 질서가 아니라 자기의 자유와 권리를 위해서 질서를 지켜야 하는 자율적 개념이기 때문이다. 이른바 근대시민사회적 질서이다. 1700년대말 서양의 시민질서의식이란 산업혁명이 시작되고 근대국가가 형성되면서 시작되는 질서의식이고, 이 당시 일본의 질서는 봉건적인 복종의 질서였다. 일본의 질서의식은 세습적 신분제 아래에서 주어진 일을 다해야 된다는 전통적인 의식에서 나온 것이라 하겠다.

일본적 특성의 또 하나는, 집단에의 강한 귀속성 때문에 책임전가의식이 나타난다는 점이다. 신분이동의 폭이 제한되어 있고 상하의 질서체계가 엄격하게 유지되기 때문에 집단내에 속하게 된 개인에게는 주어진 임무를 다하는 것만이 요구되었지 주체적인 결정과 책임은 요구되지 않았다. 어느 면에서는 책임의 면제이며, 자기가 속한 집단으로의 책임전가라고도 볼 수 있다. 이와 같이 한번 임무가 주어지면 주어진 조건내에서 최선을 다하는 것이지 그 이상의 책임의식은 결여되어 있는 것이다. 이를 무책임의 체계라고 보는 사람도 있다. 소속 구성원들의 책임면제 관념은 다른 집단에 대하여는 개인적이고 주체적인 선악의 판단 없이, 자기 집단이 요구하는 바를 기계적으로 수행하게 만든다. 일본사람이 외국에 나가 잔인해지는 이유는 이 점과 관련시킬 수 있다. 임진왜란 때나 제 2 차세계대전 시기 일본병사들의 가학적인 행위는 주체적인 책임의식이 결여되어 있었기 때문이었다고 볼 수 있다. 집단에 대한 철저한 귀속감, 철저한 충성심 등이 윤리적 개인의식을 마비 말살시켰다고 본다.

정치사적인 면에서 마지막 특색은, 일본에서 분할된 땅을 통합하고 일본인들에게 동질성을 갖게 한 구심점으로서의 천황제도이다. 여기에는 일본 나름의 神聖性이 부여되어 있으며 천황은 왕조교체의 차원을 넘는 독특한 의미를 가지고 있다. 일본의 천황제는 정치적으로 아주 유용하게 쓰여왔다. 아무리 전근대사회라고 하더라도 통치자는 통치의 정당성을 어디에서든지 찾아야 한다. 중국의 경우에는 이를 天子의 개념 즉 天命에서 찾는다. 천명이란 맹자의 말대로 백성의 마음이 쏠리는 데에 있다. 그래서 중국에서는 통치의 정당성을 천명에서 찾았고 더 구체적으로는 민심에 두었다. 못된 군주가 백성을 괴롭힐 때는 '천명이 떠났다'는 명분으로 그 왕조를 무너뜨린 사람이 천자가 될 수 있었다. 우리나라 경우에는 엄밀히 말하자면 중국의 인정을 받는 데에서 통치의 정당성이 나왔다. 중국에 사신이 가고 조공이 가는 것도 그 방편이었다. 우리나라에서는 反正에 의해서 새로운 정권을 세운다 해도 독자적인 지배의 정당성을 대외적으로 갖지는 못하였다. 중국에서 책봉을 해줄 때에야 비로소 정당성을 갖는 것이었다. 朝鮮太祖가 왕이 되었지만 중국측에서 인정을 해주지 않자 계속적으로 사신을 보냈던 일, 그

후에도 반정이 있었을 땐 중국측의 인정을 받기 위해 많은 노력을 했던 일 등이 이를 증명한다. 일본 경우에는 이를 천황에게서 찾았다. 일본에서 왕조교체와 비슷한 현상을 찾는다고 하면 막부가 교체되는 것이다. 막부는 교체될 때마다 지배의 정당성을 천황에게서 받아왔다. '將軍'이라는 칭호를 받음으로써 지배의 정당성을 받게 되는 것이다. 천황이란 고대에서는 祭政一致의 주재자였으나 막부가 생긴 이래로는 정치로부터 초월한 존재로 남아 있었다. 세속지배권을 장악한 막부는 천황으로부터 지배의 정당성을 부여받음으로써 백성에게는 충성과 복종을 요구할 수가 있었다.

德川幕府시대 막부장군은 藩의 大名(藩主)들을 인정하는 권한을 갖고 있었다. 한편 번에 사는 백성들의 충성의 한도는 그 번의 대명에서 끝나고 있었다. 그러나 막부에서는 백성들의 충성을 끌어들이기 위해서 충성의 고리를 만들었다. 즉 백성은 사무라이에게 복종을 해야 되고 사무라이는 자기가 속한 번의 대명에게 충성을 하여야 하고 번의 대명은 막부의 장군에게 충성을 해야 하고 장군은 천황에게 최종적인 충성을 바쳐야 한다는 것이다. 막부는 세속의 정치를 맡았기 때문에 정치변화에 따라서 많은 영향을 받지만 천황은 신성한 성격이 부여됐기 때문에 세속권의 성쇠·흥망에 영향받지 않는 존재였다. 세속으로부터 초탈함으로써, 즉 세속적 정치에 관여하지 않음으로써 천황은 세속정권의 지배자에게 위협을 주지 않았다. 그러나 무력한 천황이지만 통치의 정당성을 세우는 데 필요한 존재였기 때문에 천황은 일본사상 변함없이 유지되어 왔다. 물론 천황제는 明治維新 이후 왕정복고의 논리에 의해 지위가 격상되어 천황이 직접 통치하는 시대로 돌아가게 된다. 그래도 천황은 주어진 권한을 오히려 행사하지 않음으로써 자기의 초월적인 위치를 유지해 갔다. 제2차세계대전 후 일본헌법이 민주헌법으로 바뀌면서 천황은 국가의 상징으로 고정이 된다. 국가의 상징으로서의 역할이 있기 때문에 천황은 앞으로도 일본 국민감정의 구심으로서 존속할 것이다.

2. 天皇制 ── 기원과 성격

1) 기　　원

　오늘의 일본 平成天皇은 世系上으로 125대 천황이다. 전설에 따르면 太陽神 天照大神의 후손인 神武天皇이 九州로부터 정복을 시작하여 기원전 660년 야마토(大和;畿內)지방에 이르러 나라를 세우고 처음 천황으로 즉위하였다고 한다. 그러나 이는 단지 신화일 뿐, 사실상 기원후 300년대말에 이르기까지 일본의 천황가는 나타나지 않았다고 보인다. 仁德天皇 때로부터나 천황의 역사적 계승이 인정될 수 있기 때문이다.

　천황으로 등장하게 되는 고대일본의 지배자는 아마도 한반도를 통해 건너간, 당시로서는 가장 선진적인 기술을 가진 집단에서 나왔다고 추측된다. 또한 여러 부족국가들을 통합하는 데에는 神權 즉 祭祀長的인 권능을 동시에 행사하였으며 아울러 선진문화의 원천인 중국의 권위를 이용하였다. 中國史書에 보이는 倭五王의 朝貢記事가 이를 증명한다.

　그러나 대륙과 바다로 떨어져 있는 섬나라라는 특성상 일찍부터 그 내부에서의 동질성이 형성되기 시작하였으며 중국에 대하여도 독립적인 위치를 가지려는 노력이 나타났다. 500년대말 聖德太子 때에 천황이라는 칭호를 처음 사용하게 되었다고 하는 것은 황실의 권력을 확립한다는 방침과 함께 중국의 天子에 비하려는 의도를 나타낸 것이라고 하겠다. 물론 대외적으로 천황 칭호가 인정되지는 않았고, 또 800년대 초반까지도 중국에 遣唐使를 보내 문물을 받아들이고 있었던 것을 보면 선진문화에 대등하려는 의식은 없었다고 보이지만, 국내적으로는 천황을 정점으로 한 小天下觀念을 키우고 있었던 것을 알 수 있다.

'日本 古代의 천황 지배'는 646년 大化改新 이후 정치제도상으로 체제화되어 300여 년간 계속된다. 그러나 900년대 후반에 이르면 攝政·關白과 같은 세력에 압도되어 세속적 지배권한이 쇠미해지게 되며, 이후 武士團의 등장과 함께 천황의 영역은 세속의 범위를 떠나게 된다. 1185년 鎌倉幕府의 수립 이후 1867년 德川幕府의 종말에 이르기까지 무사를 대표하는 將軍이 지배하는 동안, 천황은 간헐적으로 정치적 사건의 표면에 나타나는 적은 있으나, 막부의 견제와 감시 속에 실제적인 지배와는 무관한 존재로 화하는 것이다.

그러나 무력한 천황인데도 불구하고, 이를 폐지하지 않고 세속권을 장악한 지배자들은 천황가를 보전하여 그 제도를 유지시킨다. 천황에게 남아 있는 종교적인 권위와 일본인으로서의 동질성을 위한 구심역할은 세속지배권을 장악한 將軍에게는, 천황으로부터 임명받음으로써 통치의 정당성을 확보하는 데 필요하였고 백성들에게 복종과 충성을 요구하는 근거가 되었기 때문이다. 또한 무사가 지배하는 막부는 世俗權의 행사를 맡은 만큼 정치의 운세에 따라 교체가 되지만 천황은 그 신성함으로 인하여 세속정치의 성쇠에 영향을 받지 않는 존재로서 황실의 혈통을 이어온다. 이는 바꾸어 보면 천황이 권위의 원천이면서도 세속지배의 실세와는 무관한 존재였기 때문에 천황제는 日本史上 끊임없이 지속될 수 있었다는 것이다.

2) 近代 天皇制

일본인들에게 천황에 대한 관심이 급격하게 고조되는 것은 일본이 서양의 압력을 받게 될 때부터이다. 서양강국들의 힘을 인식하게 되면서 일본내에는 하나의 민족 내지 국가라는 의식이 강하게 나타나고, 이때 일본의 국가통합에 필요한 존재로 천황이 부각된 것이다. 특히 尊王論에 뿌리를 둔 지도자들이 明治政權을 세우면서 천황은 역사의 전면에 다시 등장한다.

새로운 明治정권은 幕府 지배를 부정하기 위하여 天皇이 통치의 大權을 행사해야 한다는 명분을 내세웠다. 이러한 천황 아래에서 明治정부는 지배의 정당성을 찾았다. 그렇다고 明治지도자들이 모두 천황의 신격을 믿었다든가, 천황이 실질적 지배력을 행사하리라고 기대했다든가 하지는 않았다. 그들은 오히려 천황을 일본이라는 국가의 통합을 위한 하나의 수단으로 생각하였다. 德川幕府를 무너뜨리고 新政權을 세우는 긴박한 정치과정에서 反幕派 지도자들은 천황을 '玉'이라는 隱語를 사용하여, "玉을 누가 쥐었는가" 하고 서로 연락한 적이 있을 정도였다. 또한 이토 히로부미(伊藤博文)가, 구미에서의 모든 제도에는 기독교적인 바탕이 있는데 일본에는 그러한 구실을 대신할 것이 분명하지 않으므로 천황가를 중심으로 체제를 세워나가야 한다고 주장한 것 등이 이를 증명한다.

서양선진국으로부터의 위협을 벗어나 국가의 자주독립을 지키기 위하여는 부국강병을 성취해야 하는데, 이를 위하여는 국민통합이 필요하고, 국민통합은 천황을 구심점으로 한 위로부터의 개혁이 필요하다고 明治지도자들은 생각하였다. 近代天皇制의 근간이라 할 明治憲法은 이러한 구상 아래 일본의 주권을 萬世一系의 천황에게 귀속시켜 놓았다. 곧 재위하고 있는 천황보다도 끊임없이 이어져내려온 천황의 존재성에 주권을 추상화시켜 귀속시켜 놓은 것이다.

따라서 일본역사를 지탱하여 온 지주로서 천황의 존재는 신격화되고, 이 천황에 대한 충성은 절대적인 것이 되었다. 軍人勅諭(1882)나 敎育勅語(1890)를 통하여 천황에 대한 충성심은 국민들에게 맹목적으로 주입되었다. 신격화된 권위를 가진 천황은 일본국민의 보호자로서 전쟁을 이끌어가고 또 그러한 천황 아래에서 일본인들은 승리할 수 있다고 세뇌되었다. 한편 천황은 전국 여러 곳을 방문하여 국민과 직접 대하고, 이재민이나 전쟁에서의 사상자 구휼에 관심을 보임으로써 자애로운 보호자라는 이미지를 심어주기도 하였다. 결국 권위와 자비를 갖춘 천황 즉, 양면으로부터의 국민통합을 이루어가는 천황이 일본국민들에게는 충성의 대상, 의지할 대상이 되었다.

그러나 대권을 가진 주권자로서의 천황이 과연 그 대권을 능동적으로 행사하였겠는가는 의문이다. 오히려 대권의 실체는 천황보다도, 실제적으로 정권을 장악한 지배층내의 핵심그룹이었다고 하겠으며 이 핵심그룹이 이어가며 근대 일본의 천황지배체제를 존속시켜 왔다고 해야 할 것이다. 이들이 결정한 정책이 천황 대권의 명분 아래 국민들을 이끌고 가는 방향이었다는 뜻이기도 하다.

3) 天皇制의 성격

일본 천황제의 성격을 정리한다면

첫째, 천황은 일본인들에게는 심정적 구심체의 역할을 해왔다. 고대 이래 사실상 일반민중들이 천황의 존재를 실제로 의식해 왔나 하는 것은 의문시되지만, 오랜 봉건분할지배시기에도 일본인들이 하나의 민족의식을 유지해 왔다고 볼 때 이 민족의식을 묶어준 중심은, 실권은 어떻든간에, 최종적인 권위를 가진 천황이었다고 보인다. 일본역사의 지주가 변함없이 이어져내려온 천황의 존재에 있다고 본 사상가들은 개개의 천황이 가지고 있는 능력 여부는 문제가 되지 않는다고 주장하였다. 신성을 갖춘 천황이 존재하여 왔다는 그 자체가 중요하다고 본 것이다. 따라서 천황은 권위의 원천이었다.

둘째, 이러한 일본의 독특성의 강조는 '萬世一系의 천황'이라는 점과 결부되어 일본중심주의로 나타나기도 하였다. 천자의 덕으로 백성을 지배한다는 문화의 중심 중국에서는, 역사를 통하여 신하가 천자에 대한 충성을 버리고 반란을 일으켜 새 왕조를 세우는 것이었다. 따라서 진정한 문화중심으로서의 '中華'는 만세일계의 천황의 역사를 가진 일본이라고 주장하는 사람들이 德川時代 후기부터 나타났다. 일본은 범접할 수 없는 신성을 가진 천황이 역사적으로 존재하여 왔기 때문에 다른 나라와는 비교할 수 없는 우월한 국가라는 관념이 생긴 것이다.

셋째, 천황의 권위는 그 종교적 속성으로 인하여 세속정치의 지배자에게 정당성을 제공하는 근원이 되었다. 오랜 幕府 지배기간 실권자인 將軍이 백성들에게 충성과 복종을 요구할 수 있었던 바탕은 천황으로부터 장군으로 임명되어 세속통치를 위임받았기 때문이다. 한편 정치담당자에게는 편리하게도 천황은 세속통치로부터 떨어진 위치에 있었기 때문에 천황가를 보존하는 데 직접적인 갈등을 느낄 필요가 없었다.

넷째, 최고의 권위자인 천황은 책임의 최종한계이기도 하였다. 근대사의 과정에서 발생한 큰 사건에서 그 책임의 한계가 모호할 때 실제 집행자들은 천황의 뜻으로 호도하는 경우가 많았다. 이른바 '무책임의 체계' 속에 일본의 정치는 움직여왔다고 하겠다. 무책임의 체계 위에 군림한 천황에게 당연히 최종적인 책임이 있다고 하는 이 점이 바로 천황의 전쟁책임의 논거가 된다.

4) 天皇의 책임

1901년에 태어난 昭和천황은 1926년 천황의 자리에 올랐다. 역사상 확인할 수 있는 천황 가운데 가장 오랫동안 재위한 천황이다. 재위기간이 긴 만큼 그는 영욕을 함께 경험한 인물이다. 국제적으로는 세계의 강국으로 등장한 일본이 침략을 거듭한 끝에 무모한 세계전쟁을 도발하여 철저한 패배를 당했고 역사상 처음으로 외국의 통치를 받았으며, 그 뒤로는 놀라운 경제부흥을 이룩하여 경제대국이 되는 과정을 보았다. 국내적으로는 정치적 민주화의 싹이 틀 무렵 군국주의적 지도자들에 의한 가혹한 통제와 압박이 국민들에게 가해지는 것을 보았고 패전 이후 미국에 의한 민주적 체제개혁과 그 결과로서의 정치적 안정이 수립되는 것을 경험하였다.

昭和천황으로 상징되는 昭和시대는 日本史上 유례 없는 격동기였으며 이 과정중의 과오에 대한 책임은 아직도 확연하게 밝혀지지 않았으며 반성 또한 분명히 행해졌다고 볼 수는 없다. 그 대표적인 예가 천황의 전쟁책임에 대한 문제이다. 일본의 많은 자유주의적 지식인들은 전쟁도발의 궁극적 책임은 아무리 정치적으로 무력했다고 해도 천황에게 있다고 보고 있다. '무책임의 체계' 위에 최종적인 책임의 소지자인 천황이 그에 상응한 권한을 행사할 수 있지 않았겠느냐 해서이다. 실제로 昭和천황은 1936년 2·26 쿠데타를 막는 결정을 내린 적이 있고, 1945년의 항복을 결단한 장본인이기도 하다. 전쟁을 끝낼 수 있는 존재는 전쟁을 일으킬 수도——최소한 막을 수도 있는 존재일 것이다. 물론 천황을 보필하고 있는 그룹의 영향을 받았다고는 하나 결정적인 순간의 최종 책임자였던 것은 알 수 있다. 결국 천황도 판단할 수 없는 상황 속에서 압도적인 힘에 밀려 침략과 전쟁을 묵인했느냐 그렇지 않느냐 하는 문제로 돌아가지만 구체적 실상은, 마치 仁德天皇陵으로 알려지고 있는 거대한 古墳 속에 韓日古代史의 진상이 묻혀 있듯이 천황의 침묵 속에 그 비밀은 숨겨져 있다.

지금까지 내려온 천황제는 앞으로도 지속될 것이다. 이는 일본사상 끊임없이 이어져내려온 천황의 역할——일본인들을 묶어주는 심정적 구심체로서의 존재의의가 있기 때문일 것이다. 특히 천황제의 필요성에 대한 일본국민의 반응에서 나타나듯이 일본인들은 나이가 들어갈수록 천황의 존재를 인정해 가고 있는 경향을 보인다. 어디엔가 귀속하려는 소망의 발로라고 할 수 있다. 더욱이 일본의 국제적 지위가 높아질수록 일본이라고 하는 나라와 민족에 대한 자부심은 커질 것이고 이에 따라 일본역사의 특색이라 할 천황에 대한 관념이 좀더 긍정적으로 되어갈 가능성도 예견할 수 있다. 역설적으로, 일본인들의 천황에 대한 인식이 박약하여질수록 천황제의 정치적 중요성보다는 그 제도가 갖고 있는 형식적 또는 장식적 의의만이 남게 될 가능성이 있다. 이 가능성이 오히려 천황제를 존속시킬 또 하나의 바탕이 될 수도 있지 않을까? 平成이라는 새로운 시대가 시작된 지금은 일본인들이 지금까지 이룩한 성과에 자부심을 내세워 일본의 大國化를 꿈꾸어야 하는가, 아니면 지난날의 과오를 철저히 인식하고 진정한 국제평화와 복지를 위해 국가적 공헌을 해야 할 것인가 하는 앞으로의 방향을 주체적으로 판단·결정해야 할 때이다.

3. 日本近代史의 흐름

1) 近代前史로서의 德川時代

일본의 明治시대 이전 도쿠가와(德川)시대는 1600년부터 1867년까지 계속되었다. 도쿠가와에 앞선 시대는 이른바 센고쿠(戰國)시대로서, 특이하게도 100년 이상 계속되었다. 1400년대 말경으로부터 100여 년간 일본에는 통일권력이 무력해지며 각지에 戰國大名이라고 하는 사람들이 서로 중앙 권력을 목표로 해서 싸우다가 도요토미 히데요시(豊臣秀吉)에 의해 통일되었다. 그러나 도요토미가 바로 통일한 것은 아니고 이전에 오다 노부나가(織田信長)가 거의 통일의 기틀을 다져놓은 후에 도요토미 히데요시가 통일을 한 것이다. 그 다음 후계자가 도쿠가와 이에야스(德川家康)이다.

통일자는 항상 어떻게 하면 자기의 권력에 대항하는 세력을 막을까 하는 것에 신경을 쓰게 된다. 이에 대한 방편으로 도요토미 히데요시는 兵農分離를 하였다('병'이란 것은 군사, '농'은 농업). 이전 戰國시대에는 사무라이들이 자기 터를 갖고 있었기 때문에 지방에서 항상 새로운 세력기반을 만들어갈 수가 있었다. 이에 따라 전국적으로 무기와 병사가 흩어져 있었기 때문에 통합을 위하여 병과 농을 분리시킨 것이다. 전국적으로 칼이나 총과 같은 무기를 전부 회수하라는 명령을 내리고, 동시에 사무라이들이 토지에 기반을 갖지 못하게 하기 위하여 城下町에 무사들을 모여 살게 하였다. 城下町은 大名의

성을 중심으로 한 지방도시로서 군사행정의 중심지였다. 무사들을 가까운 곳에 모여살게 함으로써 사무라이들이 농촌으로부터 스스로 힘을 키워서 신분상승을 할 수 없도록 한 것이다. 신분상승이 일어나는, 사회의 혁명적인 에너지가 분출하는 것을 기존 지배층들이 누르기 위해서 병농분리를 했다는 설명방법도 있다. 전시대 같으면 농민들도 사무라이가 될 수 있는 가능성이 있고 또 사무라이에서 더 크면 지방영주가 될 수 있었는데 도요토미 히데요시로 상징되는 기존 지배층이 자기들의 지배를 더 강화하기 위해서 병농분리정책을 취했다는 것이다. 도쿠가와체제는 도요토미의 이러한 병농분리정책을 계승하여 기본적인 평화와 질서유지를 도모하였다.

그러면 사무라이들의 생활은 어떻게 유지되는가 하는 의문이 생길 것이다. 戰國시대까지는 다 자기들이 농촌을 장악하고 었었으나 병농분리 후 무사들은 토지를 갖고 있던 봉건적인 영주계층과는 다른 성격으로 바뀌었다. 전과는 달리 토지에 직접 기반을 두지 않고, 토지 전체를 장악하고 있는 大名의 하급무사가 되기 때문에 행정관료적인 성격으로 바뀌게 되는 것이었다. 大名은 자기가 장악하고 있는 토지에서 貢租를 거두어 그것으로 자기가 거느리고 있는 사무라이들을 먹여살렸다. 일본의 봉건체제라고 하는 것은 이런 면에서 특이하다. 우리나라나 중국은 양반이라고 해도 단순히 양반이기 때문에 돈을 받는 것은 아니었다. 양반이라도 관리가 되어 임무가 맡겨졌을 때 거기에 따른 봉급이 나오고, 관직을 떠났을 때는 자기의 향리에 가서 자기 소유의 토지를 운영하면서 먹고 살았다. 그러나 사무라이들은 단순히 신분이 무사이기 때문에, 그들이 행정적인 임무를 맡든 안 맡든간에 大名이 책임지고 먹여살리는 것이었다. 병농분리를 통해서 사무라이들을 城下町으로 모여 살게 하고 동시에 상비병으로서의 역할을 하게 한 地方藩의 체제를 도쿠가와 이에야스는 중앙권력인 德川막부를 만들어 조절하려 했다.

德川막부는 사무라이들을 전부 장악하기 위하여 가장 윗단계로서 大名들을 모두 막부에서 封하여 주었다. 도쿠가와 이에야스의 부하가 아니더라도 지방의 특성을 살려서 임명을 해주었지만, 그럴 경우에는 德川막부에의 충성서약을 받은 다음에 봉하였다. 봉건분할체제이면서 동시에 중앙집권적인 막부가 권력을 갖고 있었기 때문에 도쿠가와시대를 이른바 幕藩體制라고 한다. 이 체제는 상극적인 두 요소를 포함하고 있어 '중앙집권적 봉건체제'라고 말할 수 있다. 중앙집권적인 체제이면서, 분할통치적인 藩主＝大名이 260여 명 있었기 때문에 중앙집권적인 봉건체제라고 얘기를 하는 것이다. 그러나 역시 중앙의 권력이 전국을 감시하고 있는 체제이기는 하였다.

　이렇게 타이트하게 일본 전국을 지배하는 데 또 하나 빼놓을 수 없는 것이 쇄국정책이다. 도쿠가와막부에서 쇄국정책을 제도적으로 택한 것은 1630년대이지만 그 싹은 도요토미 히데요시 때부터 있었다. 쇄국정책의 기본목표는 전국의 통일을 무너뜨리지 않는 데 있었다. 일본이 섬나라이기 때문에, 더욱이 독자적으로 여러 번으로 나뉜 분할통치를 인정하고 있었기 때문에 외국과의 교섭을 중앙정부가 모두 다 감시·간섭을 하기는 어려웠다. 따라서 일괄적으로 쇄국정책을 취했던 것으로 보인다. 쇄국정책이라면 우리는 조선시대의 쇄국정책을 생각하기 쉬운데 일본의 쇄국정책은 성격이 조금 달랐다. 첫째로 완전한 쇄국이 아니라 서양을 대상으로 한 쇄국이다. 한반도와는 계속해서 통신사가 오가고 있었으며 청나라와의 관계도 형식상 공식 사절의 왕래는 없지만 상인들의 무역을 인정하고 있어서 사실 청나라와도 교섭을 많이 하고 있었다. 둘째, 서양과의 쇄국 또한 특이하였다. 네덜란드와는 규슈(九州) 서북쪽의 나가사키(長崎)라고 하는 곳에서의 교역을 인정하고 있었는데 네덜란드에서도 나가사키에 무역대표부 같은 것(商舘)을 두고 있었다. 네덜란드와 접촉을 하기 위해 네덜란드말을 하는 통역까지 양성하고 있었다. 이와 같이 일본은 네덜란드를 통해서 서양의 지식을 배워들였다. 1700년대에는 네덜란드의 과학서적이 들어왔고, 일본 내부에서 전기발생 원리에 대해서까지 기술적으로 알게 되었으며 인체가 동양의 의학에서처럼 음양의 지배를 받는다는 것으로부터 나아가서, 서양의 해부학지식도 받아들이게 되었다. 쇄국이라고는 하지만 사실상 서양이 상당한 기술발전을 하고 있다는 것을 알고 있었다. 셋째, 쇄국이 우리나라나 중국과 달랐던 것은 관리무역제도의 형태를 취했다는 점이다. 나가사키를 통한 교역을 완전히 막부에서 장악했다는 것이다. 나가사키는 어느 번에 속하는 것이 아니라 도쿠가와막부에 직할되는 도시로 두었다. 나가사키를 직할도시로 한다는 것은 서양과의 접촉을 도쿠가와막부에서 독점을 하겠다는 것이며, 이는 지식만이 아니라 네덜란드를 통한 서양무역까지도 독점하겠다는 것이었다. 번에서는 서양과의 무역에 개입하지 못할 뿐 아니라, 서양에서 들어오는 물건은 일본에서 꼭 필요한 물건이기 때문에 도쿠가와막부에서 가격을 조작하여 시장을 장악할 수 있었다. 이러한 쇄국이 도쿠가와막부를 중심으로 한 일본 전체의 평화를 유지하는 데는 중요한 역할을 하였다.

도쿠가와막부는 큰 변고 없이 268년간 계속되었다. 실제로 세계 역사상 일본 정도 규모의 나라가 260년이 넘도록 큰 전쟁 한번 없이 평화가 계속되었다는 것은 예를 찾아보기 힘들다. 여기서 우리는 두 가지를 알아볼 수 있다. 즉 일본사회가 정체되어 있었으면서도, 평화시기이기 때문에 일본내에 경제발전과 부의 축적이 이루어졌을 것이라는 점이다. 언제 전쟁이 일어날지 모르고, 사회가 불안할 때에는 사실상 장기적인 안목에서 투자라든가 기술축적이 불가능한데 일본에서는 그것이 가능했던 것이다. 도쿠가와시대는 평화안정의 시기이기 때문에 정체되어 있다는 느낌을 받게 되지만 사실은 그동안 경제적 기술적으로 상당한 발전을 거듭하였다. 1840년대에 이르러서는 도쿠가와막부는 경제적으로 일본 자체가 가지고 있는 전통적인 기술을 동원한 자원의 개발에서 거의 한계에까지 이르렀다고 보인다. 일본 전체의 시장경제구조가 그 한계에 달한 경제력 아래에서 평형상태를 유지해 가고 있었다.

일본의 많은 학자들은 도쿠가와시대가 자생적으로 발전을 해서, 서양이 근대산업사회로 넘어간 것과 같은 형태의 발전단계를 밟았을 것인데도, 서양세력이 들어옴으로써 일본의 자생적인 발전이 꺾였다고 얘기한다. 그러나 실제로 일본의 자생적인 발전은 1840년경에 한계에 달했다. 이 한계를 돌파해서 다음 단계로 넘어가기 위해서는 새로운 기술이나 해외무역이 필요한 것이다. 그 이상의 발전이 정지되어 있는 시점에서 사회 전체가 비약을 하기 위해서는 새로운 기술이 필요하며 이것이 바로 산업혁명이다. 산업혁명 즉 인간이나 동물의 힘이 아닌 기계의 힘을 동력으로 이용하는 그 발명이 일본에서는 이루어지지 않고 있었다. 이 단계에서 서양과의 접촉이 절대적으로 필요했다고 볼 수 있다. 일본 자체의 국내시장은 평형상태이기 때문에, 이것이 한 단계 올라서기 위해서는 새로운 해외의 물자를 도입하고 일본상품을 해외로 수출할 때 그 경제구조가 재편이 되는 것인데 이러한 해외무역이라든가 기술발전을 못했던 것이 바로 도쿠가와 말기의 상황이었다. 도쿠가와의 268년간에 걸친 경제발전이면서 동시에 한계였다. 도쿠가와체제는 흔히 1868년의 明治維新으로 무너졌다고 이야기하지만 그 이전, 해외와의 접촉이 시작되면서 도쿠가와체제는 무너졌다고 보아야 할 것이다.

2) 근대사의 始點

근대의 시작은 시민의식이 형성되면서 그 시민의식을 바탕으로 한 국민국가가 나타나는 것으로 보아야 한다는 주장이 있다. 민족적인 감정의 동질성이나 피의 유사성을 바탕으로 한 민족국가를 넘어 국민국가는 문화의 공통성, 또는 왜 국가를 공동으로 유지해야 하는가 하는 시민의식이 바탕이 되어 자유와 권리를 지키기 위한 보장기구로서 국가를 생각하게 되는 것이다. 둘째, 산업혁명으로부터 근대사의 시작을 이야기할 수도 있다. 이는 경제사학자들이 이야기하는 것이지만 우선 기계화된 공장제도를 통해서 대량생산이 가능해지고 이것이 산업자본으로 축적됨으로써 근대사가 시작된다는 것이다. 반면에 마르크시스트들은 계급투쟁을 근대사의 시작으로 보고 있다. 전근대사는 봉건귀족계급이 지배하던 사회이며 그 봉건귀족계급을 타파하는 시민혁명, 이른바 부르주아혁명이 나타나면서 근대사는 시작된다고 보는 것이다. 위와 같은 기준 아래서는 사실상 일본의 근대사라고 하는 것의 규정이 쉽지 않다. 앞서 애기한 국민국가 기준에서 보면 제 2 차세계대전이 끝날 때까지도 일본은 시민의식에 바탕을 둔 국민국가가 형성되었다고 볼 수 없다. 일본과 같이 아직도 천황의 지배를 인정하고, 복종의 질서가 지배하는 사회는 시민의식에 바탕하는 국민국가라 볼 수 없기 때문이다. 산업자본은 형성되었다고 볼 수 있지만 일본의 전체 산업구조가 서양이 산업혁명을 자기의 힘으로 겪어나간 것처럼 균형있게 발전한 것도 아니다. 군수산업이라든가 중공업 분야가 극단적으로 발전한 반면에 일본의 재래산업 분야는 그대로 남아 있었다. 이런 불균형을 끝내 극복하지 못하고 제2차세계대전까지 나아갔던 것이다. 계급의 등장 측면에서 보면 더 불분명하다. 일본의 明治維新을 시민혁명으로 보려는 입장이 있으나 그것은 이른바 전근대사회가 일본적인 조건 아래서 커다란 정치적인 변혁을 겪은 것이지 그것으로 어떠한 새로운 계급이 나온 것은 아니다.

일본에서, 일본만이 아니라 비서양국가에서는, 근대사의 시작은 새로운 세계질서 속에 편입되는 것으로부터 잡아야 할 것이다. 모든 나라가 문호를 개방하면서, 정치적으로 경제적으로 세계질서 속에 하나의 단위로 들어가게 되면서 근대사는 세계사적인 성격을 아주 강하게 띠게 된다. 새로운 세계질서 속에 들어가는 것은 일본에서도 역시 개항에서 비롯한다. 특히 중요한 것은 쇄국이 개항을 함으로써 무너지게 된다는 사실이다. 도쿠가와체제를 지켜오던 가장 중요한 기반인 쇄국이 무너지기 때문에 일본에서의 근대사의 시작은 개항으로 보는 것이다. 일본의 개항은 1854년에 미국과 화친조약을 맺으면서 시작된다. 그러나 일본의 개항은 스스로의 힘으로가 아니라 미국이 강제로 시킨 것이었다. 이후에도 일본에서는 이념적인 쇄국은 계속되었는데, 절대적 조건인 도쿠가와막부를 무너뜨린다는 생각을 할 수 없었기 때문이었다. 물론 서양에서 산업혁명이 일어나고, 그 문화·기술·경제의 힘이 동양으로 진출해 오자 일본내에서도 서양기술의 힘이 일본을 능가한다는 것을 인식하고는 있었다. 도쿠가와 말기 쇄국을 주장하는 사람들은 대개 끝까지 쇄국을 하겠다는 것이 아니고 일본이 강해진 다음에 개국하자는 의미에서의 쇄국론이었다. 개항을 할 수 있는 여지는 어느 정도 있었던 것이다.

미국의 동인도 함대 사령관인 페리(M. C. Perry)가 일본을 개항시키러 왔을 때 그것이 그렇게 큰 충격을 주지 않은 것은 일본내에서 이미 서양의 지식을 갖고 있었기 때문이다. 특히 일본의 개항에 도움이 된 것은 1840년의 아편전쟁에서 중국이 영국에 패했다는 사실이다. 이 아편전쟁의 정보가 불과 반년이 안 되어서 일본에 들어왔다. 우리나라와 비교하면 퍽 빨랐던 것이다. 당시 일본상인들은 아편전쟁에서 중국배가 무너지는 것을 직접 목격하고 와 일본의 개항이 불가피하다는 인식을 확산시키고 있었다. 이러한 때에 미국이 일본을 개항시키러 온 것이다.

그러나 일본은 개항 후 순순히 시장을 개방하지는 않았다. 1858년, 영국과 프랑스 함대가 중국을 공격해서 청나라를 완전히 무력하게 만든 다음, 일본에 군사위협을 가하려 한다는 정보가 들어왔다. 이 정보를 미국영사는 일본측에 협박용으로 내밀면서, 평화적인 개항을 안하면 天津을 공격했던 영국·프랑스 함대가 일본으로 오게 될 것인데 포격을 당해서 청나라같이 되기를 원하는가, 미국과 평화적인 시장개방조약을 맺을 것인가, 양자택일을 강요하였다. 이러한 압박 아래 일본측에서는 1858년 미국과 수호통상조약을 맺게 되었다. 이 조약은 외압에 의해서 맺어진 불평등조약이었다.

불평등조약에는 대표적인 세 가지 내용이 있다. 첫째는 협정관세율로서 관세율을 양국간에 협정해서 정하는 것이다. 이때 맺은 '美日修好通商條約'에서도 일본측에서 독자적인 관세율을 정할 수 없이 두 나라간에 합의를 해서만 정하게 만들었다. 서양국가들은 이미 산업혁명을 겪은 후이기 때문에 대량생산을 통해서, 특히 면직물 종류를 아주 싸게 일본으로 들여올 수가 있었다. 일본은 시장을 그대로 개방하면 가장 중요한 수공업이라고 할 수 있는 면직물·견직물 공업이 무너지게 되므로 관세를 높여 시장침투를 막아야 하지만 서양국가들이 인정을 안해 주는 것이었다. 이러한 협정관세율을 통해 일본시장은 서양의 지배에 들어가게 되었다. 둘째, 영사재판권 즉 치외법권이 있다. 일본의 법제도는 믿고 따를 수가 없기 때문에 미국인이 일본에서 잘못을 저질렀을 때 일본측에서 처벌을 하면 안된다는 것이다. 현지에 나가 있는 미국 관원 가운데에서 최고위직이 재판권을 가지게 되는데 당시는 영사가 이를 맡았다. 일본은 미국만이 아니라 영국·프랑스·독일·네덜란드·러시아와도 조약을 맺었다. 셋째는 最惠國條款이다. 이것은 미국과 일본이 처음 조약을 맺은 뒤에 일본이 다른 어느 나라와 조약을 맺게 될 때 상대방 나라에 유리하다고 하는 조건은 자동적으로 미국측에도 해당된다는 것이다. 이러한 불평등조약 아래서 실제로 국가적인 독립을 유지한다는 것은 대단히 힘든 것이었다. 外壓 아래 일본은 세계자본주의 시장과 국가들이 지배하는 체제 속으로 편입되었다.

3) '富國强兵'의 추진방향

일본에서는 근대사가 시작되면서 우선 이 불평등조약과 서양의 압력에서 어떻게 벗어나느냐가 일차적인 과제였다. 국가의 자주적인 독립을 유지하기 위해서는 조약을 개정해야 하나 아무 것도 이룬 것이 없이 조약이 개정될 수는 없었다. 일본은 부국강병을 제일의 목표로 삼았다. 이와 함께 일본의 여러 가지 제도·생활수준·의식 등을 개화함으로써 서양사람에게 일본도 서양적인 기준에서 볼 때 미개한 나라가 아니라는 것을 보여주어야 했던 것이다. 서양의 압력을 벗어나서 일본이 자주독립을 유지하기 위해서는 위로부터의 개혁이 불가피하였고 밑으로부터의 자발적인 개혁은 대부분의 국민들이 개화되어 있지 않기 때문에 현실적으로 불가능한 것으로 판단하였다. 여기에서 모순이 생기게 된다. 위로부터 개혁을 해나가는 것이 발전의 방향이라고 하면 그 개혁을 따라가지 못하는 것, 희생당하는 것 등이 모순으로 남는다. 또한 위로부터의 개혁은 서양의 압력에 의해서 타율적으로 개혁을 하는 것이다. 물론 개혁의 주체는 지도층이라고 하지만 그 개혁은 서양의 압력에 의해서 불가피하게 이루어지는 것이기 때문이다.

부국강병의 추진방향에는 두 가지가 있다. 하나는 관료제적 효율 위주의 방법이고 다른 하나는 이상주의적 방법이다. 明治 초기에 지도자들이 생각한 부국강병의 방향은 前者라고 할 수 있는데 이는 官에서 모든 것을 다한다는 뜻이 아니라 가장 합리적으로 국가를 조직화해서 운영해 나간다는 뜻에서 관료제적인 방법이다. 실제로 이러한 방향이 明治 지도자들의 방향이며, 오늘날까지 이어지는 주도세력의 입장이라 볼 수 있다. 이와 대비되는 것이 아이디얼리스틱한 입장이다. 부국강병을 하는 데 서양의 방법을 그대로 채택해 보자는 것이다. 서양의 부국강병은 관료들이 국가의 자원과 백성을 조직화해서 효율적으로 짜내는 데서 나온 것이 아니라 백성들의 합의에 의해서 자기의 자유와 권리를 지키기 위해서 자기 나라를 만든 것이고, 또 나라를 지키는 것이 곧 자기의 자유와 권리를 지키는 것이기 때문에, 시민의식에 바탕을 둔 충성심이 강하게 작용한다는 것이다. 이것이 明治시대의 '自由民權的'인 방향이라고 볼 수 있다. 추진방향을 두 가지로 대비한 것은 일본에서 관료제적인 주도세력이 명치시대부터 오늘날까지 계속되고는 있지만 아이디얼리스틱한 입장도 계속해서 사라지지 않았다는 점을 강조하려는 뜻에서이다. 이념적인 목표를 추구하는 것은 관료제적인 일방통행을 견제하고 때로는 새로운 힘을 부여해 주기도 하였다.

이 두 가지 대비방향을 또 다른 입장에서 보면, 관료제적인 합리성을 추구하는 정권 담당자들의 방향은 해외침략적인 입장을 취하는 반면에 이상적인 입장에서 부국강병을 생각하는 사람들은 평화애호적인 입장을 취하는 것을 알 수 있다. 침략적인 입장의 사람들이 생각하는 평화는 일본이 맹주가 되어서 동양의 평화가 유지되어야 한다는 것이며, 평화애호적인 입장에서는 동양의 나라들이 사실상 문화단계에서 그렇게 차이가 나지 않으므로 동등한 입장에서 형제애적인 것을 추구해야 하는 것이다. 이것은 위로부터의 개혁의 방향과 밑으로부터의 개혁의 방향으로 갈라질 수 있고, 파티큘러리스틱한 것과 유니버설리스틱한 방향으로 볼 수도 있다.

특수주의적인 방향은 일본의 부국강병을 일본 자체, 즉 일본의 국가라고 하는 것을 대상으로 해서 생각한다. 지금 일본이 어떠한 처지에 있느냐, 일본은 지금 자주독립을 해야 되지 않느냐, 자주독립을 하는 데 중요한 것은 서양의 힘을 물리치는 것이며 동시에 일본의 힘을 해외로 뻗침으로써 강해질 수밖에 없다는 것이다. 그러기 위해서 백성들에게는 국가의 통합을 위하여 천황의 이념을 강요해야 하고 일본의 독특성을 내세워야 하는 것이 특수주의적 입장이다. 반면 보편주의적인 부국강병의 방향은 궁극적인 목표가 모든 백성이 자유롭게 자기의 권리를 향유하면서 사는 것이기 때문에, 보편주의적인 가치관에서는 국가가 꼭 커야 할 필요가 없으며 작은 나라에서 자유와 평등과 박애가 실현될 수 있다면 이것이 바람직한 것이지 않겠느냐 하는 것이다.

두 가지 대비를 했지만 어느 나라나 처해진 상황조건에 따라 선택방향은 제약된다. 우리의 입장으로 바꾸어 말하면 지금의 상황은 파티큘러리스틱한 것이다. 남북대치와 같은 절대적인 제약조건이 있는 상황에서 유니버설리스틱한 가치를 추구한다는 것은 제한될 수밖에 없다. 때문에 보편주의적 가치의 추구가 사회의 어떤 견제요소로서는 작용할 수 있지만 사회 전체가 그렇게 전환되어 간다는 것은 사실상 불가능한 것이다. 일본이 근대화하는 초기에서도, 서양처럼 독자적인 시민혁명이 일어나고 산업혁명을 거쳤고 그럼으로써 보편주의적 가치를 추구할 수 있는 바탕이 마련되었다고 한다면 별문제지만, 그렇지 않고 외압에 의해 식민지적인 상태로 떨어질 수도 있다는 상황 조건 속에서, 특수주의적인 방향이 일본 전체의 정치사를 이끌고 갔다고 보인다.

4) 明治 天皇制國家의 수립

새로운 정치적인 변화는 1868년 1월에 시작이 된다. 도쿠가와막부의 將軍은 쫓겨나고 명실상부하게 천황에게 대권이 돌아갔다. 이때부터 일본내에서는 근대적인 개혁, 즉 주도적인 지도층에 의한 위로부터의 개혁이 수행된다. 이 개혁의 추진에서 우선 중요한 사건으로 이와쿠라(岩倉) 사절단의 세계일주를 들 수 있다. 1868년에 정권이 바뀌면서 나타난 새로운 지도층의 핵심멤버들이 1871년에서 1873년의 2년 동안 세계일주를 하였다.

이와쿠라 도모미(岩倉具視)가 단장이 된 사절단의 일차적인 목표는 조약개정이었다. 그러나 당시 그들은 국제법에 대한 지식이 없었다. 먼저 미국에 가서 조약개정을 협상하는데 그때 미국의 국무장관이 조약개정을 하기 위해서는 特命 全權이 있어야 한다고 요구하자 이토 히로부미(伊藤博文)가 이를 위해 일본으로 되돌아왔다. 이때 국내 사정이 복잡하여 6개월이나 걸렸다. 그러나 이미 처음의 분위기는 사라져버려 협상은 포기하고 만다. 그후 이들은 영국·프랑스·독일·러시아에 들러 이들 나라의 장단점을 관찰하고 2년 후에 돌아오게 된다. 이와쿠라 사절단은 귀국 후 일본의 국책을 정하는 데 결정적인 역할을 하게 되는데, 여기에 明治정권을 이끈 핵심들, 이토 히로부미·오쿠보 도시미치(大久保利通)·기도 다카요시(木戶孝允) 등이 모두 포함되어 있다. 이들은 미국에서는 경탄스럽긴 해도 별로 배울 것은 없었던 것으로 보았다. 미국은 일본과 비교해 볼 때 훨씬 큰 나라이고 또 영국의 식민지였다가 벗어나서 새로운 체제를 만든 나라로서 미국과 같은 민주공화정을 일본에서는 상상할 수 없었다. 영국은 일본과 비슷한 조건이 많긴 하지만 입헌군주제도를 택하고 있는 바 과연 이것이 일본에서 가능할 것인가, 또 영국은 산업혁명의 발상지로서, 산업혁명을 시작부터 해가야 하는 일본의 입장에서는 너무 격차가 커 모델이 되기가 어렵다고 생각하였다.

프랑스에서는 1872년 나폴레옹 3세의 제정이 무너진 후 노동자혁명이 일어나 코뮌에서 파리를 몇 달 동안 장악했었다. 파리코뮌을 무력으로 탄압하고 대통령이 된 사람이 아돌프 티에르였다. 티에르는 이와쿠라 사절단을 접견하는 자리에서 일반백성이라고 하는 것은 아주 무지몽매하기 때문에 뜻대로 하게 두었다가는 큰 혼란이 일어날 수 있다는 취지로 얘기를 해주었다. 파리코뮌이 끝까지 저항하다 무력진압이 되고 말았으니 그 당시 파리 시내는 성한 건물이 하나도 없을 때였다. 이와쿠라 사절단은 "백성들의 주의, 주장이라는 것을 그대로 묵인해 주었다가는 사회의 파괴적인 요소로 될 수밖에 없다"는 인식을 하게 된다. 프러시아로 가서는 비스마르크를 만났다. 이때 그는, 지금 萬國公法을 가지고 세계평화를 운위하고 있으나 실제로는 국가들이 서로간에 권력균형을 유지함으로써 평화가 유지되는 것이지 만국공법에 의해서 유지되는 것이 아니라고 말한다. 스위스·덴마크·네덜란드 등 이런 작은 나라들이 유지되는 게 그 나라의 독자적인 힘으로 유지되는 것은 아니므로 국가 스스로 군사력과 경제력을 가져야 한다고 일러주기도 하였다. 여기에 오쿠보 도시미치가 감명을 많이 받았다. 또 하나 프러시아에서 유사성을 찾은 것은, 당시 유럽의 여러 나라 가운데서 산업혁명을 늦게 시작한 나라이며 비스마르크가 실권을 가졌지만 카이저가 군주라는 점이었다. 위로부터의 개혁을 해서 점차적인 통일을 이루었을 뿐 아니라 뒤늦게 산업혁명을 해가고 있는 등 여러 면에서 배울 것이 있다고 판단하여 사절단은 일본에 돌아와 실권을 다시 차지하게 되었을 때는 프러시아적인 방향을 택하려고 하였다. 이와쿠라 사절단은 돌아오는 길에 북아프리카로 돌아 이집트도 보고, 인도도 본 후 중국으로 해서 왔다. 이런 지역에서 느낀 것은 이들 나라들이 세계 열강들, 즉 자본주의 서양국가에 의해서 식민지화되었다는 데에 대한 일체감이나 동정심을 가진 것이 아니라 문화적인 격차로 인하여 불가피한 것이라고 하는 자본주의 열강의 논리를 그대로 받아들였다.

이러한 사절단의 입장과 다른 것이 바로 자유민권적인 입장이다. 이와쿠라 사절단이 돌아왔을 때 일본내에서 征韓論을 주장하는 세력이 강력한 영향력을 행사하자 이와쿠라 사절단은 이 세력들을 정권에서 내몬다. 征韓論爭에서 쫓겨난 사람들은 오히려 모든 사람들이 참여할 수 있는 국회를 열고 그 국회가 국가의 중요한 결정을 해야 한다는 자유민권운동을 일으킨다. 자유민권운동 이론가 가운데 대표적인 사람으로 나카에 조민(中江兆民)이 있다. 이 사람도 이와쿠라 사절단과 비슷한 코스의 여행을 했는데, 사절단과는 정반대로 느끼고 왔다. 프랑스혁명의 이념은 일본에서도 가능하며, 피식민지는 자본주의 열강의 착취로 고통을 받고 있다고 생각했던 것이다. 같은 코스, 같은 것을 보고 왔어도 明治정부의 주도세력과는 크게 차이가 나는 것을 알 수 있다. 이와 같은 사람들이 이념적인 지도자가 되어 자유민권운동을 일으킨 것이다.

자유민권운동 자체는 실패로 끝나고 말지만 이 운동이 견제적인 힘을 발휘했다는 것은 1881년에 일어난 정변에서 알 수 있다. 당시 이토 히로부미와 오쿠마 시게노부(大隈重信)간에는 갈등이 깊어가고 있었다. 이토는 헌법을 만든다는 것을 궁극적으로 받아들이고는 있지만 일본의 현실에서는 즉각 헌법을 만드는 것은 시기상조라고 생각한 반면 오쿠마 시게노부는 일본의 헌법을 빠른 시일내에 영국식의 입헌군주제적인 방법으로 만들어야 한다고 요구하자 이토는 다른 세력과 손을 잡고 오쿠마를 정권에서 축출하였다. 오쿠마가 쫓겨나면서 자유민권운동세력이 정부에 들어가는 것은 끊어지지만 중요한 것은 1881년에 정변을 겪으면서, 주도세력이 된 이토측에서 "10년내에 헌법을 제정하고 국회를 열겠다"는 입헌약속을 했다는 점이다. 이것은 다름아닌 자유민권적인, 즉 아이디얼리스틱한 요소가 견제를 해서 얻어냈다고 볼 수가 있는 것이다. 이 약속을 이토가 지켜서 1889년 헌법을 만들고 1890년에 의회를 개설한다. 당시의 조건에서는 상당히 개명적인 정책수행이었다. 이토 히로부미가 우리에게는 조선 침략의 원흉으로 간주되고 있지만 일본내에서는 일본을 하나의 근대적인 체제로 만드는 데 거의 예술가적인 능력을 발휘했다고 평가되고 있다. 이토가 이 약속을 지켰다는 것은 자유민권운동이 정부내에 들어오는 것을 막으면서 내걸었던 하나의 양보조항을 원칙대로 추진한 것이다. 당시 일본의 지도층은 상당히 적극적인 개명의식을 가지고 있었음을 알 수 있다.

이때의 大日本帝國憲法이 이른바 明治憲法이다. 정부측에서 주도해서 만든 헌법이니까 자유민권의 극단론자들이 얘기하던, 공화정을 하자든가 천황을 없애고 국민의 저항권을 인정하자든가, 혁명권을 인정하자는 내용은 물론 없다. 특히 근대국가의 헌법으로서는 이상한 요소들이 많이 있다. 그중의 하나가 바로 天皇大權이라는 것이다. 대일본제국의 헌법 1조는 "大日本帝國은 萬世一系의 天皇이 統治한다"라고 되어 있다. 현재 재위중인 천황이 주권자라기보다 만세일계의 천황이라는 존재가 일본의 주권을 갖고 있다는 뜻이다. 천황이 유능하든 무능하든간에 그것은 문제가 되지 않는다고 도쿠가와시대의 尊皇論者들은 주장한 적이 있었다. 천황의 존재 자체가 일본의 특수성을 의미하는 것이며, 천황 존재의 지속성이 일본에서는 국가적인 특성이요 힘이라는 것이다. 천황의 대권이 문제되는 이유는, 천황이 주권자이므로 모든 면에서 칙령으로서 법률을 규제할 수 있게 되기 때문이다. 그러나 천황이 모든 국가의 대권을 행사할 수는 없으므로 당연히 천황을 보필하는 기구, 다른 의미로는 천황을 빙자해서 천황의 대권을 행사하는 그룹이 대권을 행사하게 되는 것이다. 그것이 바로 헌법에는 없는 元老이다. 이토 히로부미라든가 야마가타 아리토모(山縣有朋)와 같은 사람들이 바로 원로 그룹을 형성하였다.

또한 군부가 천황에게 직속되어 있었다. 이것은 統帥權 조항인데, 천황에게 직속한다는 작전권, 즉 군 통수권이라는 것은 국가의 운명을 좌우하는 것이므로 정치가들에게 맡길 수 없으며 천황에게 직속되게 해야 한다는 논리에서였다. 바꾸어 말하면 내각을 구성할 때 내각 속에는 군부대신(육군대신, 해군대신)이 있는데 이들보다 더 큰 힘을 발휘하는 것은 육군참모본부나 해군군령부였다. 내각이 구성된다든가 내각이 무너지는 것을 군부측에서 이용할 수가 있었다. 군부대신은 대개 현역에서 파견되므로 현역인 한은 자기가 군부대신이 된다 해도 참모본부 소속이었다. 육군이나 해군측에서 민간인 내각이 마음에 안 들면 보냈던 대신을 소환하고, 그렇게 되면 내각은 무너지고 만다. 또 내각을 구성할 때에도 자기 마음에 안 드는 총리가 나온다면 군부에서 군부대신을 보내지 않는 수도 있다. 이렇게 군부측에서는 민간인 내각을 조종할 수 있는 힘을 갖게 되었다. 특히 문제가 심각해지는 것은 원로들이 사라진 이후의 일이었다. 이토나 야마가타와 같은 원로들이 전체를 컨트롤하는 동안에는 군부가 독자적인 행동을 하지 못하고 있었으나 원로들이 죽으면서 군부가 독자적으로 힘을 발휘하게 된 것이다. 그러나 이러한 것만을 가지고 明治憲法 전부를 평가할 수는 없다. 실제로 기본권이라고 하는 것이 그 안에서나마 인정이 되었다 하는 것은 1889년 일본이 처한 조건을 생각할 때에는 상당히 발전적인 면이 아닐 수 없다. 어떻든 약속대로 1890년 帝國議會는 개설되었고 국내의 제도를 완비해 가면서 해외침략을 한편으로는 추진하여 간다.

5) 경제체제 정비와 기업발흥

明治政府는 신속하게 근대화를 추진하여 자주독립과 부국강병을 달성하려 하였다. 효과적인 근대화의 실효를 거두기 위해서는 막대한 자본이 받쳐주어야 하였으나 현실적으로 明治초 정부가 당면한 것은 德川幕府 이래의 부채와 정권수립 초기 불가피하게 차용한 새로운 부채, 그리고 낙후된 기술과 경제구조였다. 이렇게 취약한 국내적 경제상황이 더구나 서양자본주의 시장의 압력 아래 있었던 것이 당시 상황이었다. 경제구조는 자생적 동시적으로 변화 발전하지 못하고 외압에 의하여 타율적으로, 국가 목표 때문에 하향적으로 재편되어 갔다.

산업발전의 기반을 구축하기 위하여 초기 明治정부는 이른바 '殖産興業' 정책을 내세웠다. 또한 봉건체제의 잔존 요소인 무사들의 俸祿을 해결하기 위하여 '秩祿處分'을 단행하고 동시에 재정을 안정시키기 위하여 '地租改正'을 추진하였다. 식산흥업정책은 원래 일본의 산업을 육성하여, 외국에 빼앗기고 있는 이권을 되찾으려 한 것이었으나 산업을 일으키기 위한 기술과 기반이 크게 부족하여 우선 여기에 집중할 수밖에 없었다. 바로 그 기반에 해당되는 전신·철도부설·광산개발 등을 위하여는 海關稅를 담보로 외채를 끌어들이기까지 하였다. 낙후된 기술을 향상시키고 여기에 서양기술을 접목시키려고 明治정부는 서양에서 기술과 함께 기술자들까지 들여왔고 官營模範工場을 세워 그 적응가능성을 시험하기도 하였다. 그러나 야심적인 식산흥업정책은 사실상 재래산업과의 연계에는 실패하고 일부 선진공업 부문에서만 성공할 수 있었다. 국가목적이 우선하고 국가자본이 주도하는 산업진흥책에 따라 산업내 여러 부문간에는 균형이 무너지는 현상이 나타날 수밖에 없었던 것이다.

식산흥업정책을 추진하는 데에는 막대한 자본이 소요되는 것은 말할 것 없으나, 이에 앞서 경상적인 정부재정이 건실해야만 하는 것을 明治지도자들은 인식하여 '질록처분'과 '지조개정'을 단행하였던 것이다. 明治 초기의 정부는 가능한 한 혼란 없이 德川막부로부터 전환하기 위하여, 당시의 사회주도층이었던 사무라이들을 건드리려 하지 않았다. 실제로 明治 초기 정부 예산의 3분의 1 가량이 사무라이들의 생활을 이전대로 지탱시키기 위한 봉록으로 지출되고 있었다. 그러나 근대정부를 지향하는 明治정부에서 이러한 봉건유제를 이어받아야 할 근거는 없었고, 그보다도 효과 없는 엄청난 예산 지출은 시정되지 않으면 안되었다. 그럼에도 사무라이들의 불만이 격렬한 반정부투쟁으로 변질되는 것을 두려워한 明治정부는 1876년 金祿公債 즉 사무라이들의 봉록을 장기간에 걸쳐 해소하기 위한 보증으로 공채를 발행하였다. 결국 外債와 地租를 근거로 하여 정부의 큰 부담은 서서히 사라질 수 있었다. 한편 이때 발행한 공채는 식산흥업을 위한 자본으로 전환되는 효과를 가져왔다.

지조개정은 前時代의 現物貢納의 폐습을 시정하여 근대적인 金納租稅로 개혁하려는 정책이었다. 법제적으로 德川시대에는 토지에 대한 사유권이 인정되지 않고 있었기 때문에 근대적 자본주의화를 지향하는 明治정부로서는 우선 토지사유화부터 추진하여야 했다. 더욱이 봉건체제 아래 각 藩에서는 독자적인 공납기준이 있었으므로 중앙집권화된 통일정권으로서는 이를 균등하게 배분해야 할 필요성을 절감하고 있었다. 그래야만 국가재정의 대부분을 차지하는 토지세를 정확하게 그리고 공평하게 거둘 수가 있기 때문이었다. 그러나 정부의 본래 의도가 조세부담자를 확보하여, 정부예산을 확보하는 데 있었던 관계로 농민 내부의 문제는 관심 밖이었다. 새로운 토지제도와 조세제도에 적응할 수 있는 농민들에게는 유리하였으나 열악한 조건의 소농민들은 새로운 경제상황에 적응하지 못하여 낙오하고 말았다. 물론 지조개정으로 토지를 사유하게 된 농민들 가운데, 富農들은 이를 담보로 새로운 지방산업에 투자하여 산업발전의 재원을 제공하기도 하였다.

그러나 취약한 재원으로 식산흥업정책을 추진한다는 것은 무리였다. 더욱이 1877년 薩摩에서 사이고 다카모리(西鄕隆盛)의 반란이 일어나 초기의 明治정부를 위협하자 정부는 전력을 기울여 이를 진압하지 않을 수 없었고, 이에 따라 엄청난 戰費가 소요되었다. 당연히 인플레이션이 극심해져, 국민생활을 압박할 뿐만 아니라 산업진흥이 정체되고 무역수지는 악화되어 正貨가 외국으로 유출되고 있었다. 국민의 불만은 자유민권운동 확산의 바탕이 되기도 하였다. 이를 발본적으로 치유하기 위한 정책이 바로 1881년 大藏卿에 취임한 마쓰카타 마사요시(松方正義)의 디플레이션방침이었다. 마쓰카타는 明治정부의 재정을 담당한 5년 동안 강력한 통화축소와 경비절감정책을 추진하여 그가 떠나게 되는 1885년에는 재정상태가 정상적인 궤도에 올랐으며 이후 기업발흥의 바탕이 마련되었다고 평가된다.

이른바 '松方 디플레이션' 이후 1886년부터의 기업발흥은 明治정부가 꾸준히 추진해 온 경제의 자본주의화를 위한 제도정비와 구조개혁에서 비롯된 것이었다. 먼저 일어나기 시작한 것은, 산업발전단계의 일반적인 예대로,

경공업 부문이었다. 전통적인 재래산업과의 접목보다는 근대적인 경제발전이 시급했던 관계로 서양의 기술을 그대로 받아들여 기업을 일으켜간 것은, 경공업 부문 중 섬유공업 부문에서 뚜렷한 예를 찾을 수 있다. 1886년부터 1890년 사이 각지에 대규모 방적공장이 서양의 기계를 사들여 세워지기 시작함으로써 1890년에는 이미 과잉생산으로 인한 공황이 일시적이나마 나타났고 1893년부터는 인도로부터의 原綿輸入과 對朝鮮輸出을 적극화하기 시작하였다.

한편 광공업 분야에서는 항상 軍需·戰略産業을 목표로, 전환이 가능한 부문이 집중적으로 개발되었다. 따라서 철강·공작기계생산 및 造船工業이 다른 부문과의 균형적 관계를 떠나 정부지원 아래 추진되기 시작하였다. 특히 중공업 분야의 발전에서 주목해야 할 것은 清日戰爭의 결과였다. 1895년 清나라와의 전쟁에서 승리한 일본은 약 3억 5천만 円에 달하는 막대한 배상금을 받아내었다. 당시 일본정부예산의 약 3년분에 해당하는 것이었다. 이를 바탕으로 이른바 戰後 경영에 착수하여 金本位制를 확립하고 중공업 분야의 비약적인 발전을 도모할 수 있었다. 三菱造船所에서 6천톤급의 鐵船을 만들어낸 것이나(1896), 八幡製鐵所 건설에 착수한 것(1897) 등이 그 예였다. 그러나 핵심적인 기술, '기계를 만드는 기계'는 서양의 선진공업국에서 들여오지 않을 수 없는 의존적 상태를 벗어나지는 못하였다.

일본의 산업화과정은 처음부터 불균형의 이중구조를 안고 나아갔다. 이중구조는 국내에서 재래산업과 선진공업 부문과의 불균형상태뿐 아니라, 대외적으로는 선진공업국에 대하여 후진적인 존재임과 함께 아시아의 후진공업국에 대하여는 선진국이라는 특수한 형태를 의미한다. 특히 국내시장이 협소한 일본의 조건은 산업이 발전할수록 해외시장을 확보하려 하였으며, 아울러 원료공급지역을 차지하려 하였다. 그러나 당시 일본이 확보하려 한 지역들은 문화적 정치적으로 일본을 용납하려 하지 않는 한반도·중국 등이었기 때문에 일본은 경제적 선진국임에도 불구하고 그 관계가 독자적이고 주도적일 수 없었다. 오히려 일본은 선진·후진적인 대외경제관계에 모두 의존적 타율적일 수밖에 없었다.

6) 해외침략

일본은 대외적으로 첫 전면전쟁인 청일전쟁 전 이미 해외침략의 싹을 키우고는 있었다. 이같은 사실은 일본 明治체제의 지도자들에게는 생존권이 걸린 문제로서 항상 한반도문제를 거론하고 있었다는 데서 알 수 있다. 그들은 한반도는 일본의 심장을 겨누고 있는 칼끝이어서 한반도를 영국이나, 프랑스·러시아가 차지한다면 일본의 안위에 결정적인 위협이 온다고 생각했다. 한반도에서 일본의 특수권익을 확보해야 한다는 논거에서 征韓論이 나오는데 정한론을 주장한 사람들은 실상 이와쿠라 사절단 멤버들에 의해서 물러났다. 이와쿠라 사절단의 멤버들이 평화애호측이냐 하면 그렇지는 않았다. 정한은 시기상조이며, 일본은 아직 힘이 없다는 것이었을 뿐이다. 그 다음해에 대만을 침략하였다는 사실이 이를 증명한다. 정한론은 어떻게 보면 2년 동안 맡겨놓았던 정권을 되찾기 위한 하나의 계기로 이용되었다 할 수 있다.

일본에서 조선왕조 또는 한반도의 정치적인 독립에 대한 옹호세력이 없어지는 것이 1882년경이다. 1882년은 우리나라에서 임오군란이 일어난 해이다. 이때 일본교관을 죽이고 쫓아내자 일본측에서 다시 군대를 파견하여 일본은 서울에서 군사주둔권을 얻었다. 임오군란을 즈음하여 일본내에 한반도의 정치적인 발전이라든가 한민족에 대한 애호는 서서히 사라져갔다. 이때를 즈음하여 후쿠자와 유키치(福澤諭吉) 같은 사람이 입장을 바꾸게 되는데, 조선왕조를 그냥 두고는 조선의 개화가 불가능하다는 인식을 갖게 되었기 때문이다. 특히 1884년 갑신정변에서 바로 후쿠자와 일파에서 지원을 했던 김옥균 그룹이 쿠데타를 일으켰다가 실패하게 되자 한반도에 대한 입장은 급변하였다. 한반도에 대한 옹호가, 반대로 한반도의 개화를 주도적으로 일본에서 해가야 된다는 쪽으로 바뀌게 되었다. 그 유명한 脫亞論을 후쿠자와는 1885년을 전후해서부터 주장하였다. 일본은 이제 아시아 여러 나라들과 형제관계를 맺기는 어렵고 이미 서양화하는 데 앞장섰기 때문에 일본이 아

시아를 벗어나는 게 상책이며, 아시아를 탈피해서 서양나라 속으로 들어감
으로써 아시아에서 서양의 역할을 한다는 것이 탈아론이다. 이같은 일본
정부의 해외침략에 대한 비판적인 세력이 점차 없어지면서 일본은 청일전쟁
을 시작하게 되었다.

 청일전쟁 4년 전인 1890년 그 당시 일본의 총리대신이었던 야마가타 아리
토모가 일본의 이익선과 주권선에 대하여 이야기한 적이 있다. 주권선은 물
론 일본열도를 둘러싼 경계이며 이익선은 일본의 주권을 지키는 데 꼭 필요
한 범위를 말하는 것이다. 따라서 야마가타 아리토모의 머릿속에는 이익선
의 범위 속에 한반도가 들어가 있었다. 주권선이라는 것은 절대절명의 국경
선이니까 반드시 지켜야 하고, 이익선이라는 것도 주권선을 보호하기 위해
서 필요하면 일본측에서 장악을 해야 한다고 보았다. 이러한 입장으로 인하
여 청일전쟁이 일어나게 되고, 일본은 청일전쟁에서 이기게 되자 아시아의
강대국으로 등장한다. 물론 청일전쟁을 청나라와 일본, 중국과 일본간의 전
쟁이라고 보는 것에는 반대하는 사람도 많다. 일본은 그 당시에 중국을 상
대로 해서 10년 이상 거국적인 전쟁준비를 했으나, 청나라측에서는 李鴻章
이라는 청나라 중신의 세력이 중심이 되어 일본과 싸운 것이라고 보기 때문
이다.

 이처럼 청일전쟁은 중국과 일본의 전면적인 전쟁은 아니었지만 그 피해는
중국 전체로 퍼져나갔다. 반면 일본은 청일전쟁에서 큰 피해 없이 경제적으
로 득을 보게 되었다. 그러나 아직도 서양열강들이 일본을 국제적으로 대등
하게 인정해 주지 않는 상태에서 일본이 청일전쟁 後 遼東반도와 滿洲의 이
익을 차지하려 하니 러시아가 앞장서 간섭하는 것이었다. 일본측에서는
어떻게 하면 서양열강들이 자기네들과 같이 대우해 줄까 하는 간절한 생
각을 가지게 되었다. 이같은 상황에서 1900년 義和團의 난이 중국에서 일어
난 것이다. 서양열강들의 침략에 중국 농민들이 비밀결사단체를 결성해서
싸운 이 義和團의 난을 진압하기 위하여 서양 여러 나라들은 연합군을 편성
하였다. 처음에는 여기에 일본을 포함시키지 않았으나 많은 비용과 인원이
필요하게 되자 일본에 군대 파견을 요청하였다. 일본측에서는 이 기회에 인

정을 받기 위해서 대규모 군대를 파견, 의화단 진압 연합군의 반 이상을 일본군이 차지하기까지 하였다. 이때 일본이 생각한 것은 우선 서양열강에게 일본의 힘을 보여주고, 일본이 이제는 동등한 나라라는 것을 인식시키자는 것이었다. 일본측에서 생각한 또 하나는 이 기회에 중국내에서 이권을 완전히 확보하자는 것이었다. 일본의 경제력이 이때에는 어느 정도 성숙해져서 제국주의 열강에 가담하려고 하였던 것이다.

그러나 러시아는 만주를 놓고 일본의 진출을 견제하였다. 일본은 만주의 북쪽을 러시아의 특수범위로 하고 일본은 한반도를 특수이익 범위로 하며 만주 남부는 일본측과 러시아가 다 같이 들어갈 수 있는 공동이익 정도로 생각을 하였다. 그러나 러시아에서는 만주를 완전히 그들의 이익 범위로, 39도선 이북의 한반도를 중립지대로 하자고 일본측에 제안하였다. 물론 일본은 러시아의 이러한 제안에 반대를 하였다. 그럼에도 러시아측에서는 오히려 평안북도 용암포에 해군기지를 건설하려고 하자 일본측에서 더 이상 참지 않고 먼저 공격을 하고 나섰다. 실제 일본은 러시아의 상대가 되지 않았다. 이 전쟁을 시작할 수 있는 조건은 바로 영국의 지원에서 갖춰졌다. 영국은 러시아 세력이 남하해 오는 것을 막는 것이 일차적인 목표이기 때문에, 러시아 세력을 막는 데 직접 자국이 싸우지 않고 일본을 내세워 아시아에서 러시아 남하정책을 막는 것이 유리하다고 보았던 것이다. 영국뿐만 아니라 미국에서도 지원을 하였다. 미국은 중국내에 늦게 들어갔기 때문에 시장의 몫이 제한되어 있었다. 미국측에서는 중국에 더 이상 파고들어갈 자리가 없어 문호개방을 요구하고 있었고, 이러한 것을 대변하여 싸울 수 있는 게 일본이었다. 그러나 러일전쟁을 시작하기 위한 어전회의가 끝난 직후 이토 히로부미는 자기의 심복이었던 가네코 겐타로(金子堅太郎)라는 사람을 미국에 파견하여 그 당시 미국 대통령이었던 시어도어 루스벨트 대통령에게 러시아와의 화평협상을 중개해 주기를 부탁한 적이 있다. 러시아와의 전쟁이 벅찬 전쟁이라는 것을 일본측에서도 알고 있었기 때문이다. 이토와 같은 원로들은 이 전쟁을 단기간에 끝내기 위해 러시아의 전쟁혐오 분위기를 일으키면서 , 동시에 한반도를 완전히 수중에 장악하고 만주의 이익을 일본이 가져야 되겠다고 생각하였다. 그런데 예상외로 전쟁은 오래 끌게 되고 일본의 피해 또한 러시아의 피해 못지않게 컸다. 일본이 거의 국력을 다 소비한 단계에 이르렀을 때 마침 러시아내에 혁명분위기가 일어나자 러시아측에서도 협상요구를 받아들이게 되었다.

미국의 포츠머스에서 협정을 맺을 때 러시아 협상 대표는 패전국의 협상 대표 자격으로 임하지 않으려 하였다. 포츠머스조약에서 일본은 전쟁에 이겼다고 하면서도 배상금을 못 받아내고 단지 영토에서만 득을 보게 된다. 지금의 사할린은 明治 초기에 러시아와 국경을 정하다가 일본측에서 러시아의 영토로 양보해 주었었는데 포츠머스조약에서 사할린의 남쪽 반을 일본이 차지하였다. 그러다 2차대전 후에 소련측에서 다시 점령했기 때문에 사할린에는 아직도 일제에 징용당했던 한국사람이 남아 있는 것이다. 어떻든 러일전쟁은 일본에게 크게 도움을 주지 못했고 오히려 일본은 채무국이 되어버렸다. 전체 전비의 반 이상을 외국차관에 의존했기 때문이다. 또 하나 러일전쟁 중 서서히 서양의 영향을 받은 지식인들을 통하여 사회주의가 일본에서 등장하기 시작하였다. 러일전쟁 후에 일본은 국제적으로 애매한 입장에 처하게 된다. 즉 미국은 일본에 전비를 빌려준 나라인데도, 협상을 할 때는 러시아를 두둔하는 등 일본을 견제하는 것이었다. 일본이 너무 강해진다고 할 때 태평양에서 미국과 일본간에는 언젠가 대결을 할 가능성이 있기 때문이었다. 일본측에서는 서양의 열강들이 결국 무엇을 생각하고 있느냐 하는 것을 알게 되었다. 일본은 러일전쟁에 막대한 국력을 동원했고 그야말로 탈진한 상태에 가서 협상을 하였다. 외채는 엄청나게 늘어났고 국내 통합이라는 문제가 시급하게 등장하였다. 더군다나 사회주의적인 요소가 나타나기 때문에 국가통합을 위해서 철저한 반대세력의 탄압을 하게 되었다. 그 당시에 가장 앞장섰던 사회주의자 고토쿠 슈스이(幸德秋水)와 그의 동조자들을 꺾기 위해 1910년 明治천황 암살음모사건을 조작, 모두 처형하기까지 하였다.

1912년 明治천황은 죽고, 일본은 그 이후 大正시대로 들어간다. 大正천황은 무능하고 정신질환을 앓고 있던 사람이었기 때문에 明治천황과는 역할이 달랐다. 明治천황은 어느 정도 중재역할, 때로는 핵심역할을 한 데 비해 大

正천황은 전혀 그런 역할을 하지 못했고, 따라서 정치는 힘을 가진 몇 개의 집단에 의해서 행해지게 되었다. 물론 그것은 大正천황이 정신질환을 앓았기 때문이라기보다는 그 당시 일본의 정치발전, 경제발전의 수준이 그 정도에 와 있었기 때문이다. 大正민주주의란, 明治維新이 1868년부터가 아니라 그 이전부터라고 하듯이, 역사적인 개념으로는 1905년 러일전쟁이 끝난 후 일본내의 잡다한 정치집단들이 자기들의 소리를 내어갈 때부터라고 볼 수 있다.

1913년에는 大正政變이 일어났다. 전쟁이 끝나자 전체 예산편성에서 민간인 내각은 군비를 되도록 삭감하려고 한 반면에 육군측에서는 1910년에 한국을 합병하고 나서 한국통치에 필요한 2개사단이 증설되어야 하고, 해군측에서도 앞으로 태평양에서의 문제가 있기 때문에 군함을 더 만들어야 한다고 주장하면서 군비증강을 막대하게 요구하고 나섰다. 이때 민간인 내각에서 들어줄 수 없다고 하자 군부에서는 육군대신을 소환하면서 내각을 무너뜨렸다. 당시 정치적인 영향력을 가진 집단은 다음과 같은 몇 개를 지적할 수 있다. 의회는 정당정치를 인정하고 있었기 때문에 몇몇 정당에서 나온 국회의원들로 구성되어 있었고, 그 당시의 지식인 집단인 이른바 도시 부르주아계층 흔히 말하는 대학생·변호사·신문기자 등도 있었다. 또한 군부세력이 있었으며, 천황을 끝까지 보위해 나가자는 궁정귀족세력이 있었다. 당시는 이러한 몇 개의 집단들이 서로 쪼개져서 권력경쟁을 하던 때였다. 내각이 무너지자 비판세력인 도시 부르주아들이 여기에 반대를 하고 나섰다. 헌정옹호운동을 펴게 된 것이다. 이것이 극에 달하여 마침내 1913년 군부의 동의를 얻었던 내각을 무너뜨렸다. 明治체제 아래서는 상상할 수 없었던, 내각을 비판적인 정치세력의 힘에 의해서 무너뜨린 것이다.

이 大正政變은 성공하였지만, 아직도 일본이 경제적으로 채무국이며 정치적으로 국가통합이 완전히 이루어지지 않고 있던 때에 제1차세계대전이 일어난다. 제1차세계대전이 일어나자 일본정치가들 가운데에는 천우신조라고 말하는 사람이 있을 정도였다. 이 전쟁은 유럽에서의 전쟁이므로 일본은 참여하지 않고서도 득을 볼 수 있었기 때문이다. 단적인 예로 중국에 자기들의 권익을 갖고 있었던 독일·영국·프랑스·러시아 등이 전쟁에 휩쓸리게 되니까 모두 아시아에서 떠나게 되고 동아시아 시장에는 주인이 없어진 것이다. 또 일본은 독일에 대해서 선전포고를 하면서 독일이 갖고 있던 남태평양 섬들과 山東반도 끝에 있는 靑島를 중심으로 한 철도부설권을 일본이 접수하였다. 이같이 일본은 제1차세계대전을 이용해서 별다른 희생 없이 경제적으로 부흥할 수 있는 기틀을 잡았다. 전쟁을 하는 동안 아시아 시장이 일본 것이 되고, 군수물자를 일본이 공급하게 되었기 때문에 일본은 크게 부흥을 하게 되었다. 일본은 전쟁을 치르는 동안에 채무국에서 채권국으로 변하였다.

1차대전이 끝나면서, 전형적인 정당내각이 생기고 하라 다카시(原敬)가 수상이 된다. 물론 일본 헌법에 수상은 천황이 임명을 하게 되어 있어서 의회의 다수당이라고 하여 수상을 낼 수는 없지만 다수당의 당수를 元老들이 수상으로 천거하므로 이를 인정, 임명하였다. 그 당시에 물론 야마가타 아리토모가 블랙박스를 쥐고 있었지만 그가 먼저 의회내 다수당의 대표인 하라 다카시를 인정하지 않을 수 없었다. 물론 정당내각이 설 수 있었던 것은 일본이 민주체제로 나갔기 때문이 아니라 체제내적인 변화였기 때문이었다. 明治 일본내에서의 기본은 明治헌법체제로서, 여기에는 군부의 독자성이 인정되었고 또한 선거권은 아주 제한되어 있었다. 국세를 얼마 이상 내는 사람에게만 선거권을 주었기 때문에 모든 국민들이 투표권을 갖지는 못했다. 치안유지법과 보통선거문제는 항상 맞물려 있었는데, 보통선거를 실시하고 치안유지법이 없을 때 무산정당 이른바 이념정당이 나와 정치가 혼란에 빠질 것을 우려하여, 보통선거제도를 인정하는 대신에 치안유지법을 만들어 國體문제나 사회주의 이념을 표방하는 사람은 체포할 수 있도록 한 것이 바로 1920년대의 일본이었다. 이는 하라내각 때가 아니라 그후에 통과되지만 어떻든 하라내각 이후 일본의회내의 다수당이 총리를 내는 것으로 계속되다가 1932년에 이 전통은 무너지고 만다. 1932년 군부내 젊은 장교들이 수상을 암살한 5·15사건이 일어나 이때부터 정당정치는 군부의 세력 아래 들어가게 된다.

7) 軍國主義體制

일본의 군국주의체제는 특이하다. 흔히 일본의 학자들은 파시즘체제라고 얘기들을 하지만 파시즘이라고 하는 것은 기본적으로 밑으로부터의 지지를 얻어 정권을 장악한 사람이 대중조작에 의해서 독재정치를 행하는 것이다. 무솔리니·히틀러의 경우 정권장악의 과정은, 합법의 명분 아래 국민들에게 사회불안을 과장되게 선전하기는 하지만 국민들의 동의를 얻은 것이었다. 일본의 군국주의는 새로운 정변이 아니라 明治헌법체제 안에서 변형된 것이라 할 수 있다. 이 군국주의가 나타나는 데 중요한 요소가 된 것은 헌법내의 초헌법적인 규정, 천황대권의 규정, 그 가운데서도 통수권이 독립되었다 하는 점이다.

明治원로들이 죽고 나자 사회의 각종 요소들의 통합이 잘 이루어지지 않게 되었다. 明治의 원로들은 어느 면에서 일본의 독립과정을 이끌어간 사람들이었다. 일본이 개항할 때의 취약했던 상태에서부터 정치적인 야망을 키워 도쿠가와막부를 타도하고, 정권을 잡은 후 해외침략을 해가면서 일본을 어느 정도 틀 위에 올려놓은 사람들이다. 그렇기 때문에 이들은 일본의 힘의 한계를 알고 있었다. 그 단적인 예가 러일전쟁의 선전포고를 결정하는 어전회의 뒤 협상을 요청하기 위하여 이토 히로부미가 자기의 심복을 보낸 사실이다. 그만큼 그 전쟁이 일본에게 얼마나 무리한 것인가를 알고 있었던 데서 나온 것이다. 그러나 한편 원로들은 일본을 마치 자기들이 키워가는 나무처럼 생각을 하여, 강하게 만들기 위해서는 국민통합이라는 한 방향으로 나가야 한다고 생각했다. 육군사관학교·국립대학·해군병학교 등에서 집중적으로 일본의 지도층을 양성하였는데, 이 새로운 지도층이라고 하는 것은 자기들처럼 이것저것 고려하는 안목이 있어서는 흩어지기 쉽기 때문에 단일화된 집단, 이념화된 집단을 만들어야 한다고 생각하였다. 원로들이 계속하여 살아 있다면 규제를 할 수 있었겠지만 이들이 자연인으로서 수명을 다한 뒤 결국 이들이 국가통합을 위해서 만들었던 세뇌된 지도층 집단들의 안목은 편협하게 고정된 상태 그대로였다. 또한 군부대신이 현역 무관으로 임명될 때 이러한 제도가 군부에서 내각을 무너뜨리고 자기들이 정치를 장악할 수 있는 하나의 요인이 되었다. 즉 明治국가는 明治원로들이 든든한 나무로 만들려고 했고, 어느 정도는 만들었지만 동시에 그 국가를 파괴시킬 수 있는 싹도 만들었던 것이다.

1차대전이 끝나면서 일본은 경제적으로는 채권국이 되지만 아시아 시장에는 1차대전 후의 전승국들이 다시 찾아오게 되었다. 따라서 일본이 경제적으로 확보해 놓았던 시장이 문제가 되었고, 이보다 더 큰 문제는 일본내의 확충된 시설이었다. 1차대전중 엄청나게 확충한 시설이 과잉이 되었고, 또 1차대전중 임금이 크게 올라 경제적으로 불황이 찾아왔다. 이처럼 1차대전 기간중에 풍선처럼 부풀었던 일본경제가 불황에 들기 시작한 것은 1920년경부터이다. 영국은 대영제국이니까 그 자체가 블록경제로 될 수 있고, 소련은 소련 자체가 워낙 큰 땅덩어리니까 자급자족할 수 있고, 미국도 자급자족이 가능하였다. 그러나 독일이나 일본은 침략을 통해서 자급자족할 수밖에 없다고 본 것이다. 군국주의가 나타날 때 일본이 처한 경제는 국제적인 경제변화에 적응하기가 어려웠다. 1차대전 후의 시설의 문제, 임금의 문제, 국내경제 불황, 외국선진국과의 관계 등 많은 문제가 있었다. 또 국수주의 이념은 이전부터 일본사회가 다원화되면서 극단적인 한쪽에서 나왔기 때문에 더 말할 나위도 없는 것이었다. 이런 상태에서 일본은 대외적인 위기의식을 느끼고 그것을 강조하면서 군국주의 분위기를 이끌어갔다.

위기의식과 함께 일본군국주의의 또 다른 특색은 明治천황체제가 위로부터 변화한 것이지 파시즘체제처럼 밑으로부터의 변혁이 아니라는 점이다. 또 하나, 약점으로 들 수 있는 것이 반대세력이 취약한 것이다. 사실 大正 민주주의시대에는 반대세력이 강했다. 그러나 군부의 힘이 나타나면서부터 반대세력이 아주 약해진다. 세계가 블록으로 나누어지고 있는 상황에서 일본은 자체의 자급자족적인 하나의 경제권을 갖지 못하면 안되었고, 일본이 그대로 있으면 소련·미국·영국 등으로부터 완전한 독립을 할 수 없었기 때문에 반대세력도 그 한계를 벗어나기가 어려웠던 것이다.

2차대전 후에 일본 지식인들은 자기들이 얼마나 무력했나 하는 반성을 많이 하였다. 독일에서는 최소한 히틀러에 대한 암살음모사건이 있었고 그밖에도 히틀러에 대한 견제가 있었는데 일본에는 그런 견제가 없었다는 것이다. 일본의 지식인들은 상당한 엘리티즘에 젖어 있었다. 일본백성이란 아직도 약하고 지적으로 저급하기 때문에 자기들의 편이 되기가 어렵다고 생각하였다. 明治 초기에 민란이 있기는 했지만, 자유민권운동가들이 이 민란을 커다란 사회혁명으로 발전시킬 생각을 하지 못했었다. 민란은 무지몽매한 사람들이 일으키는 사회혼란이라고 판단하였지 그것을 혁명적인 에너지로 바꿀 생각을 못하였다. 혁명적인 에너지를 밑에서부터 시작되는 것으로 인식 못하고 자기네들과는 별개의 것으로 생각하였던 것이다. 오히려 그것을 이용한 것은 군부이다. 군부의 지도자들은 "농민들은 걱정없이 먹고 살아야 한다. 지금 일본에서 문제가 무엇이냐? 정당정치가들이 서양식의 민주주의 한다고 해서 불안과 고통이 일어났고 또 재벌들이 자본주의 체제를 추진하다가 이렇게 되었다"고 주장하였다. 군부측에서 밀고 나온 것은 재벌 중심의 자본주의정책 견제와 정당정치의 개혁이었다. 이에 따라 지식인들은 힘을 잃었고 일본에는 군국주의체제가 나타났다.

위기감을 느끼며 일본의 군국주의체제가 침략정책을 특히 노골적으로 밀고 나가는 것은 중국에서 국민당이 전국을 통일해 갈 때부터이다. 중국국민당은 기본적으로 중국민족주의를 내세웠기 때문에 외화배척이라든가 민족자본형성의 움직임이 중국에서 나타났다. 당시 중국 시장에는 일본 자본이 많이 들어가 있었으므로 일본은 자국의 이익을 걱정하지 않을 수 없었다. 또 1927년에 이미 금융공황이 일본에서 시작되었다. 세계경제공황은 1929년에 일어났지만 일본은 이미 1927년부터 공황이 시작되고 있다가 1929년에 세계공황이 터지면서 결정타를 맞게 된 것이다. 이것을 어떻게 이겨나가야 할 것이냐, 자급자족을 할 수 있는 선진국가들에 의존을 한 결과 이렇게 된 것이 아닌가, 따라서 일본으로서도 독자적인 자원확보정책을 택해야 한다고 생각하였다. 이 당시 일본 군부에서 민감하게 생각했던 것 가운데 일본 석유의 대부분을 미국에서 수입하고 있다는 사실이 있다. 미국과 전쟁을 할 때 석유가 끊어진다는 것을 생각하지 않을 수 없으므로 인도네시아 등으로 눈을 돌리기 시작하였다. 1931년에는 만주사변을 일으킨다. 또한 1932년 5·15사건으로 정당내각의 수상이 암살된 후 일본 전체의 분위기가 이제는 정당내각으로는 도저히 이끌고 갈 수 없다 해서 군부의 동의를 얻은 사람을 총리로 임명하게 된다.

1936년, 결정적으로 군부가 권력을 장악하게 되는 2·26사건이 일어난다. 이전부터 군부는 일본의 해외침략을 군부에서 밀고 나아가 세계열강의 하나로서 일본이 위치를 잡아야 하며, 그러기 위해서는 군부가 정치까지도 장악을 해야 한다고 주장해 왔다. 이때 군부내에 統制派와 皇道派가 대립하고 있었다. 통제파는 주로 엘리트 코스를 밟아가는 고급 장성들의 그룹이고 황도파는 '잡초같이 거친' 중하급 장교 중심의 불만그룹이었다. 통제파의 생각은 앞으로의 전쟁이라는 것은 국가 총력전이기 때문에 국가의 자원을 조직적으로 군부에서 재분배하고 그것을 전쟁목적을 위하여 이용해야 한다는 것이다. 그러나 황도파는, 앞으로의 전쟁에서 중요한 것은 일본의 국민의식 통합과 군대의 의식개혁이 중요하기 때문에 총력전에서는 자원의 문제보다 천황을 정점으로 자기 몸을 불사르는 확신, 황도가 중요하다는 것이다. 2·26사건은 황도파가 쿠데타를 일으킨 것이다. 그런데 아이러니컬하게도 황도파에 대해서 천황이 등을 돌렸다. 昭和천황이 즉위한 것은 1926년이나 그전에 이미 아버지 大正천황이 앓고 있었기 때문에 섭정을 맡았었다. 섭정을 하는 동안 반 년 가량 유럽견문여행을 한 적이 있다. 따라서 극단적인 군부의 황도파 사람들보다는 비교적 개화되었다는 이야기도 있다. 그래서 황도파 쿠데타가 일어난 직후 천황은 이를 인정하지 않는다고 방송함으로써 황도파가 물러가면서 끝이 난다. 2·26쿠데타는 불과 사흘이 안돼서 끝나고 이제는 완전히 통제파가 정권을 장악하게 되었다.

그 다음 해에 중일전쟁이 일어나 사상적인 암흑의 시기가 찾아온다. 사상적인 암흑기에 일본내의 지식인들 가운데 많은 사람들은 정치에 동조를 안하고, 활동을 정지하든가 지하로 들어간다. 기억해야 할 것은 이들을 일본 군부에서 100퍼센트 탄압을 하지는 않았다는 사실이다. 앞날을 위해서 미미

하나마 약간의 숨통은 터놓은 결과가 되었다. 가령 이 사상적인 암흑기에 일본의 지식인들을 모두 동원하여 오염시켜 버렸다면 2차대전이 끝나고 미군이 들어왔을 때 일본을 대변할 사람은 하나도 안 남게 되었을 것이다. 새로운 일본을 대표할 수 있는 사람은 이런 지하활동을 했다든가 군부로부터 탄압받은 사람들이었다. 암흑기이기는 하지만 그 사이에 일본의 자유스러운 학문의 맥은 완전히 단절되지는 않은 것이다.

8) 太平洋戰爭 ── 패전과 연합군 점령

태평양전쟁은 무모한 도발로 시작되었다. 여러 가지 정황증거로 볼 때 태평양전쟁을 일으킨 사람들의 머릿속에는 기습전을 감행, 미국내의 염전분위기를 일으킨 다음 재빨리 일본측에서 협상카드를 제시하면, 일본이 이미 차지하고 있던 기존 이익범위 즉 한반도·만주를 위시한 大東亞共榮圈은 일본이 차지할 수 있다고 보았던 것 같다. 그러나 염전분위기는커녕 미국에서는 오히려 호전분위기가 나타났다. 처음 전쟁 초기에는 일본이 승승장구해서 동남아시아·남태평양섬·필리핀까지도 점령하였다. 그러나 맥아더는 미국과 오스트레일리아 연합전선이 구축된 선에서부터 반격을 개시하였다. 처음 미드웨이 해전에서 치열한 전투 끝에 미군측이 일본을 물리친다. 1943년초가 되면 일본은 완전히 수세로 몰린다. 건전한 판단이라면 1942년 6월 미드웨이해전에서 전쟁을 끝내야 하는 것이었다. 그때는 아니라고 하더라도 1943년에는 이미 불리한 조건이지만 협상으로 나가야 하는데 이때도 일본 국내에서는 전황을 전혀 모르고 있었다. 극단적인 경우이지만 우리나라에서는 1945년 8월 14일까지도 일본의 확실한 패전을 모르고 있었다.

1945년에 접어들면서 미국측의 공습이 東京까지 오게 되니까 마침내 일본은 항복을 고려하게 되었다. 일본사람들은 원자탄 2발을 맞음으로써 완전히 손을 들지만 이로 인하여 역설적으로 가해자에서 전쟁의 피해자가 되었다. 세계에서 유일하게 원자탄 맞은 나라라고 내세우며, 원폭실험금지운동·평화대회를 열고 있는 아이러니가 일어나고 있다. 미국측에서 원자폭탄을 떨어뜨리지 않았다면 일본사람들은 피해자의식을 가질 수는 없었을 것이다. 독일사람들이 가해자의식을 가지고 있는 데 비하여 일본사람들이 거기서 피할 수 있는 명분을 미국측에서 마련해 주었다고 볼 수 있다. 왜 미국측에서 다 이긴 전쟁에 원자탄을 사용하였는가 하는 의문이 생긴다. 당시 미국에서는 전쟁에서 이기긴 하는데 어느 정도 희생을 치르고 이길 것인가를 생각하고 있었다. 미국측에 들어온 정보로는 일본에서는 본토결전을 준비하고 있다는 것이었다. 이렇게 되면 엄청난 인명피해가 있게 되니까 미국측의 피해를 최소한으로 줄이기 위해서 극약을 썼다는 설이 있다. 또 하나 소련측에서 對日戰에 참전한다는 정보를 미국이 알고 있었기 때문이다. 미국측에서 태평양전쟁을 시작할 때 소련측에 전쟁에 참여하도록 했으나 서부전선 즉 독일과의 전쟁을 수행해야 하기 때문에 동부전선에는 참여할 수 없다고 피하다가 승부가 확실해졌을 때 참전한다 하자 미국에서는 소련이 들어올 경우 아시아 정세가 변할 것으로 보고 전쟁을 빨리 끝내기 위해서 원자탄을 터뜨렸다는 설이다. 결국 미국으로서는 원자탄을 터뜨리고도 소련의 동아시아 진출을 막지 못했다. 단지 미국군인들의 인명손실 없이 항복을 받아냈을 뿐이다. 일본은 항복을 하게 되면서도 항복조건을 가지고 대립하였다. 국체를 지키고 천황제도를 유지해야 한다는 점에서, 더욱이 육군측에서는 본토결전을 해서 모두 죽을 때까지 싸워야 한다고 주장하였다. 이를 놓고 논란을 벌이고 있을 때 천황이 항복결정을 내렸다.

당연히 물러나야 할 천황이 그대로 남게 된 것은 미국의 일본전문가들이 전쟁이 끝난 후의 대일정책을 세울 때 나왔던 것이다. 천황이 있으면 일본의 구심점이 되어 새로운 국가통합이 이루어질 수 있지만, 그렇지 않으면 일본은 여러 불만요소들로 쪼개지고 말 것이라 해서 천황제를 유지키로 한 것이다. 그 대신 천황은 신이 아니다라는 선언을 하고 일본의 상징으로서만 남게 된다.

1945년에서 1952년까지가 미군의 점령기간이지만 사실상 이 기간은 크게 둘로 나눌 수 있다. 1948년경을 전후해서, 1948년 이전은 미국측에서 완전히 주도적으로 정치를 이끌어갔다. 흔히 얘기하는 세 가지의 정책 —— 민주화정책과 비군사화정책과 분권화정책——을 썼는데, 맥아더 사령관은 일본을 하나의 모델로서 생각하고 오히려 미국인들도 받아들이기 어려운 노조지도자들을 미국에서 데려와 각지로 다니면서 노동조합을 결성케 할 정도로 일본의 민주화를 추진해 나가려고 하였다. 따라서 전범에 대한 처벌은 처음 아주 단호했고 재벌에 대한 규제도 엄했었다. 점령정책이 일본사람들에게 나쁜 인상을 주지 않았던 것은 간접통치방식을 취했기 때문이기도 하였다. 이 기간 동안에 일본내에는 선거도 있었고 자신들의 총리와 장관이 있었다. 일본은 간접통치를 했기 때문에 사실상 군정이 성공할 수 있었다고 보인다. 군정측에서는 큰 줄기만 지시하고 구체적인 것은 모두 일본내각에서 해나가게 했던 것이다. 끝으로 천황 주권을 일본국민에게 넘기는 새로운 헌법을 1947년 제정함으로써 일본은 민주국가로 변하였다.

점령정책의 변화는 1948년경에 나타났다. 이때 동서냉전이 심각해지면서 소련이 베를린을 봉쇄하는 사건이 발생하였으며 한반도에서의 남북한 대립이 심화되고 있었다. 동서냉전은 도저히 융합할 수 없는 단계로 접어들었다. 이때 미국에서 생각한 것은 일본을 무력하게 둘 것이 아니라 아시아에서 미국 이익의 거점으로 삼아야 한다는 것이었다. 동시에 일본을 급속히 부흥시키기 위해서는 일본의 민주화도 중요하지만 한편으로 유능한 인재들을 다시 복귀시켜야 한다 하여 오히려 전범으로 몰렸던 사람들을 풀어주었다. 전범을 풀어주면서 아이러니컬하게도 레드 퍼지(red purge)라고 하는 적색분자축출운동을 전개하였다. 바로 그런 과정에서 한국전쟁이 일어났고 보수화로의 복귀경향은 점점 강화되었다. 샌프란시스코 강화조약에서 일본이 미국과 조약을 체결하고 그외의 나라들과의 조약이 효력을 발휘하는게 1952년이기 때문에 그때 가서야 일본은 완전히 독립한다.

9) 맺음말

근대일본의 정치·사회·경제적 변화를 성공으로 볼 것이냐 실패로 볼 것이냐하는 논쟁이 있다. 일본의 마르크시스트 사학자들은 일본의 근대사는 실패라고 주장한다. 일본은 타율적인 개항에 의해서 독립을 지켰다고는 하지만 사실상 그 독립의 대가가 너무 컸고, 외국에 대해서도 큰 피해를 주었으며, 그 결과가 2차대전의 패망으로 끝났기 때문에 일본의 근대사는 실패의 역사라는 것이다. 일본을 성공의 예로 드는 주장은 오히려 미국·영국 등에서 나온다. 이들의 생각은 일본의 근대화는 비서양국가가 근대화하는 하나의 모델이며, 이러한 발전과정에서 빚어진 하나의 일탈현상으로 2차대전이 일어났다는 것이다. 전체적으로 볼 때 2차대전 후 일본이 패망 속에서 쉽게 경제적으로 성장하고 정치적으로 안정을 찾은 것은 그전에 축적되어 온 힘이 있었다는 관점에서 일본의 근대사는 성공으로 보고 있다.

서양의 학자들은 비서양국가에서의 근대적인 발전과정을, 의식하건 안하건간에, 서양지향적으로 파악한다. 서양의 여러 나라들은 산업혁명 이후 국민국가를 이루어가면서 근대화의 성공적인 과정을 겪어갔고, 일본도 나름대로 하나의 모델이 될 수 있다는 것이다. 지금 우리는 여러 가지 풍조와 발전의 방향이 일본을 향하고 있음은 부인할 수 없다. 그러나 따라야 할 모델이 일본이어야 하는가는 깊이 생각해 보아야 할 문제이다. 결국 일본의 길을 우리가 따라간다면 그것은 그런 과정밖에 못 가게 되는 것이다. 일본의 근대사를 알아야 하는 것은, 일본근대화의 과정이 성공이냐 실패냐 하는 판단을 유보한다 해도, 거기에서 일어났던 모순들을 최소한 우리는 겪지 않고 나아갈 수 있다는 유리한 입장을 찾는 데에 큰 의미가 있다.

제2장   明治維新과 당시의 지식인

1. 日本에서의 明治維新論

    역사적 사건으로서의 明治維新은 1867년 12월 9일(음력), '王政復古' 즉 통치권이 德川將軍으로부터 天皇에게로 돌아간 것을 말한다. 그러나 근대의 시작 또는 전근대에서 근대로 넘어가는 변혁기로서 명치유신이라는 역사현상을 파악하려 할 때는 논자에 따라 견해가 달라진다. 무엇을 기준으로 하여 변혁기를 보는가에 따라 그 이해가 갈라지는 것이다. 이하, 여러 논의에 나타나는 明治維新의 시기구분을 중심으로 일본에서의 연구동향을 살펴보려 한다.

    먼저 여러 학설의 소개에 앞서 德川體制 그리고 말기의 해체과정과 명치 국가 성립기의 중요한 변화를 일별하여 본다. 德川체제는 막부에서 중앙집권적 권력을 행사하는 幕藩체제이다. 兵農分離·石高制 그리고 쇄국에 의해 이 체제는 유지되어 왔다고 볼 수 있다. 병농분리란 무사와 농민의 신분을 철저히 분리시킨 것으로 무사를 그 사회적 기반인 농촌으로부터 유리시킴과 동시에 농민은 封建小農으로서 농촌에 고정시켰다. 이와 함께 무사는 大名의 城下町에 집주케 되어 실제로 토지와는 무관한, 봉록에 의해 생활을 영위하는 신분이 되었다. 상인도 또한 城下町에 집주시켜 상업활동을 하게 함으로써 병농의 분리는 사실상 兵·農·商의 분리효과를 가져올 수 있었다.

    봉건체제 아래에서 농민은 토지를 법적으로 사유할 수 없었다. 경작지에 대하여는 官에서 검사한 후 등급에 따라 産出高(石高)를 정해 주는 것이었다. 石高에 따라 바치는 농민의 年貢은 大名의 수입원이 되어 大名의 경비 및 무사들의 봉록으로 쓰였다. 그러나 石高는 연공을 넘어서 모든 부담의 기준이 된 것으로서, 크게는 藩의 總石高에 따라 막부는 大名에게 군역을 포함한 모든 부담을 위임하는 것이었다. 또한 年貢米 및 특산물의 전국적 시장인 오사카(大坂) 등의 대도시를 막부에서는 직할령으로 하여 국내유통 기구를 장악할 수 있었다.

쇄국은 사회적 경제적으로 고정된 이 체제를 온존하기 위하여 또한 대외교역을 막부에서 통제하기 위하여 취한 정책이었다. 번의 독자적인 대외교섭은 일체 금지되었기 때문에 서양세계와의 접촉은 막부직할령인 나가사키(長崎)에서 네덜란드와 미미하게 이어질 뿐이었다. 조선·중국과의 교역도 막부에서 직접 관리하여 교역의 利를 독점함과 동시에 국내시장을 이에 연결시켜 통제할 수 있었다.

고정된 幕藩體制에 대한 비판은 18세기 초반부터 농업생산력의 향상, 상공업의 발달, 무사층의 解弛에 따라 서서히 나타나지만, 해체의 징조가 사회표면에 노출되는 것은 1830년대(天保期)부터라고 할 수 있다. 이전의 한 세기간 거의 정지하고 있었던 인구가 증가하기 시작하고 농업생산력이 급속히 상승함과 동시에 선진지역에서 소규모이기는 하지만 공장제수공업(매뉴팩처)이 나타나는 것도 이때부터이다. 상품유통이 새로운 단계로 접어들면서 도시특권상인들의 독점이 붕괴되어 감에 따라 막부재정은 타격을 받게 되었다. 이러한 형세 아래에서 빈부의 격차가 심화되어 빈민이 점증하는 데에다 막부대책에 대한 불만으로 오사카에서 대규모 민란이 발발하여(1837, 大鹽平八郎의 亂) 막부와 번에 큰 충격을 주었다. 권위를 잃어가는 막부로서는 번 자체로 개혁하여 자립화하여 가려는 有力藩들을 제압할 수 없었으며 오히려 번과의 대립을 자초하여 갔다. 도시특권상인들의 조합(株仲間)을 해산하여 새로운 경제질서에 맞추어보려던 막부의 계획도 실패함으로써 그들로부터의 지원도 잃게 되었다. 막부체제의 해체 위기에 대응하는 막부와 번의 봉건 말기적 '絶對主義化' 시도가 1830년대 이후 노골화되는 것이다.

국내적인 해체요인의 성숙에 결정적인 충격을 준 것은 1853년 페리의 來

航에 의한 쇄국의 해제와, 1859년 이후 외국에 대한 일본시장의 개방이었다. 외국상품의 유입으로 舊生産 및 농촌구조는 격변하고 막부 직할령의 연공감소 추세로 되어 막번체제적 토지소유·생산방식은 붕괴되어 갔다. 외세에 대처할 능력을 갖추지 못한 막부를 제거하려는 움직임이 불평무사 및 호농층의 일부에서 尊王攘夷運動으로 표면화하여 有力藩의 지원 아래 倒幕運動으로 변하여 갔다. 중앙권력인 막부가 지방세력인 長州藩 정벌에 실패함으로써(1866) 막부의 지배권은 무력화하여 갔으며 사회하층에서 광범하게 번져간 '에쟈나이카'운동은 구질서의 종언이 전사회에 미치고 있었던 것을 나타낸다.

1868년 明治政權의 성립과 함께 구제도의 철폐 및 국가통일사업이 진행되어 갔다. 舊來의 번을 폐하고 새로운 지방행정단위로 縣을 설치하였으며 (1871, 廢藩置縣) 1873년에는 징병령과 지조개정법을 발포하여 신정부의 기초를 다져갔다. 무사층의 봉록을 점차 삭감하여 가던 명치정부는 1876년 '金祿公債'를 발행함으로써 이들에 대한 봉건적 특권을 해소하였으며 1877년에는 전국적으로 지조개정사업이 완성단계에 이르러 토지의 사유가 법적으로 보장되었다. 石高制 아래에서의 現物年貢은 새로운 지조제도에 따라 지가의 2.5퍼센트 金納으로 확정, 대부분의 지역에서 시행되기 시작하였다. 강행적인 정부시책에 반대하는 그룹은 명치정권 내부에서 이탈하여, 舊特權을 유지하려는 보수파는 1877년의 薩摩叛亂에서 패하여 탈락하였고, 근대적인 입헌제를 내세운 그룹은 자유민권운동을 일으켜 反정부적 사회적 기반을 넓혀갔다.

明治 10년대 전반의 인플레이션으로, 근소한 공채밖에 받지 못한 중하급 무사들은 몰락하는 한편, 막대한 액수의 공채소유자들인 상급무사들은 國立銀行을 통해 공채를 자본으로 전환하여 특혜를 지킬 수 있었다. 또한 정부의 식산흥업정책은 국가자본에 정상자본을 유도한 '위로부터의 자본주의화' 정책이기도 하였다. 또한 정부의 일방적 방침에 반발하는 자유민권운동의 확산을 막기 위하여 1881년 정권내에서 민권동조파를 제거하는 한편 운동 자체에 철저한 탄압을 가하였다.

64

明治 10년대 후반에는 지폐정리로 인한 극심한 디플레이션으로 농촌경제는 큰 타격을 받아 중·빈농층의 궁핍화현상이 두드러지게 나타났다. 좌절한 자유민권운동의 농촌지도자 및 몰락하는 호농들의 지도 아래 중·빈농들의 폭동이 1884년 군마(群馬)·가바산(加波山)·지치부(秩父) 등지에서 발생하였다. 그러나 이들 분산적인 폭동은 정부의 탄압과 분열책으로 진압되고 明治정권은 확립기에 들어갔다. 1880년대는 '殖産興業'을 더욱 강력하게 추진함과 동시에 대외확장정책을 준비해 가는 기간이기도 하였다. 1889년의 明治憲法 제정과 이듬해의 帝國議會 개설로 明治정부의 체제는 완비되었다고 하겠다.

明治維新을 광범위한 사료의 분석 위에서 이론적 평가를 하려는 작업은 엄밀한 의미에서 2차대전 이후부터라고 볼 수 있다.

핫토리 시소(服部之總)는 明治維新을 절대주의의 형성과 부르주아민주주의혁명(自由民權運動)이라는 두 현상이 서로 대항하는 이중과정으로 이해하고 있다. 이에 따라, 이중과정의 모순을 급격하게 심화시키는 계기를 개국(1853년 페리의 來航, 또는 1859년 開市)에서 찾아 유신의 始期로 잡고 있으며, 終期는 부르주아민주주의혁명을 완전히 압도하여 천황제 절대주의국가가 확립되는 1889년 憲法發布時로 규정한다.[1]

천황제 절대주의의 성립으로 유신을 보는 입장은 동일하나 그 시기를 분석하는데 도야마 시게키(遠山茂樹)와 이노우에 기요시(井上淸)는 견해를 달리한다. 도야마 시게키는 1830년대에서 1840년대초에 걸치는 天保期를 始期로 잡고 있다. 이때 '농민적 소시민적' 부르주아민주주의혁명에의 투쟁의 싹이 표면에 나타나는 데 대하여 영주층은 봉건지배를 유지하려고 하였다. 이러한 대항관계에서 봉건권력은 절대주의화하는 것이다. 明治維新의 終期는, 그 주체세력이었던 倒幕派의 정치적 생명이 끝나고 신정권의 주도세력이 성립하는 薩摩叛亂(西南戰爭, 1877)으로 파악하고 있다.[2] 반면 이노우에 기요시는 유신을 이끌어갔던 有力藩의 변화에 착목하여, 절대주의화의 기점을 天保改革에서 찾고, 終期는 그 권력이 천황제 통일국가를 수립하는 1871년의 廢藩置縣으로 본다.[3]

국가형태가 幕藩체제에서 천황제 절대주의로 변하는 그 내면의 기본적 계급관계의 변화를 기준으로 明治維新을 파악해야 한다고 호리에 히데이치(堀江英一)는 주장하고 있다. 구체적으로 1837년 大鹽平八郎의 난에서 幕藩領主와 농민계급의 대립이 기본적 계급모순으로 나타나며, 1884년의 농민폭동에서 기생지주층이 절대주의체제측에 동조함으로써 기본적 대립은 기생지주층과 일반농민간으로 바뀌었다. 따라서 유신은 1837년에 시작되어 1884년에 끝난다는 것이다.[4]

나카무라 사토루(中村哲)는 明治維新의 과정을 국가권력·계급관계·경제구조의 변혁으로 보아, 始期는 天保연간(1830년대), 終期는 1889년·1890년(憲法公布·帝國議會開設)으로 잡고 있다. 즉 국가권력 면에서 幕藩봉건권력이 붕괴되어 근대 천황제권력이 확립되는 것이며, 계급관계에서는 幕藩영주층과 봉건적 소농민의 대립으로부터 천황제를 지지하는 지주·부르주아층과 소작·임노동층간의 대립으로 변화하며, 경제구조는 幕藩봉건제가 해체되어 군사적 半봉건적 자본주의제로 변질된다는 것이다.[5]

절대주의 통일국가가 성립하는 정치적 변화로 明治維新을 파악하려는 하라구치 기요시(原口淸)는 1868년에 절대주의 권력이 성립하나, 이는 明治 10년대의 자유민권운동과 국제적 환경의 압력 속에서 '자기연명'을 위해 스스로 수정한다고 본다. 그 수정형태는 1881년의 정변 이후 구체화되었다. 이 때 정부측에서 민권세력을 제거하면서도 10년 이내에 헌법제정과 의회개설을 약속한 사실을 중요시하여 입헌제적 수정을 가한 근대 천황제 절대주의로 방향이 정해진다는 것이다.[6]

다나카 아키라(田中彰)는 明治維新을 일본민족의 근대적 통일과정으로 이해하고 있다. 즉 1853년 쇄국이 무너지면서 세계 속에서의 일본을 인식하게 되고 또한 국민적 통일의 결정적 계기가 이루어졌다는 것이다. 終期는 1879년으로 잡고 있는데, 그 근거는 이 해에 류큐(琉球)가 오키나와(沖繩)현으로 편입되어 근대 일본의 영역이 확정되면서 중앙집권적 근대국가기관이 확립되기 때문이다.[7]

幕藩體制를 지탱해 온 여러 요소가 분해되어 가면서 새 체제가 성립하는 것으로 明治維新을 보는 입장에 나카무라 마사노리(中村政則)가 있다. 쇄국을 포기하면서(1854) 구체제는 붕괴하기 시작하여 새로운 시대로 접어들었다. 1876년에서 1877년경, 즉 金祿公債를 발행하여 무사층의 봉건적 특권을 해소하며 또한 地租改正事業을 정착화하는 단계에서 병농분리 및 석고제까지 끝나는 것으로 유신과정이 일단락된다는 것이다.[8]

명치유신을, 사회의 특정한 요인을 추출하여 그 변화를 추적하는 입장을 떠나, 사회체제의 전반적 변화——구체제가 붕괴되면서 신국가가 성립되는 기초——라는 면에서 볼 때, 이미 서술한 바 幕藩체제의 기본적 요소인 병농분리·석고제·쇄국의 해체에 주목할 필요가 있다. 이들은 상호연관적인 것이기 때문에 하나가 붕괴되기 시작하면(1854, 美日和親條約체결) 구체제 전반에 걸치는 결정적 계기가 될 수 있다. 세계에 대하여 문호를 개방함으로써 사회 내부에서 형성되어 오던 여러 변화를 급속화시킴과 동시에 변혁의 방향도 국내외적인 조건에 제약받지 않을 수 없게 되었다. 구체제의 근간을 해체하는 개혁은 1876년 금록공채의 발행과 1877년 지조개정이 대부분의 지역에서 시행되는 시점에서 일단 완성되었다고 보겠다. 병농분리에 따라 봉록에 의해 그 신분을 유지하던 무사층의 존재가 부정되었으며, 석고제의 바탕 위에서 모든 부담이 결정되던 것은 토지사유화의 법인과 새로운 稅制의 창출로 무효화되었기 때문이다. 특히 1877년 薩摩叛亂으로 봉건적 영유권을 주장하던 보수적 무사세력은 사라지고 만다. 상징적으로는 이 해 유신의 지도적 인물이었던 기도 다카요시(木戶孝允)가 병사하고 사이고 다카모리(西鄕隆盛)는 자살하며, 오쿠보 도시미치(大久保利通) 또한 이듬해 5월 암살당함으로써 1878년부터는 明治국가를 건설하는 다음 세대로 권력이 넘어갔다. 幕藩체제의 구체적인 붕괴의 시작으로부터 그 과정이 끝나는 때(새로운 사회체제의 기초수립)까지를 明治維新期라고 파악할 때 1854년에서 1877년까지를 그 시기로 보아야 할 것이다.

[주]

1) 服部之總, 〈明治維新における指導と同盟〉, 《服部之總著作集》 第5卷(理論社, 1956).

2) 遠山茂樹, 《明治維新》(岩波書店, 1951).
3) 井上淸, 《日本現代史》 I 明治維新(東京大學出版會, 1951).
4) 堀江英一, 《明治維新の社會構造》(有斐閣, 1954).
5) 中村哲, 《明治維新の基礎構造》(未來社, 1968).
6) 原口淸, 《日本近代國家の形成》(岩波書店, 1968).
7) 田中彰, 《體系日本歷史 5 : 明治國家》(日本評論社, 1967).
8) 中村政則, 《大系 日本國家史》4, 近代 I(東京大學出版會, 1977).

2. 明治維新 —— 국제적 논의

1983년 10월 18일부터 10월 22일까지 동경에 있는 國際聯合大學(The Unit-
ed Nations University)에서 '明治維新 國際學術會議'가 열렸었다. 明治維新에
관한 이 학술회의는 사회발전의 한 모델로서 明治維新을 비교연구하려는 목
적하에 개최된 것이다. 이에 맞춰 각국의 日本近代史 전공자 및 비교연구자
들 30여 명이 모여 집중적인 발표와 토론을 가졌다.

이 회의의 성격상 明治維新연구에서의 여러 문제점을 추출하여 학문적으
로 깊게 토론할 수는 없었다. 그러나 明治維新의 역사적 의의를 찾기 위하
여 전공자들이 모인 학회였기 때문에 明治維新연구의 추세를 알리는 좋은
기회였다. 회의에서 발표된 논문들을 회의주재자였던 나가이 미치오(永井道
雄)와 우루티아(M. Urrutia)가 편집하여 *Meiji Ishin ; Restoration and Revolution*
(Tokyo, 1985)으로 간행하였고 日語本은 그 다음 해에 《明治維新》(東京大學出
版會, 1986)으로 나왔다.

연구동향은 대체로 다음 셋으로 정리될 수 있다. 첫째, 明治維新을 보는
기본시각에서 발전현상에 중점을 두는 '근대화론'적 입장과 사회구조의 변
화를 중시하는 '講座派'와 '勞農派'적 입장이 아직도 밑바탕을 이루고 있
다. 이는 연구자들이 품고 있는 가치의 문제와 결부된 것이기 때문에 어떤
해결을 기대하기는 어려운 것이다. 둘째, 明治維新에서의 '국제적 계기' 또
는 '종속론'의 주장에 '주체적 대응'이란 면을 중심으로 수정이 가해지고

있다. 셋째로는 정치사상·경제발전의 연속성 즉 德川 후기로부터 明治維新에 이르는 성격들을 새로운 방법으로 추구하고 있는 점이다.

첫째, 기본시각에서 '근대화론'적 입장의 잰슨은 明治維新을 하나의 정치투쟁의 과정으로 보고 있다.[1] 이 정치투쟁에 참여한 사무라이들은 개인이나 계급적 이해를 떠나 급박한 국내외적 문제에 어떻게 대응하느냐가 관심의 대상이었다. 또한 德川의 지배층은 토지를 개별적으로 소유하지 않은 봉록생활자들이기도 하였다. 이러한 점들은 변화의 과정을 신속하게 할 수 있었고 明治維新정부의 안정에 도움이 되었다고 잰슨은 본다. 계급으로서의 사무라이는 明治정부의 개혁방침에서 무시되었을 뿐 아니라 귀족들이나 유신에 큰 공을 세운 藩들도 별다른 혜택을 받지 못하였다. 결국 근대화의 현상면에서 볼 때 가장 큰 得은 일반백성들에게 돌아간 것으로 보아야 한다고 잰슨은 주장한다. 이보다도 더욱 적극적으로 일본의 근대화를 문화현상으로 본 구와바라 다케오(桑原武夫)는, 明治維新이란 이미 형성된 국민문화가 개항과 더불어 자주적으로 서양문화를 받아들여 민족적 바탕 위에서 세운 문화혁명이었다고 강조한다.[2] 또한 같은 明治의 문화현상을 놓고도 나가이 미치오(永井道雄)와 이로카와 다이키치(色川大吉)는 관점을 달리한다.[3] 明治 초기의 교육은 보급성과 실용성을 위주로 하였다고 본 나가이는 초등교육의 전국적 보급은 이미 識字率이 높았던 德川 말기의 전통에서 나온 것이며 공리적 서양모방적 추구는 그 자체가 일본화의 갈등을 품은 창조적 방법이었다고 주장한다. 물론 정부에서 주도한 것이기 때문에 변화는 밑으로부터 성숙된 것은 아니지만 '정부의 밖으로부터' 사상의 자유를 구하는 움직임이 나온 것을 간과해서는 안되며 여기에는 사립교육이 중요한 구실을 했다고 본다. 그러나 이로카와는 정부의 강압적 방침이 가져온 민중생활의 혼란과 이에 따른 하층민의 反文明的 저항에 주목한다. 그렇다고 이들의 저항을 '反近代'라고 규정할 수는 없다. 이들이 곧 유신기에는 反封建투쟁의 기수였으며 나중에는 대중문화를 꽃피우고 극우세력의 기반이 되기도 하였다. 특히 호농층은 유신과정에 촌락지도자로서 적극적으로 참여하였을 뿐 아니라 유신 후에도 지방자치·국회개설·자유민권운동의 전파에 反官的 입장에 서서 하층민들을 이끌고 나갔으며 이를 통한 국민의식의 형성에 결정적인 역할을 하였다고 이로카와는 지적한다.

한편 사회구조와 지배양식의 연속을 주장하는 '講座派'적 입장의 도야마 시게키(遠山茂樹)는 국제적 환경과 국내적 조건으로 나누어 明治維新의 과정을 파악하려 한다.[4] 국제적 환경의 면에서 ① 阿片戰爭 이후 그 충격을 흡수할 만한 기간이 10년 이상 일본에는 있었고, ② 개항을 요구한 세력이 해군력과 무역에서 월등하였던 영국이 아니라 미국이었으며, ③ 1860년대는 영국과 러시아, 영국과 미국, 영국과 프랑스의 대립 및 상호견제의 시기였던 것이 일본에 유리하게 작용하였다. 물론 열강이 대립 견제하면서 경쟁적으로 식민지화할 수도 있었으나 일본시장의 중요성이 상대적으로 약하고 또한 인도·중국에서처럼 민족저항을 야기시킬 가능성 때문에 무력행사를 피했다. 결국 가장 강력했던 영국은 무역발전에 장애가 되는 봉건지배체제의 폐지를 원하기는 하였으나 열강의 직접간섭과 민중투쟁이 오히려 시장의 혼란을 초래할지도 모른다는 판단에서 이를 회피하고, 대신 봉건지배자 내부의 開明派를 키워 위로부터의 점진적 개혁을 꾀하였다고 도야마는 설명한다. 국내적 조건은 다음과 같이 파악하고 있다. 즉 이미 오랜 동안 민중의 反봉건투쟁과 봉건지배층 내부의 대립 그리고 신분제도의 해체에 따라 지주·상인층의 일부를 포함한 하급무사들의 幕政批判 및 개혁운동으로 봉건지배질서는 붕괴되고 있었다. ① 여기에 외국과의 전쟁이 일어날 경우 민중이 기회를 틈타 봉기한다면 기존지배체제는 근저로부터 붕괴된다는 위기감을 무사층에 주어 그들이 봉건지배의 개혁을 추진하였다. ② 구미자본주의 국가들과의 무역이 재래산업에 큰 타격을 주고 유통조직을 파괴한 것은 사실이나 이미 일본에서는 개항 전부터 상품생산과 농촌공업의 발전이 전국적으로 진행되고 있었기 때문에 그렇게 궤멸적이지는 못했고 대신 지방상인이 진출하여 무역에 맞춘 농촌공업의 발전을 자극하였다. ③ 蘭學을 통하여 서양지식이나 국제정세에 어느 정도 대비할 싹이 트고 있었고 이것이 막부와 번의 개혁파를 일면 키워나갔다. 그러나 이들의 서양접근은 어디까지나 군사목적을 주로 하였다. ④ 막부에서는 攘夷를 실현할 자신이 없었기 때문에 꾸준히 외국과의 접촉을 통하여 軍制改革을 추진하였고 무역도 늘고 있었다. 반면 막부 반대측의 攘夷主張이란 막부 입장을 약화시키려는 전술로 변하여 1866년에는 '攘夷'를 곧 '倒幕'으로 바꿀 수 있었다. 幕政改革派나 倒幕派나 모두 開明派를 지지하는 열강의 對日方針에 맞는 것이었으며 또한 이들은 민중투쟁을 억압하고 군비근대화를 실현할 수 있는 봉건권력의 통일 —— 통일국가를 조속히 수립할 필요에서는 일치하여 열강과의 협조의 길을 걷게 되었다. 결국 明治維新은 그 명분으로서의 근대성과 실제에서의 전근대적 전제적 성격과의 사이에 큰 격차를 보였으며 열강은 아시아에 대한 제국주의를 강화하는 데 일본제국주의의 성장을 필요로 하였다. 도야마는 이와 같은 성격이 근대적 발전을 제약하는 결정적 요인이었다고 본다.

明治維新을 미완의 부르주아혁명으로 보는 '勞農派'적 주장은 최근 일본에서는 극히 일부의 미미한 소리에 불과한 감이 있으나 아직도 소련에서는 주류를 이루고 있다.[5] 봉건주의와 식민주의에 대한 혁명의 과정으로 明治維新을 파악한 라티쇼프는 1868년을 전후한 佐幕軍과 討幕軍과의 전쟁 및 하층민의 민란을 뚜렷한 혁명투쟁으로 강조한다. 이를 통해 젊은 부르주아층이 압도적 위치를 차지하자 봉건세력들도 자기들의 지배적 위치를 보존하기 위하여 부르주아 규범에 스스로를 적응시켜 갔다. 이들이 일본의 독립을 지키고 문명개화를 추진한 주역이라는 점에서는 긍정적인 역할을 인정할 수 있으나 明治維新의 과정에 참여한 잡다한 세력들은 봉건제를 철저하게 제거하려고 하지 않았으며 혁명의 앞날에 대한 분명한 계획도 갖고 있지 않았기 때문에 쉽게 反革命 또는 현상고정화의 방향을 택하였다. 봉건적 잔재가 그대로 남아, 민중에 대한 억압은 明治정부의 기본성격을 나타내는 것이 되었으며 해외로는 약소지역을 침략하게 되었다고 라티쇼프는 明治유신의 불완전한 혁명성 —— 二重性을 지적하고도 있다.

둘째, 明治維新에서 '국제적 계기'를 이미 1960년대말에 주창하였던 시바하라 다쿠지(芝原拓自)는 이를 일방적으로 강조하는 '從屬論'적 견해에 이의를 제기하고 있다.[6] '종속론'의 입장에서 중국과 일본을 비교한 모울더는,[7] 아시아 여러 나라 가운데 일본은 자원과 시장이 빈약하여 열강의 매력을 끌지 못하였고 주요상품의 무역에서도 일본은 중국에 비해 규모가 적었다고 주장하였다. 더욱이 중국은 패전에 따른 배상금과 철도·광산에의 투자 및 정부의 借款 그리고 기독교 포교의 공인 등으로 열강의 지배적 위치를 인정한 데 반하여 일본은 상대적으로 안전하였던 것이 일본의 근대화에 유리하였다고 모울더는 지적하였다. 그러나 시바하라는 일본이 불평등조약의 내용에서 중국과 같았으며 실제 무역량이나 자본투자 면에서도 차이가 있었다고는 보지 않는다. 즉 가장 큰 영향을 미쳤던 영국 면제품의 수입에서 일본은 처음부터 인구비례로 볼 때 중국보다 적지 않았으며 1871년에는 절대액에서도 중국을 능가하고 있었다. 더욱이 중국은 그 영향이 개항장 주변에 국한되었던 데 비하여 일본은 산간농촌에까지 미쳐 심각한 사회경제적 변동을 초래하였다. 그러나 1880년대 후반부터는 수입이 줄어들기 시작하고 역으로 수출로 전환하게 되었다. 이는 국제적 압력에 明治 초기의 정부와 민간에서 적극적으로 대응한 결과로 보아야 한다고 시바하라는 주장한다. 자본투자 면에서도 중국의 對英債務(外債 중 가장 큰 부분)가 1885년 약 547만 파운드였던 데 비하여 일본의 외채는 1871년 현재 막부와 번에서 꾸었던 것이 220만 파운드, 그리고 明治정부가 들어선 이후 東京—橫濱 철도부설용으로 100만 파운드, 사무라이의 家祿解消用으로 240만 파운드였다. 결국 중국은 청일전쟁, 의화단난의 배상금 때문에 외채가 더욱 늘어난 데 비하여 일본은 국가통일과 재정정비과정을 거쳐 1898년부터는 元利金償還이 가능하게 되었다. 이 또한 외압에 대한 대응 여하에 따라 차이가 난 것으로 시바하라는 지적한다. 19세기 중엽 이후 중국과 일본은 열강에게 '가능한 한 비공식지배를 통한 통상'의 대상이 되었고 그 진출은 심화되어 갔다. 이에 중국은 수세적 입장을 벗어나지 못한 반면 일본은 중국·한국의 수세적 자세를 이용하여 열강에 적극적으로 가담하였다. 시바하라는 결론적으로 '종속론'과 함께 외압에 대한 주체적 대응면——선진기술의 흡수와 산업경쟁력의 육성, 경제질서의 안정, 권력과 결정의 중앙집권화 및 개발의 효율적 조직화——에도 주목해야 한다고 강조한다.

셋째, 德川 후기로부터 명치 초기에 이르는 연속성을, 나지타(Najita)는 정치사상면으로부터, 니시카와 슌사쿠(西川俊作)와 사이토 오사무(齋藤修)는 경제발전면을 중심으로 파악하고 있다. 18세기부터 일본에는 明治維新 과정의 정치행동을 예고하는 다양한 사상적 흐름이 나타났다고 본 나지타는 이를 설명하는 방법으로 두 개의 축을 그리고 있다.[8]

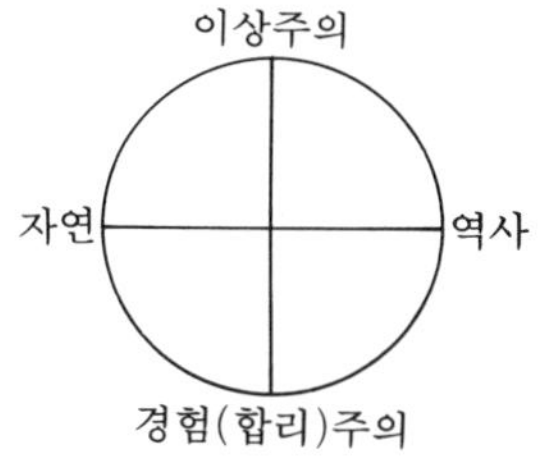

세로축은 지식에 대한 인식방법을 나타내는 것으로서 행동으로 전환될 수 있는 것이며, 가로축은 지식의 궁극적 목표를 나타낸다. '이상주의'에서 지식은 외부세계가 이상주의적 기준에 따라 풀이되는 내면화의 과정을 거쳐 인식되는 것이며, '경험주의'에서는 지식이 외부적 증거의 실험을 통해 확인되는 것이다. '역사'와 '경험주의'를 중시하는 경향으로 우선 들 수 있는 것이 이토 진사이(伊藤仁齋)·오규 소라이(荻生徂徠) 등의 古學派이다. '先王之道'라는 역사적 기준을 시대에 맞게 적응시켜야 한다는 오규 소라이의 주장은 신분지배의 해체와 관료적 능력본위사상을 일으킨 대표적인 예이다. 이러한 바탕에서 요코이 쇼난(橫井小楠)이나 니시 아마네(西周)와 같은 실용주의적 지식인들이 나왔다는 것이다. 또한 복잡다단한 외부현상——사회현실이건 경제현상이건간에——을 규제하여 이용할 수 있게 단순화시키는 역할을 하기도 하였다. 이러한 현상인식의 정리과정에서 혼다 도시아키(本多利明)의 상업중시사상이 나왔다고도 나지타는 파악한다.

'자연'과 '경험주의'를 중요시하는 지식인들에게 모든 현상이나 역사는 절대적이고 무한한 '자연'에 비추어볼 때 상대적인 위치로 낮아진다. 따라서 신분적 지배층이 절대적 우위에 있다고 볼 수도 없고 중국의 위치가 절대적인 중심이 될 수도 없다. 德川의 신분지배질서에 대한 회의나 華夷觀에 반대하는 독자적 일본의 강조가 여기에서 보이는 것이다. 또한 절대적 '자연'에 대한 탐구는 완전할 수는 없어도 끊임없이 노력함으로써 가까워질 수 있다는 입장에서 과학적 이해——특히 서양과학적 방법을 받아들이기도 하였다. 가이바라 엣켄(具原益軒)·미우라 바이엔(三浦梅園)·스기타 겐파쿠(杉田玄白)·야마가타 반토(山片蟠桃) 그리고 수학을 중요시한 사쿠마 쇼산(佐久間象山) 등이 이에 해당된다고 나지타는 밝힌다.

'이상주의'와 '역사'에 중점을 두는 흐름의 대표적인 인물로는 모토오리 노리나가(本居宣長)와 오시오 헤이하치로(大鹽平八郎)를 든다. 물론 모토오리는 국학적 의미에서 尙古 日本을 역사적 기준으로 삼고, 오시오는 양명학적 입장에서 개혁적 역사를 기준으로 삼는 차이는 있으나 둘 다 '이상주의'에 바탕을 둔 감정적이고 과격한 직관주의자였다는 점에서 같은 경향으로 취급된다. 이들의 사상과 행동이 明治維新期 '志士'들에게 큰 영향을 준 것은 물론이다. 국체의 절대성과 이를 위한 信·忠을 열렬하게 강조한 水戶學은 역사적 현실파악이 보수적이었으나 역시 이념을 행동화시키는 역할을 하였다는 점에서 이 범주에 넣을 수 있다.

'이상주의'와 '자연'을 중시한 경향으로는 안도 쇼에키(安藤昌益)와 히라다 아쓰타네(平田篤胤)의 주장을 들 수 있다. 둘 다 환상적이라고 할 만한 이상주의자들로서 자연과의 조화, 자연적 공동체의 덕을 내세웠다. 자연적 공동체와 상업의 역사적 의의를 갈파한 이시다 바이간(石田梅巖)은 '자연'과 '역사'를 함께 중시한 '이상주의'자였다.

나지타는 '경험(합리)주의'와 '이상주의'의 상호 영향 속에서 明治維新 주역들의 사상과 행동이 익어갔다고 파악한다. 그 전형적인 인물이 요시다 쇼인(吉田松陰)이었다. 그러나 과도기적인 제약 때문에 明治維新은 다양한 사상적 조류를 모두 개화시킬 수 없었으며, 그 폭은 좁아지고 통일성만이 특히 강조되었다. '經世濟民'을 위한 다양한 논의는 '富國强兵'이란 눈앞의 목표 아래 강요된 국민적 합의로 바뀌어갔다고 하는 것이 나지타의 해석이다.

경제사적 입장에서 明治維新期를 1859년 대외무역이 개시된 때로부터 1885년 松方 디플레이션이 끝나는 때까지로 보는 니시카와 슌사쿠(西川俊作)

와 사이토 오사무(齋藤修)는 이 시기의 특색으로 ① 인플레이션에도 불구하
고 실질적 경제성장이 수출지향적 농촌공업의 발달과 더불어 이루어진 것,
② 집권화와 서양화를 향한 개혁이 진행된 것, ③ 시행착오를 거쳐 조정이
되어간 것 등을 들고 있다. 그러나 무엇보다도 중요한 것은 이 시기의 발전
은 德川 말기로부터의 연결선상에 있다는 것이다.[9]

  여기에서 우선 지적되는 것은 경제발전의 추세가 1820년대말에서 1830년
대초경에 이미 나타난 것이다. 인구증가현상이 이때부터 뚜렷해지는 것은
널리 알려진 일이다. 또한 물가상승률이 1820년대말부터 높아지고 있는데
실제 임금이 거의 정체상태를 유지하고 있는 것을 보면 물가상승폭은 그만
큼 기업가들의 이윤이 되었다고 볼 수 있으며 이는 자본축적을 가능하게 한
것이었다. 특히 농업 생산력과 농촌공업의 발달이 비교적 후진지역이었다고
할 동부 내지 동북부에서 이루어지고 있었던 것은 이 지역으로 뻗어가는 해
운업의 번성에서도 찾아볼 수 있다. 농촌공업이 발달하기 시작한 지역에서
는 해외무역에 적응할 잠재력을 가지고 있었다. 연속성이라는 점에서 다음
으로 지적되는 것은 各藩에서 독자적으로 체험한 통화문제 및 지방사업이
다. 不良藩札이 범람했다고 하나 실제로 많은 번에서는 이를 통제하여 지방
수준에서의 통화운영경험을 쌓을 수 있었다. 지방에 설치토록 한 지방별
‘국립은행’안은 이러한 토대 위에서 나온 것이며 식산흥업정책의 지방확산
에도 큰 몫을 담당하였다. 식산흥업 자체도 중앙에 집중된 것만이 아니라
번의 전통을 계승한 지방산업의 육성이었다는 점 또한 주목해야 한다고 니
시카와와 사이토는 주장한다. 이들의 결론은, 일본은 지속적인 ‘근대경제의
발전’이 시작되는 1885년 이전에 발전을 위한 잠재력이 오랜 기간 동안 커
왔으며, 德川 말기에 이어지는 明治維新期는 ‘새로이 공표된 원리’와 구시
대의 유산 사이에 균형을 유지한 기간이었다는 것이다.

  지금까지 기술한 연구동향을 통하여[10] 아직도 관심이 미약하거나 정리되
어야 할 부분이 있는 것을 알 수 있다. 그중에서도 첫째는 ‘근대’라든가
‘혁명’이라든가 하는 개념의 혼동문제이다. 여기에서 기본시각의 차이가 나
는 것이라고도 하겠다. 둘째, ‘국제적 계기’ 또는 ‘종속론’에서는 흔히 일

본이 겪은 외압만이 거론되고 있으나 실제로 일본은 구미선진국의 외압을 東亞의 여러 나라에 대한 침략으로 돌린 것에도 같은 관심이 모아져야 할 것이다. 동아에서의 침략은 일본의 근대적 발전과 표리를 이루는 것이기 때문이다. 셋째, 내재적 요인으로서 발전적인 면만을 강조하는 연속성의 탐구가 크게 진척된 것은 반가운 일이지만 비근대적 요소의 잔존에 대한 조직적 연구가 무시될 수는 없다. 德川의 朱子學이 꼭 부정되어야만 할 대상이었는가, 근대적 사유의 싹은 꼭 反주자학적이어야 했는가 하는 데에는 심각한 재고가 있어야 할 것이다. 마지막으로 일본의 특수성에 대한 고찰 가운데 幕末維新期의 천황의 존재와 그 역할, 中華에 대한 주변으로서의 이점, 그리고 실질적 개혁은 새로 성립된 明治정부에 의해 추진되었다는 점 등은 중국 및 한국과의 비교에서 염두에 두어야 할 많은 사실들 가운데 간과할 수 없는 것들이다.

[주]

1) Marius B. Jansen, "The Meiji Restoration : Overview."
2) 桑原武夫, 〈明治維新と日本の近代化〉.
3) 永井道雄, 〈明治初期の敎育〉; 色川大吉, 〈明治維新の民衆文化に對する影響〉.
4) 遠山茂樹, 〈獨立と近代化の歷史的 條件〉.
5) Igor Latyshev, "Meiji Ishin —— Unaccomplished Bourgeois Revolution."
6) 芝原拓自, 〈國際關係からみた日本の近大化〉.
7) Francis V. Moulder, *Japan, China and the Modern World Economy*(Cambridge University Press, 1977).
8) Najita, Tetsuo, "Conceptual Consciousness in the Meiji Ishin."
9) 西川俊作・齋藤修, 〈大いなる遺産 —— 維新期の經濟と經濟政策〉.
10) 이외에도 다음과 같은 논문들이 발표되었다.
   P. Fedoseyev, "Significance of Revolutionary Transformations for the Struggle for Social Progress, National Emancipation and Peace between Nations"; F. Gibney, "Meiji : A Cultural Revolution"; 萬峰, 〈幕末維新時期の國際關係〉; 呂萬和, 〈西學と明治維新〉; 武田淸子, 〈未完の革命 —— 明治維新〉; 吉田光邦, 〈技術史の側面からの明治維新〉; 林武, 〈明治維新と近代技術 —— 技術移轉から技術自立へ〉.

3. 明治維新期 지식인의 역할

19세기 중엽 일본은 내적 축적이 완전히 이루어지지 않은 상태에서 국제질서 속에 편입되었다. 1868년 이후의 明治維新은 이러한 종속적 위치로부터 서양열강에 대항할 수 있는 체제로 개혁해 가는 과정이었다.

‘萬國公法’이란 스스로 지킬 수 있는 힘을 가진 국가간의 규정에 불과하다는 것을 인식하고 있었기 때문에 부국강병을 통해 자주적 국권을 회복해야 한다는 방침은 지식인의 활동에 한계를 지어주는 것이었다. 明治 초기 지식인에게 다른 하나의 제한은 그들 대부분이 사무라이 또는 사회상층 출신이었다는 것이다. 전통사회에서 근대사회로 넘어올 때 어디에서나 나타나는 현상이지만, 교육받은 상층지식인들이 지식인운동을 이끌어갔기 때문에 거기에는 민중적 기반에 대한 관심보다는 자신들의 지도적 역할에 대한 엘리티즘이 앞서 있었다.

이러한 제한을 가진 명치 초기의 지식인들은 크게 둘로 나누어볼 수 있다. 하나는 정부에 직접 참여하거나 또는 在野에서라도 정부의 開明政策과 자신의 이념을 동일화하려고 노력한 공리적 계몽주의자들이며, 다른 하나는 민권적 요소를 축으로 하여 정부구조를 개혁할 것을 주장한 이상주의적 ‘自由民權’운동가들이다.

두 경향의 지식인들이 구체적으로 조직된 활동을 시작한 것은 1873년(明治 6)부터였다. 舊德川幕府의 관료로서 일찍이 洋學에 눈떴던 계몽주의적 지식인들은 명치 6년을 기념한 '明六社'를 창립, 매월 연설회를 열고 《明六雜誌》를 발간(1874년부터)하여 문명개화의 정신을 사회에 고취하였다.

한편 1873년의 征韓論분쟁에서 패퇴한 그룹은 둘로 갈려, 극단적 보수파들은 明治정권에 반대·거병하였다가 실패한 후 탈락하나, 이타가키 다이스케(板垣退助)를 중심한 士族民權派들은 다음 해 '民選議院設立建白'을 제출하여 자유민권운동의 端을 열었다.

'明六社'지식인들의 주장은 尙存하는 封建弊習의 시정 전반에 걸친 것이나, 기본적 지향은 明治국가에 의해 부국강병을 위한 문명개화를 실천하는 데 있었다고 하겠다. 이를 위해 자발적으로 노력하는 국민이 창출되어야 하며 또한 모든 사람에게는 하늘로부터 행복추구의 권리가 평등하게 부여되었다고 보았다. 인간의 욕망을 자연적인 것으로 긍정하고, 국가의 존재이유는 天賦人權의 보호에 있다고 한 것은 분명히 구시대의 틀을 벗어난 이념이었다. 그러나 明治국가를 전제로 한 데에서 나타나듯이 그들에게서 체제변혁적 요소는 찾아볼 수 없다.

정부의 開明政策에 기본적으로 동조하면서 국민에게 개명적 정신을 고취하려는 것이었기 때문에 명치정부의 개명화 방향과 마찬가지로 국민의 입장에서보다는 위로부터의 계몽이라는 데 더 비중을 두고 있었다. 그들은 국민적 에너지를 사회발전의 원동력으로 인식하여 이를 개화된 문명의 질서 속에 조직화하는 것이 필요하다고 보았다. 그러나 민중의 전통이나 성장에 대한 인식이 약했기 때문에 민중이 주체적으로 질서를 형성하는 것에는 관심이 약하였다. 민중은 우매하므로 그에 적절한 지배를 받아야 한다는 현실과 자신들은 문명개화를 이끌어가야 한다는 이상과의 조화를 明治정부에서 찾으려 하였다. '明六社'지식인들의 천부인권론 또한 그들의 안이한 현실인식을 반영한 것이었다.

현실적으로 존재하는 사회적 불평등을 투철하게 파악하여 나온 주장이라기보다 평등하게 법을 시행하는 새로운 체제 아래에서 인간은 누구나 행복을 추구하는 조건이 평등하게 부여된다는 것이었다. 평등을 보장하는 사회적 조건이 이루어졌는데도 이를 향유하지 못하는 것은 우매나 惰怠의 소치라고 보았다. 더 나아가, 천부인권을 보호하는 것이 국가의 임무이기는 하나 국가는 모든 국민의 통합체로서 절대적 존재이기 때문에 국가를 위해 그 권리의 제한을 받지 않으면 안된다는 이론을 편 사람도 나왔다. 여기에 천부인권이 國賦人權으로 변질될 수 있는 소지가 나타나는 것이다.

본질적인 문제의 추구보다는 문명개화에 급급했던 '明六社' 지식인들은 明治정부의 정당성을 근대문명과 국권의 담당자라는 면에서 받아들여 적극적으로 지지하고 민중을 계몽하였다.

그들을 굴종적인 어용학자로 볼 수는 없다. 朝野에서 明治정부를 비판하며 그 이념을 제시해 줌으로써 폐쇄적인 정부에 자극을 주었을 뿐 아니라 '자유민권'운동의 사상 또한 여기에서 발원한 것은 평가해야만 할 것이다.

한편 1874년 1월 征韓論 분쟁에서 물러난 지도자들에 의해 '民選議院設立建白'이 발표되자 이를 둘러싼 찬반논쟁이 전개되었다. 일반민중에 의한 정치적 주체의 형성을 인정하지 않았던 계몽주의적 지식인들은, 미래상으로서는 받아들여도 다수 우민이 존재하는 한 시기상조라 하여 반대하였다. ('明六社'에 속하기는 하나 福澤諭吉는 국회개설에 찬성하였고 문하에서 많은 자유민권 지도자들이 나오기도 하였다.)

그러나 민선의원 설립의 필요성과 그 근본이 되는 자유민권사상은 당시 지식인들에게 급속히 전파되었다. 각지에서는 民權政社가 결성됨과 동시에 자유민권계의 잡지가 창간되고 西歐 市民思想에 관한 번역서도 속속 출판되었다. 舊士族 출신의 민권지도자들은 1875년 전국적 조직으로 체계화하기 위해 愛國社를 결성, 1877년경부터는 유리되어 있던 지방의 豪農지도자들도 포섭하여 이는 전국적 정치운동으로 본격화되었다.

도시에서는 법률사무소나 신문사를 중심으로 한 지식인들의 강연회, 논설 발간, 私的인 헌법초안의 작성 등으로 그들의 활동을 발전시켜 나갔으며, 이 영향을 받은 지방에서는 지방민회를 중심으로 대정부 조직을 조성하여 갔다. 전국적 운동은 1880년 國會期成同盟으로 결집되어 24만인 이상의 서명을 받아 國會開設請願을 하기에 이르렀다.

자유민권사상은 明治정부의 전제권력에 대항하는 사상으로서, 인권의 자유 평등, 국민주권의 확립과 인권을 지켜주는 매개로서의 정부가 그 바탕이 되어 있다. 이를 위한 제도로서 민권사상가들은 민선의원과 國憲이 필요하다고 주장하였다. 구체적으로, 국내분란이 끊이지 않고 정부가 전제화되는 것은 上下意志가 유통되지 않고 있으며 권력이 너무 집중되어 있기 때문이라고 지적한 그들은 국회를 개설하여 이를 시정할 것을 촉구하였다.

국가에 당장 필요한 것은 국민의 단결이지만 이는 애국심에서 나오는 것이므로 애국심을 일으키기 위해서도 參政 즉 국회설립이 불가결하며 이를 통해 국가의 재정난을 국민과 협의해 해결할 수도 있다고 그 이점을 들었다.

국회개설을 대외적인 국권회복과도 연결지어, 국민에 自主自治의 정신이 없고 권리가 없다면 국가는 독립할 수 없으므로 민선의원은 국권회복에 직결되는 것이라고도 보았다.

민권확립과 이를 보장해 주는 민선의원의 성립을 제창한 자유민권파 지식인들의 民權 國會觀은 어떠했는가? 여기에는 舊士族層 지도자들과 도시 및 지방의 호농상층을 대변하는 민권이론자들간에 차이가 있다. 舊사족층 지도자들의 논리에 따르면 천부인권은 기본으로서 국민이 이를 지키려면 '자립의 기풍'이 서야 하는 것이다. 그러나 자립은 私利를 꾀하는 데 빠져서는 안되며, '일반의 공익'을 도모하여 문명개화의 實을 거두는 데 이바지해야 한다는 것이다. '일반의 공익'을 위해 사리는 희생되어야 하는 것으로서 민권은 시민적 자유를 의미하는 것이 아니라 국가의 부강을 위한 자주적 시민의 권리로서 파악되었다. 민선의원 설립 주장에서도 사족층 지도자들은 明治정권의 전제를 막기 위한 공론의 伸張機關이라는 데서 출발했기 때문에 국민적 입법기관이 아닌 사족 및 고액납세자들만이 참여하는 확대된 공론기관의 즉각 개설요구였던 것이다. 국권을 확장하기 위한 국민통합의 이론으로서 민권론이 이용되고 국회개설론이 제기되었다고 볼 수 있다.

시민적 자유의 주장은 도시·지방의 민권이론가들에게서 뚜렷이 나타난다. 민권은 타인의 자유를 침해하지 않는 한 누구나 원하는 바를 할 수 있는 것이며 노력하여 재산을 증식하고 지식을 발전시킬 수 있는 것이므로 국가에 의해서도 제한받을 수 없는 것으로 인식되었다. 또한 국가는 개인의 자유권을 보장하기 위해 국민이 만든 것이고 국민을 위한 정부, 국민이 뽑은 국회에 의해 구체적으로 기능을 발휘한다고 보았다.

그러므로 국가는 그 주인인 국민의 자유와 행복을 보장하는 방편적인 것이며 국가의 정통성도 여기에서 찾아야 하는 논리였다. 실제로 우에키 에모리(植木枝盛)는 革命權을 주장하기도 하였다. 그러나 이상적인 共和論은 현실에 부딪쳐 '君民同治'적 입헌국가론으로 전회하고 만다. 즉 人智의 개발이 아직도 낮은 단계에서 또 황실이 '仁慈之心으로 政令을 행하여 道義에 어긋나지 않는 日本'에서는 '君民共治'政體가 적절하다고 그들의 주장을 현실에 맞추었던 것이다. 국회의 성격 또한 '국가의 급무'에 당하여 국민 모두가 애국심을 나타내는 기구로 변질되었다. 정치의 주체자를 상정할 때 그들은 '良民'과 '平民'을 대치하여, 지식있고 독립자주할 수 있으며 애국충성의 심정을 가진 '양민'을 들어 '평민'의 힘을 도외시하였다. 그들의 엘리티즘이 반영된 것이었다.

明治정부는 자유민권의 주장을 어느 정도 받아들여 1881년 향후 10년내 헌법을 제정하고 국회를 개설할 것을 약속하였다. 이후 사족층 지도자들의 민권운동확대에 대한 애로와 정부의 탄압으로 지식인들에 의한 운동은 쇠미해졌다. 반면 '평민'들의 과격한 투쟁은 분산적으로 나타났으나 철저하게 탄압되고 말았다.

지식인의 운동은 이를 둘러싸는 전제조건이 없을 때 진정 자유로울 수 있으며 또한 그 운동이 사회적 기반을 가질 때 진정 힘을 나타낼 수 있는 것이다. 明治 초기의 지식인들은 대외적 국권의 확립, 이를 위한 부국강병이라는 전제조건 아래서 그들의 이념을 펴나가야 했다. 그들은 또한 일반민중은 이념이 침투하여 정치적 주체로 등장할 수 있다고 기대하지 못했기 때문에 사회적 기반과의 연결도 깊이 인식하지 못했다. 국권 국체 관념과 엘리티즘이라는 제약에서 벗어나지 못했던 것이다. 그러나 당시의 상황에서 明治정부에 비판을 가하며 방향을 제시한 '明六社'계의 지식인들, 전제정권에 반대하여 그 침로를 부분적으로나마 수정하는 데 공헌한 자유민권파 지식인들의 역할은 적극적으로 평가할 만하다.

4. 明治 초기의 보수와 진보 ── 明六社

1) 머 릿 말

서양의 압력에 의하여 개항을 한 일본은 이후 구미열강이 주도하는 세계 자본주의체제에 타율적으로 편입될 수밖에 없었다. 불평등조약 아래에서의 第一義的 목표는 국가의 자주독립이었다. 위기상황을 내세우며 자주독립을 확립하겠다는 명분으로 1868년 성립한 明治정권은 이를 위하여 '文明開化' 와 '富國强兵'을 추진하였다. 일본의 근대는 타율적인 개항 후, 구미열강에 대한 종속적 위치로부터의 극복 그리고 동등의 추구라는 외부로부터 주어진 한계를 가지고 출발하였다.

외부적 한계는 곧 일본적 특수조건을 부여하였다. 즉 자주독립을 달성하기 위한 수단으로 강력한 국가통합이 요구되는 것이었다. 이는 일본인에게 는 벗어날 수 없는 대전제였다. 전제·한계·특수조건 아래에서 근대사가 시작된 일본의 경우 보수와 진보의 구분은 서양선진국의 그것과는 같을 수가 없다. 근대화 초기단계의 일본에서, 극히 예외적인 일부를 제외하고는, 기존체제는 타파되어야 한다는 데 합의가 이루어져 있었다. '문명개화'의 기치 아래 모두가 진보주의자였다고 할 수 있다.

그러나 자주독립을 위한 국가통합의 방향을 둘러싸고는 의견의 대립이 있었다. 明治정권 담당세력측에서는 단기간의 효율성을 앞세워 위로부터의 강

력한 국민통합을 추진한 반면 재야측에서는 이상주의적인, 밑으로부터의 국
민의사의 결집을 주장하였다. 전자가 일본적 위기상황을 특히 강조하여
'公' 또는 '官'을 우선하는 국권론적 입장이라고 한다면 후자는 '私'의 권
리와 자유를 좀더 강조한 민권론적 입장이었다. 양자 모두 일본을 둘러싼
전제·한계를 인정하면서도, 권력측에서는 특수주의적 조건을 더 강조한 반
면 재야측에서는 가능한 한 보편주의적 방법으로 일본의 진로를 추구하려
하였다. 이는 일본근대사의 저류에 있는 두 개의 큰 흐름이기도 한 것이다.
   필자는 전자를 보수로, 후자를 진보로 보려 한다. 개인의 권리와 자유가
확대·보장되는 보편주의적 방향을 '진보'로 보려 하기 때문이다. 이 글에
서는 '明六社'를 대상으로 하였다. 아직 보수·진보의 구분이 나타나기 전
'문명개화'운동을 대표하는 단체로 창설된 明六社는 비록 그 실제 활동기간
은 1873년(明治 6)에서 1875년에 걸쳐 약 2년간에 불과했으나 이후에 나타나
는 다양한 이념의 발원지의 구실을 하였다는 점에서 주목할 만하다. 明六社
의 구성원들 가운데 적극적인 민권론자로 나아간 사람은 하나도 없고 오히
려 明治的 정부의 개화정책에 대한 이념제공자로 큰 역할을 하였으나, 그들
의 明六社 시기의 활동은 한편으로 진보적인 자유민권운동의 씨를 뿌리기도
하였다.

2) 설립과 구성원

   1873년 7월 駐美辨理公使職을 마치고 돌아온 모리 아리노리(森有禮)는 양
학자 니시무라 시게키(西村茂樹)를 만나 일본에서도 학자들이 미국에서와 마
찬가지로 '學社'를 결성하여 공동의 관심사를 토론하고 사회를 위하여 지식
을 활용하자고 제안하였다. 이에 전폭적으로 동의한 니시무라는 모리와 쓰
다 마미치(津田眞道)·니시 아마네(西周)·나카무라 마사나오(中村正直)·가
토 히로유키(加藤弘之)·미즈쿠리 슈헤이(箕作秋坪)·미즈쿠리 린쇼(箕作麟
祥)·스기 고지(杉亨二)·후쿠자와 유키치(福澤諭吉) 등 이른바 '천하의 명
사'들과 접촉하여 모리가 제안한 바의 학사를 만드는 데 참여할 것을 약속

84

받았다. 이들이 곧 창립사원 10인이다.[1]

1873년 9월 1일에 첫 모임을 가진 이들은 공식적으로는 그 다음 해 2월 1일에 '明六社'라는 社名과 함께 정식으로 발족하였다. 明六社員들의 "卓識高論으로 우매한 눈을 뜨게 하고 천하의 모범을 세워 識者들의 기대에 부응하려고 한"[2] 이들은 당시로서는 가장 선진적인 학문을 익힌, 자부심에 찬 지식인들이었다. 물론 明六社員의 수는 지방에 있는 통신원을 포함하여 약 30명까지 늘어나나 핵심은 끝까지 주로 창립사원들이었다.[3]

'천하의 명사'인 이들은 당시 이미 일가를 이룬 학자들이었고 또한 사회와 국가의 문명개화에 맞춰 자신들의 개인적인 성취욕을 펴보려던 인물들이었기 때문에 처음부터 강한 단합력을 가진 동질집단일 수는 없었다. 그러나 이들을 묶어주는 몇 가지 공통점이 있었기 때문에 같이 모여 明六社를 구성하였던 것이다. 우선 이들은 개화를 지향하는 국가의 정책목표와 내부적 현실조건과의 모순·괴리를 문명개화의 방법으로 극복하려 한 점에서 일치하였다. 이 점에서는 이와쿠라 사절단 귀국 이후의 정부의 입장과도 일치하는 것이다.

또한 이들은 동년배집단으로서 20대 초중반에 일본의 개항을 체험하고 곧 洋學으로 관심을 돌린 사람들이었다.[4] 따라서 이들의 양학은 德川 이래의 和蘭學의 전통을 이은 것이 아니라 英·佛 중심의 새로운 양학이었다. 過半이 明治 이전에 洋行을 경험했을 만큼 양학에 조예가 깊었던 이들은 德川 말기 양학연수기관이었던 開成所에서 일했던 사람들이 많았다. 森를 제외하고는 幕府와 관련이 있는 이들이었지만 明治정부 수립 후에는 아무 갈등 없이 새로운 정권에 계속하여 봉사하였다. 이들의 전공이 양학이었고 그 양학을 택하게 된 계기가 외압에 의해 일본이 위기에 처했던 상황이었기 때문에 이들의 관심은 충성을 해야 할 정부의 교체가 아니라 일본의 국가적 자립을 어떻게 이룩하느냐에 있었던 것이다. 이들과 연배도 같고 출신성분도 유사한 明治정부의 지도자들이 "비합리적인 정치적 관념에 몸을 맡겨……실제 행동에 狂奔하고 있던 때에 이들은 정치적 실천에 직접 간여하지 않고, 여기에서 벗어나 새로운 학문에 沈潛……일본의 진로를 모색하고 있었다"[5]고 하겠다.

3) 활동과 입장

明六社의 활동은 크게 두 가지, 즉 한 달에 두 번씩 모이는 토론회와 이 모임의 내용을 포함한 사원들의 논설로 꾸미는 《明六雜誌》(월평균 2회)의 발간이었다. 토론회는 明六社員간의 행사로 처음 시작하였으나 이에 흥미와 관심을 가진 외부인들의 참가를 막지는 않았다. 1875년 2월부터는 결국 신문에 광고를 내어 공개적인 연설회로 바꾸지 않을 수 없었다. 그러나 일반 客員참가자의 수를 30명으로 제한한 것을 보면 대규모 강연회라기보다는 수준높은 토론의 모임이었다는 것을 알 수 있다.[6] 토론회에 참석한 것으로 확인되고 있는 객원들 가운데에는 開明派 관료들이 반 가량 되고 그 다음으로 후쿠자와 유키치(福澤諭吉)가 세운 慶應義塾의 학생과 직원·승려·실업가 등의 순이었다.[7] 자유로운 분위기의 慶應관계자들이 다수 참가하고 있는 것이 눈에 띄며, 또한 후일 자유민권운동의 선도역을 맡았던 누마 모리카즈(沼間守一)·후루사와 시게루(古澤滋)와 대표적인 이론가 우에키 에모리(植木枝盛)가 열심히 참석한 사실이 주목된다. 토론회보다도 훨씬 큰 영향을 준 《明六雜誌》는 1874년 3월부터 다음 해 11월에 이르기까지 43호가 간행되었다. 계몽적 지식인이었던 이들은 그에 맞게 정치·경제 분야뿐 아니라 사회의 각 분야에 걸쳐—— 결혼·신앙·교육·문자·출판·복식 등의 문제에 있어서까지도 관심을 갖고 개혁의 당위성과 방법을 이 잡지를 통하여 제시하였다. 대부분이 관직을 가지고 있었던 明六社員들이었어도 그들은 《明六雜誌》에서 거리낌없이 정부지도자들을 공격하고, 문명과 인간의 자유·권리에 관하여 사명감을 갖고 뜻을 폈다. 《明六雜誌》가 당시로서는 대단히 호평을 받았었음이 분명하다.[8]

明六社員들은 발전하는 문명과 이를 지탱하고 향유하는 인간의 능력 그리고 인간 누구나 가지고 있는 평등한 권리에 관하여는 공통된 인식을 가지고 있었다. 그러나 천부인권론이 본래 신분적으로 고정되어 있던 봉건적 인간

을 해방하여 그 인간을 자유로운 개인으로 인식하여야 하는 것이었음에도
明六社의 계몽가들은 당시 일본이 처한 상황——외압 아래의 자주독립을
위한 국가통합——때문에 천부인권론을 전통체제로부터의 신분해방에 국한
시키고, 그 인간은 국가적인 국민의식을 갖게 하는 것이 시민의식적인 개인
화에 우선한다고 믿는 경향이 강하였다.[9] 그렇다고 정부의 지도에 수동적으
로 따르기만 하는 정치적으로 무관심한 사람들을 이들은 생각하지는 않았
다. 오히려 주체적으로 근대일본의 형성에 참가하여 자기와 국가를 일체적
으로 파악하려고 하는 국민이 자라나기를 明六社員들은 기대하였다. 주어진
한계 속에서나마 이들은 이념적이고 추상적인 목표를 추구하였다. 문제는
일본의 현실을 어떻게 볼 것인가, 이 목표를 추구하는 것이 현실적으로 가
능한 것인가, 어떻게 하면 이 목표에 접근해 갈 수 있을 것인가에 있었다.

이러한 문제를 둘러싸고 明六社員들간에는 입장의 차이가 뚜렷하게 나타
났다. 그 대표적인 것이 民選議院設立論爭이었다. 이 논쟁에의 참여를 통하
여 明六社員들의 사회적 사상적 속성이 드러났다고 보인다.

1873년 가을 征韓論爭에서 패하여 사임한 이타가키 다이스케(板垣退助) 등
8명의 전직 고관들은 1874년 1월 민선의원의 설립을 건의하였다. '有司專
制' 즉 현직 고관들의 전횡으로 황실과 인민간의 틈이 심화되어 있다고 개
탄한 이들은 민선의원이야말로 유사전제를 막을 뿐 아니라 백성들의 자립심
을 고취시켜 문명개화의 길로 나아갈 수 있게 하는 지름길이라고 주장하였
다. 이는 担稅者가 정치에 참여해야 하는 원리에 부합하는 것이기도 한 바
진보란 바로 이를 뜻한다고 하였다. '증기기계'나 '전신선'을 도입한 터에
민선의회를 설립 못할 이유가 없고, 만약 '民智 未發'이 이유가 된다면 士
族・富農・豪商으로 그 선출 권한을 제한할 수도 있다고 제안하였다.[10]

民選議院設立建白이 문명개화의 방향을 주창하고 있는 한 같은 입장의 明
六社로서는 이에 답을 하지 않을 수 없었다. 궁극적으로 민선의원을 세워야
한다는 데에는 이론의 여지가 없었다. 다만 설립의 현실성을 놓고는 서로의
견해가 달랐다. 거의 모든 明六社員들이 이에 나름대로의 자기 견해를 밝혔
고 창립사원이 아닌 사카타니 시로시(阪谷素)나 통신원이었던 간다 다카히라

(神田孝平)도 적극적으로 이 논쟁에 참가하였다.

후쿠자와 유키치에 못지않은 저명한 논객이었던 가토 히로유키(加藤弘之)는 이 '建白'에 대하여 가장 먼저 분명하게 답하였다. 그는 '開化未全'의 인민으로 하여금 국정을 共議케 한다면 愚衆의 대표를 뽑아 국정을 더욱 어지럽게 할 것이라 하여 민선의원의 당장 설립을 반대하였다.[11] 더 나아가, 정치가는 비스마르크가 했던 것처럼 무식한 의회의 다수의원들에게 기울지 말고 결연하게 통치해 나가야 한다는 내용의 글을 번역하여 부제 '民選議院不可立ノ論'으로 《明六雜誌》에 싣기도 하였다.[12] 프러시아식의 절대권력에 의한 위로부터의 문명개화가 '개화미전'의 일본에는 타당하다는 주장이었다.

니시 아마네(西周)의 '建白'에 대한 반응은 그 취지가 달랐다. 건백에서처럼 증기·전기를 쓰는 기계를 도입한다면 서양의 민선의회제도 받아들여야 한다는 주장을 그는 물리의 법칙과 심리의 법칙을 구별하지 못한 탓으로 배격하였다. 담세자의 국정참여권에 대하여도 西는 보호를 요구할 권리는 있으나 간여할 권리는 없는 것이라고 비판하였다. 진정한 민선의원에 이르는 길로서는 '網羅議院'을 설립할 것을 그는 제안하였다. 이는 '令參議會·官選議院·府縣議會·大小區議會'를 망라한다는 뜻으로, 민선·관선을 병행해 가면서 앞으로의 민선의원 설립에 대비해 갈 수 있고 정부에 대하여는 자문 의회적 기구의 기능을 할 수 있다고 그 이점을 내세웠다.[13]

기독교신자로서 정신적인 개화를 중시하였던 나카무라 마사나오(中村正直)는 민선의원 설립의 주장을 반갑게 받아들여야 한다고 하였다. 민선의원이 서면 '人民總體'가 자기의 나라로 알고 수호할 마음이 생길 것이며 노예근성은 점차 사라질 것이라고 보았기 때문이었다. 그러나 그에게서도 '종래의 인민' 그대로라면 政事의 형체를 조금 바꿀 뿐 인민의 성질을 개조할 수는 없을 것이므로 먼저 이를 위해 '기술과 敎法'(기술과 종교도덕)을 펴서 민선의원 설립에 대비해야 한다고, 다른 의미에서의 점진론적 입장을 피력하였다.[14]

종교적 성향이 강한 나카무라에 비하여 니시무라 시게키(西村茂樹)는 전통

윤리적 성향이 강한 학자였다. 민선의원 설립에 호의적 태도를 취한 그는 정체를 셋으로 나누어 人君獨裁(因襲政治)・君民同治(因襲道理混合政治)・平民共和(道理政治)로 보았다. 물론 平民共和의 정치를 최상에 두었다.[15] 그렇기 때문에 민선의원 설립의 주지에는 논란이 있을 수 없으나, 문제는 민선의원의 '施設의 方法如何'에 있다고 보았다. 良法善政이라고 해도 그 '시설의 방법'이 옳지 못하면 오히려 나라를 어지럽히고 백성을 병들게 한 적이 종종 있었다고 본 니시무라는 만약 '시설의 방법이 좋지 못하다면 심사숙고하여 善에 이르도록 한 뒤' 시행해야 된다고[16] 역시 점진주의적 입장을 취하였다.

이타가키 등이 건의한 민선의원 설립을 무시하거나 반대한 사람들로는 明六社내에서 모리 아리노리(森有禮)・사카타니 시로시(阪谷素)・간다 다카히라(神田孝平)를 들 수 있다. 모리는 극히 냉담하게, '建白者'들 자신 얼마 전까지 정부 안에 있던 사람들로서 '有司專制'를 공격할 자격이 없으며 그들이 준비 없이 제안한 민선의원이란 것도 결국 정부가 인민을 위하여 의회를 세워준다고 하면 이는 정부의 의원이요 정부에 거역할 수도 없을 것이라고 일축하였다.[17] 냉소적인 官의 안목을 대변하는 것과 같았다.

사카타니 시로시는 창립사원은 아니었으나 明六社의 활동에는 누구보다 열성적이었다. 그의 민선의원 설립에 대한 태도는 보수적이었다. 물론 의회제를 처음부터 반대하는 것은 아니었으나 정체를 상응하게 수립하지 않으면 천황가에까지 누를 끼칠지도 모른다고 그 잠재적인 해독을 경고하였다. 민선의회도 상당기간은 관선의회의 경험을 한 뒤에 점차적으로 의원들을 민선해 가는 것이 어떻겠는가고 견해를 밝혔다.[18]

兵庫縣슈으로 있으면서 地方民會규칙도 만들었던 간다 다카히라는, 인민들의 능력이 아직 국가적 규모의 민선의원을 세우기에는 부족하다고 평가하였다. 또한 특이하게도, 성현이 존재하고 있는 동안이나 외환의 위험이 있을 때에는 민선의원을 세울 필요가 없고 세워서도 안된다고 극단적인 주장을 하기도 하였다.[19]

그러나 점진론・시기상조론 내지 반대론이 지배적이었던 明六社내에서 분

명하게 민선의원 설립에 찬동하고 나선 것은 쓰다 마미치(津田眞道)였다. 오
랜 동안 압정에 시달려온 인민들은 '人性自由의 기상'이 꺾여 있는 바, 국
가의 원기인 이 기상이 꺾이거나 위축되면 국위를 떨칠 수 없게 된다고 쓰
다는 파악하였다. 국위를 진작시켜 왕성하게 하는 방법은 다름 아닌 백성이
국사에 간여하는 것인데 여기 민선의원의 설립이 바로 그것이라고 천명하였
다. 그렇다고 쓰다가 전혀 유보 없이 전폭적으로 지지하였던 것은 아니다.
민선의원을 구성하는 代議士는 華士族과 고액납세자들이 뽑은 代議士司選人
들이 다시 뽑는 간접선거방식을 제시하였으며, 천황은 의회에서의 입법에
대하여 우월적인 거부권을 갖고 있어야 한다고 단서를 달았던 것이다.[20]

　쓰다에 못지않게 후쿠자와 유키치도 이때 민선의원 설립에 적극적으로 동
조하였다. 그의 사상경향은 전체적으로는 자유민권운동의 실제면에는 비판
적이었다고 보이지만 우리가 취급하는 이 특정한 시기——明六社 활동기
——에는 가토 히로유키(加藤弘之)의 시기상조론·신중론을 비판할 정도로
적극적이었다.[21] "일본에서 민권론은 사실상 최상의 형태라고 할 수 있다"든
가 "오늘의 時勢는 자유가 進潮하고 專制가 退潮한다고 말하지 않을 수 없
다"라는 과감하고 분명한 발언을 1875년 중반기에 하고 있었다.[22] 시기상조
론자들이 흔히 드는 무식한 하층민의 존재에 대하여 후쿠자와는 영국의 하
층민도 무지하기는 마찬가지라고 지적하면서 영국의회를 구성하는 개명한
상류층에 해당하는 유식한 지식인들은 일본의 상류층에도 있어 議政에 참여
할 준비는 되어 있는 것이라고 설파하였다. 특히 德川幕府를 타파하고 明治
정부를 세운 인민들의 자유를 향한 기대는, 明治정부가 이에 부응하지 못할
때, 불만으로 폭발할 수도 있으리라고 경고한 것이 흥미롭다. 결국 당장은
官民간에 합의하여 '議論의 場'을 마련하는 것이 필요하다고 후쿠자와는 결
론지었다.[23]

　이 글의 보수·진보 기준에 따라 민선의원 논쟁에 참가한 明六社員들을
정리하면——보수에서 진보의 방향으로——(神田)·(阪谷)·森·加藤·
西·西村·中村·津田·福澤의 순이 될 것이다. 이는 물론 이들의 사상 전
체를 놓고 판별한 것이 아니라 특정한 시기(明六社 활동기)에 특정한 주제(民

選議院論)에 대하여 반응한 것을 놓고 본 것이다. 그러나 이들은 궁극적으로 민선의회를 세워야 한다는 데에는 일치하고 있었으며, 외압 아래의 일본의 한계와 그 극복에서도 같은 생각이었으며, 아직도 일본의 민도는 그들이 세운 목표를 추구하기에는 뒤떨어져 있었다는 데에도 동의하고 있었다. 그렇기 때문에 찬반간에 불문하고 의회설립과 國威發揚을 결부시키고 있었던 것이며 국정참여도 일정수준 이상의 국민으로 제한하려던 것이었다.

이들의 차이는, 자주독립을 위한 국가통합의 방향을 하향식 권력침투로 하느냐(보수) 상향식 민의전개로 하느냐(진보)에 있었다. 가장 특징적으로 이를 보여주는 것이, 외압 아래의 위기상황이기 때문에 민선의원 설립을 반대했는가 하면, 바로 그 위기상황 때문에 국민의 자발적인 참여가 필요하다고 의회설립을 주장하기도 한 점이다. 같은 위기에 대하여도 보수와 진보는 이렇게 갈라질 수 있는 예를 明六社員들의 논의에서 찾아볼 수 있다.

4) 明六社 이후

동질성이 희박한 '천하의 명사'들의 모임인 明六社는 민선의원 논쟁을 겪으면서 사실상 나름대로의 입장이 노출된 후 '學社'로서의 구심점은 더욱 약해질 수밖에 없었다. 마침 1875년 6월 정부의 언론탄압법인 讒謗律이 공포되고 新聞紙條例가 제정되자 明六社員들간에는 《明六雜誌》의 더 이상 간행에 회의를 품는 사람들이 있었다. 언론탄압에 굴복하느니 폐간하는 것이 옳다는 후쿠자와의 적극적인 발언이 모리의 반대를 눌러 9월 1일 폐간이 결정되었다.[24]

이후 明六社員들은 개명적인 지식인관료로 또는 明治天皇制 이념을 제공하는 이론가로 전신하여 간다. 그러나 明六社의 한 기둥이었던 진보적 반골정신은 그 영향을 받은 사람들에 의해 재야에서 자유민권운동을 발전시켜 가는 밑거름이 되었다. 실제로 자유민권운동의 선구적 이론가들인 나카에 조민(中江兆民)·오이 겐타로(大井憲太郎)는 미즈쿠리 린쇼(箕作麟祥)의 塾生이었으며 미야자키 하치로(宮崎八郎)는 니시 아마네(西周)의 內第子였다. 또한 우에키 에모리(植木枝盛)는 明六社 연설회에 빠지지 않고 참석하여 새로운 지식을 습득하였고 누마 모리카즈(沼間守一)·후루사와 시게루(古澤滋)도 객원으로 참여하였다. 이러한 확인할 수 있는 경우보다도 《明六雜誌》의 반포를 통하여 明六社는 수많은 청년들에게 자유주의적 진보적 지식을 전하는 데 큰 영향을 준 것을 짐작할 수 있다. 결국 轉身한 明六社員들은 그들의 지적 계승자들과 정치적으로 대결하게 되는 길로 나아가는 것을 이후의 明治政治史에서 볼 수 있다.

[주]

1) 창립경위에 대하여는 森有禮, 〈明六社第一年回役員改選＝付演說〉, 《明六雜誌》 第30 號(1875.2.) ; 《明治文化全集》 第18卷 雜誌篇(日本評論社, 1928), p.198 ; 西村茂樹, 《往事錄》(弘道館, 1905), p.164 ; 大久保利謙, 《明六社考》(立體社, 1976), pp.9~13 참조.
2) 西村茂樹의 〈後記〉, 《明六雜誌》 第1號. 《明治文化全集》 第18卷, p.58.
3) 創立社員 10人中 箕作麟祥는 1년이 안되어 退社하였고 나중에 참여한 阪谷素와 통신원 神田孝平가 적극적으로 《明六雜誌》에 기고하였다.
4) 森有禮와 箕作麟祥를 제외하면 모두 1830년을 전후하여 출생하였다.
5) 植手通有, 《日本近代思想の研究》(岩波書店, 1974), p.126.
6) 《郵便報知新聞》(1875.2.6.), 大久保, 《明六社考》, p.72에 실림.
7) 戶澤行夫, 〈知識人集團としての明六社〉, 《近代日本研究》 2(1985), pp.310~311. 여기에 서양인이 두 사람, 舊藩主가 두 사람 들어있는 것이 흥미롭다.
8) 매호평균 3,200여책이 팔렸는데 1874년 최대의 신문이었던 《東京日日新聞》의 발행부수가 8,000정도였다는 사실에 견주어보면 그 영향력을 짐작할 수 있다. 遠山茂樹, 《自由民權と現代》(筑摩書房, 1985), p.75.
9) 本山幸彦, 《明治思想の形成》(福村出版社, 1969), pp.118~119.
10) 《新聞集成明治編年史》 第2卷(財政經濟學會, 1935), pp.117~118, 131~133.
11) 위의 책, pp.118~120.
12) 〈ブルンチュリ氏 國法汎論摘譯 : 民選議院不可立ノ論〉, 《明六雜誌》 第4號. 《明治文化全集》 18, pp.69~70(이하 《明六雜誌》 페이지는 위의 《全集》의 페이지임).
13) 〈駁舊相公議一題〉, 《明六雜誌》 3, pp.66~67 ; 〈網羅議院ノ說〉, 《明六雜誌》 29, pp.193~194.
14) 〈人民ノ性質ヲ改造スル說〉, 《明六雜誌》 30, pp.201~202.
15) 〈政體三種說〉 上, 《明六雜誌》 28, p.191.
16) 〈民選議院 義＝付建白〉, 《明六文化全集》 第4卷, 憲政篇, p.413.
17) 〈民選議院設立建言書之評〉, 《明六雜誌》 3, p.63.
18) 〈民選議院ヲ立ルニハ先政體ヲ定ムベキノ疑問〉, 《明六雜誌》 13, pp.120~122 ; 〈民選議院變則論〉, 《明六雜誌》 27~28, pp.186~190.
19) 〈民選議院ノ時末ダ到ラザル論〉, 《明六雜誌》 19, pp.148~149.
20) 〈政論ノ三〉, 《明六雜誌》 12, pp.114~115.
21) 遠山茂樹, 《自由民權と現代》, p.93.
22) 《朝野新聞》(1875.5.8.), 大久保利謙, 《明六社考》, pp.73~77.

23) 〈國權可分之說〉,《民間雜誌》12(1875. 6.).《明治文化全集》18, pp. 310〜318.
24) 《明六雜誌》는 이후 10월·11월에 한번씩 더 발간되고 끊어진다. 明六社는 그뒤 東
   京學士會院 그리고 日本學士院으로 계승된다.

제3장　日本近代化의　諸相

1. 近代日本의 지방통치 —— 明治 前半期

I.

　1945년 8월 패망한 일본에 진주한 미 점령당국은 우선 3D정책을 추진하였다고 일컬어진다. 즉 민주화(democratization)·비무장화(demilitarization)·지방분권화(decentralization)가 그것이었다. 이 방침은 곧 천황제 전제주의, 군부의 독주, 과도한 중앙집권체제를 군국주의 일본의 구성요인들로 지목하여 제거하고, 3D의 방향으로 개혁하려 한 것이다. 1947년의 지방자치법령이 발포될 때까지, 중앙집권적인 일본의 지방행정을 지탱해 온 근간은 1888년에서 1890년 사이에 공포된 ‘市制·町村制’ 그리고 ‘府縣制·郡制’이었다.

　이 글은 明治新政府의 수립 이후 1890년에 이르는 지방통치의 변모과정을 ① 維新 직후의 대책(1868), ② 廢藩置縣과 大區小區制의 시행(1871), ③ 三新法 체제(1878), ④ 1884년의 대폭개정, ⑤ ‘明治地方自治制’의 성립(1888~1890)으로 구분하여 개관하려는 것이다.

　근대일본에서 처음부터 지방행정의 전제가 된 것은 중앙집권화의 효율적 확대였다. 중앙집권화는, 서양으로부터의 압력이 강하게 느껴지고 있는 明治初의 상황에서 조속하게 부국강병과 문명개화를 이루기 위하여 불가피한 방향으로 이해되고 있었다. 통일된 국가의 구심점으로서의 중앙정권이 그 권위와 영도력으로 전국적인 근대화를 추진해 나가야 한다는 것이었다. 德

川時代 各藩으로 할거상태에 있던 것을 감안하면 明治 지도자들의 중앙집권화 욕구는 당연하였다고 하겠다.

반면 德川시대의 분할체제는 하부조직 —— 자연촌락단위 —— 에서는 '통치의 진공'을 가져왔다.[1] 明治정부는 바로 町村과 같은 하부조직에 통일권력을 주입시킴으로써 중앙집권화의 실효를 거두어갔다. 물론 '통치의 진공'이 지방자치와 유사하게도 보이지만 상위기관에 대하여 독립적 태도를 갖추지 못했었다는 데에서, 또한 상위기관과는 다른 기준과 규범하에 움직여왔다는 데에서 근대적인 지방자치와는 차이가 있다. 오히려 明治 이전, 지방 하부조직이 자립의욕을 결여하고 있었기 때문에 明治시대에 들어와 중앙집권화는 수월하게 이루어졌다고 볼 수도 있다.

중앙집권화의 추진에 또한 간과할 수 없는 것은 황실의 존재였다. 이전부터, 일본이 봉건할거체제에 있을 때에도 하나의 국가나 민족으로 일본인들을 묶어준 것은 천황이었다. 이 천황을 明治 지도자들은 정치제도화하여 천황제 이념을 전국 곳곳에 침투시켜 놓을 만큼, 중앙집권화에 유리하게 이용하였고 또 그만한 기능을 갖고 있었다.

그러나 중앙집권화는 간단히, 단기간에 성취될 수는 없었다. 우선 이를 위하여는 고도로 전문화되고 훈련된 관료제가 발달되어야 하고 통신·교통시설이 갖추어져야 하고 도시화도 상당히 이루어져야 하는데, 사실 明治 초기는 이에 대하여는 기능적으로 미비상태에 있었다.[2] 明治 중기에 이르러서나 가능한 조건이었다. 또한 위로부터의 과도한 집권화시책에 지방단위에서는 밑으로부터의 견제가 있었다. 곧 지방에서의 전통·관습의 영향이 그것이었고 새로운 정부에 기대하는 지방별 욕구의 분출도 또한 중앙집권화에 대한 견제요인으로 작용하였다. 지도층 내부에서도 일본의 전통적 농촌자치조직에 근대적인 서양식 지방자치조직을 접목시켜 보기 위하여 지방제도의 중앙정권에의 예속을 점진적으로 추진하자는 움직임이 없지 않았다. 이들의 간여로 과도한 집권화방향이 어느 정도 수정되고 지연되었던 것도 사실이다.[3]

결국 지방제도정비의 필연성은 모두 인정하고 있는 것이었지만, 밑으로부터는 중앙정부에 대한 자립과 견제의 태세를 보이고 있었던 반면 중앙에서는 이에 대한 부정적 대응으로 나아가고 있었다. 지방통치형태가 기본골격을 갖추게 될 때까지는, 자치적 전통과 관습에 집착하려는 지방하부조직의 태도 및 자유민권을 주장하는 정치운동과, 위로부터의 조직적인 통일된 지방제도를 수립하려는 중앙정부의 입장이 서로 대응하여 가는 과정이었다.

II.

유신 직후 明治新政府는 各藩 政務를 개혁하겠다고 선언하였으나 실상 손을 댈 수 있는 곳은 德川幕府의 직할령(天領)과 反明治政權의 기치를 들었다가 패배하여 귀속된 지역뿐이었다. 이 가운데 도시와 항구 아홉 곳에는 府를, 나머지 지역에는 22개의 縣을 설치하였다. 일본내의 기타 지역은 예전대로 번을 인정해 273개의 번을 그대로 존속시켰다. 이른바 府藩縣 三治制였다.

결국 새로운 정부의 기둥이 된 몇 개의 번들이 앞서서 토지와 백성 즉 '版籍을 奉還'함으로써 중앙의 권위는 지방에 침투될 수 있었다. 이때 종래의 번은 그대로 두되 藩主(大名)를 知藩事로 임명, 지방관화를 꾀하였다. 봉록이 10분의 1로 줄어도[4] 이를 받아들인 것은, 대부분의 번이 극도의 재정악화상태에 있었고 농민들의 민란이 확대경향을 띠고 있는 상황이었던 것을 우려했기 때문이었다. 여기에 知事職의 세습과 독자권을 인정한 것도 '판적봉환'의 과정을 무리없게 하였음이 틀림없다.

불편할 뿐 아니라 불합리한 府藩縣 三治制가 오래 계속될 수는 없었다. 정권이 어느 정도 안정상태에 들자 明治 지도자들은 결단을 내려 번을 폐지하고 현을 신설하기로 하였다(廢藩置縣, 1871). 처음에는 수많은 번을 그대로 현으로 바꾸어 중앙정부에 직속시키는 것으로만 하였으나 곧 재조정을 하여 3府 72縣으로 대폭 감축하였다.[5] 여기에는 몇 가지 원칙을 찾아볼 수 있다. 즉 一縣을 30 내지 60만 석을 기준으로 구분한 것은 지방재정의 자립능력을 고려한 것이다. 고대의 60여 국과 비슷하게 현을 설치하여 德川시대의 小藩

割據를 벗어나려 한 것도 주목되며, 번의 통폐합을 대개 大藩을 중심으로 지리적 편의에 따라 추진한 것도 특징의 하나이다.[6]

물론 신설된 府縣은 자치기관이 아닌 단순한 행정기관에 불과하였으나, 明治정부는 여기에 세심한 주의를 기울였다. 원칙적으로 府知事·縣令은 타지 출신으로, 나아가 부현내의 지방관까지도 가능하면 타지 출신 士族으로 補任하였다. 그러나 제도가 갖추어지지 않은 상태였기 때문에 오히려 부현내 일에는 知事에게 상당한 재량권이 부여되어 있었던 것이 주목되기도 한다.

廢藩置縣과 같은 집권화계획을 세우고 있던 明治정부는 정확한 인구파악이야말로, 당면한 징병제 실시나 조세개혁에 불가결한 단계라고 인식하였다. '폐번치현' 직전에 호적법을 공포하여, 호적조사 단위로서 몇 개의 자연촌을 통합한 '區'를 신설, 여기에 호적작성담당역을 맡을 戶長·副戶長을 임명하였다. 이것이 그 다음 해에 大區·小區制로 발전한 것이다. 대구·소구제의 실시로 町村과 같은 자연촌은 지방행정의 단위에서 사라지게 되고 행정목적에 맞는 인위적 단위가 조직된 것이다. 대구·소구의 장인 區長·戶長의 직무내용을 보면 그 의도가 확실히 드러난다. 즉 "布達의 徹底, 戶籍의 整備, 租稅의 徵收, 就學勸奬, 徵兵調査, 申請書의 接受" 등이 주임무로, 중앙정부의 명령과 정책의 침투에 목적이 있었음을 알 수 있다. 이전까지의 '村役人'이 지배기구의 말단책임자이었음과 동시에 촌민의 대표역할을 했던 것과 비교될 수 있다.[7]

구·호장은 관선의 관리였음에도 그 봉급의 부담은 담당지역에서 맡도록 한 모순을 갖고 있었다. 더욱이 지방장관이 임의로 임면할 수 있는 위치였기 때문에, 아직도 옛 町村단위에서 영향력을 보유하고 있던 '村役人'들과는 때때로 경합관계를 나타내기도 하였다. 자연촌으로서의 정촌과 촌역인 또는 농민대표들의 역할이 크게 존중된 예는 地租改正사업에서 찾아볼 수 있다. 정촌을 매개로 하지 않고는 원활한 사업추진이 불가능하다고 판단한 정부에서는 지조개정의 핵심인 地價조사과정에서 특히 정촌을 단위로 농민대표들을 동원하였다.[8] 결국 町村적 '생활공동체의 존재' 위에 통일국가가 수립되었다는 사실은, 上部에는 종래 자연촌적 조직과 무관한 中央—府縣—大區—小區라는 계열이 서 있으면서도, 저변에 있는 町村적 생활공동체가 정책수행의 매개자로 일해야 하는 모순을 낳았다. 이러한 모순에 따른 마찰을 완화하기 위한 방편으로 町村會·區會·縣會 등의 地方民會가 설치되었으며, 1875년 이후로는 町村에도 공적인 책임자로 '用掛'를 두게까지 하였다.

1873년 이후 내무성을 책임지고 있던 오쿠보 도시미치(大久保利通)는 이 기간 직책상 지방행정의 총괄자였을 뿐 아니라, 중앙관료가 擅斷하는 이른바 '有司專制'정권의 핵심인물이었다. 그는 철저한 官組織優位論者였다. 한편 정한론 분쟁에서 패하여 실각한 인물 중 이타가키 다이스케(板垣退助) 등은 '民選議院設立建白'을 올리며 자유민권운동의 싹을 키우고 있었다. 이들은 물론 '有司專制'에 반대인만큼 중앙권력의 과도한 지방침투에 반대하고 지방의회의 개설을 주장하였다. 그러나 大久保의 다음 행동에 큰 영향을 준 것은 기도 다카요시(木戶孝允)였다. 그는 정치적으로 불만을 가진 자유민권운동가들의 선동을 지방의회를 개설하여 어느 정도 수렴할 수 있으리라고 보았으며, 지방의회는 한편으로 지방장관에게 강력한 권한을 주면 통제될 수 있다고 보았다.[9] 이를 받아들인 오쿠보는 지방체제 개정을 위한 안을 올리면서, "지금 사소한 지방장관의 잘못까지도 모두 중앙정부로 돌아오고 있다. 만일 지방회의법을 실시한다면 이해득실은 모두 그 회의에 돌아가니 중앙정권에는 조금도 원망할 것이 없다.……그렇게 하면 세간에 창궐하고 있는 민권과 같은 것이 유해무익의 弊밖에 없다는 것도 알게 된다." 또 다른 보고에서 그는 "지금 民費라는 것도……[德川時代의] 村名主·庄屋의 손에 맡겨져 출납이 분명하지 않았던 데에서 연유하여 민란을 일으키는 경우가 있다"고 하였다.[10] 이러한 자유민권운동과 농민들의 저항에 대응하여, 이전의 일방적인 지방통치에서 벗어나 새로운 시도를 한 것이 '三新法'의 제정이었다.

郡區町村編制法·府縣會規則·地方稅規則으로 구성된 三新法은 明治정부에 의한 최초의 통일적 지방제도였다. 문자대로 郡·町村이 되살아났다. 區

는 3府 五港에만 설치한 것일 뿐 예전 농촌지역의 대구·소구는 모두 폐지되었다. 군장과 구장은 관선으로서, 중앙·지방의 연결역이거나 정치적으로 영향받기 쉬운 대도시의 지역책임자였다. 원칙적으로 그 지역인으로 임명하게 한 것은 지방적 특성을 고려한 규정이었다고 보인다. 반면 호장은 정촌의 장으로서 민선케 하였다. 물론 최종적으로는 知事의 승인·임명절차를 밟는 것이었으나 同鄕人을 원칙으로 하였던 만큼 그들도 단순히 徵稅·戶籍·徵兵만을 맡는 행정관리에 그치지 않고 町村 내부의 일을 스스로 처리하는 '理事者'의 기능도 맡았다.[11]

지방의회에서는 먼저 부·현회의 개설을 보장하고 區·町村會도 2년 뒤인 1880년에 법을 갖추어 인정하였다.[12] 그러나 선거권이 국세납부액에 따라 제한되었고 투표과정도 記名投票였던 만큼 그 제약은 심하였다. 더욱이 회의에서의 논의대상이 지방세의 징수방법이나 예산심의에 국한되어 있었고 지방장관의 동의가 있어야 결의사항이 시행될 수 있는 등 내실은 외관과는 큰 차이가 있었다.

지방세규칙에서는 종래 혼란했던 府縣稅·民費 등을 지방세로 부현에 통합하여, 그 稅源을 규정·통제하고 지출항목도 통일적으로 규정하였다. 區町村에 한한 비용은 區町村民의 '協議費'로서 지방세에서 분리하였다. 이는 행정구획으로서의 府縣의 재정을 튼튼히 하여 府縣一郡을 통한 관료적 행정기구를 강화하는 것이었으나 한편으로는 구정촌에서의 재원을 분리·박탈하면서도 '협의비'를 통하여는 국정위임사무를 집행하기 위한 기관으로 하였다는 데에서 국가에 의한 지방재정의 억압 방향을 나타내는 것이기도 하였다.[13]

三新法體制는 표면상 이전에 비하여 한걸음 나아간 것, 또는 현실에 융통성 있게 대처한 것으로 보이고 있으나, 그 본질에서는 농민 전반이 아닌 일부만을 포용, 결과적으로 농민들의 힘을 분산·분열시키는 효과를 가져와 이로써 정치적 안정을 이루는 데 한 몫을 하려한 것이기도 하였다. 즉 町村의 長인 戶長은 봉급이 미미한 일종의 봉사직이었기 때문에 농촌 내부에서는 여유가 있는 유력자층만이 관심을 가질 수 있는 자리였다. 이들을 매개로 한 간접지배방식이었다고 하겠다. 府縣會나 區町村會의 의원들도 무급이었기 때문에 —— 더욱이 차등선거방식을 취하기도 하여서[14] —— 有産者들이나 참여할 수 있는 제도였다. 이들의 회합에서, 농민들이 져야 할 부담의 정도가 논의될 때 당연히 자기들에게 유리하게 조정되었을 것이며, 우회적인 방식으로 농민분열을 조장한 것이었기도 하다.

그러나 자유민권운동은 우회적인 분열책에 어느 정도 영향받기는 하였으나, 그보다는 오히려 삼신법체제의 융통성 있는 틈을 타고 더 확산되었다. 府縣會議員이나 戶長層 중에는 중앙정부의 의도만을 일방적으로 주입하려는 縣令들에 대하여 지방민의 보호와 이익을 내세워 항거하는 자들이 나타나 정부와의 마찰을 초래하기도 하였던 것이다. 1882년의 福島事件은 그 대표적인 경우이다.

자유민권운동의 확산과 함께 1881년 이후의 마쓰카타 마사요시大藏卿의 紙幣整理政策에 따른 불황의 波가 촌 전체에 미쳐 토지상실 농민의 수는 늘어나고 있었다. 이러한 때에는 중앙정부의 행정관철을 위해 촌락공동체적 질서를 이용하려 한 삼신법체제가 더 이상 효력을 발휘할 수 없었다. 호장이나 의원들 중에는 자신의 공동체에 대한 강한 연대감에서, 또는 몰락에의 위험에서 국가의 규제를 벗어난 반체제적 존재로 변하는 예가 각지에서 나타났다.[15] 삼신법체제의 재검토가 요청되는 때였다.

당시 府縣會에서는 더욱더 '租稅共議權·豫算議政權·決算承認權' 등의 확대·강화를 꾀하는 움직임이 일어나고 있었다. 이에 대하여 중앙관료측에서는 견제조항을 신설하였다. 즉 회의의 논조가 반체제적이라고 인정되어 회의를 중지시킨 경우 그 사후조치로서 府知事·縣令은 필요한 의안을 다시 의정할 필요없이 內務卿에 보고하여 승인을 얻어 시행할 수 있도록(府知事縣令의 單獨執行權), 행정권의 우위를 보장하는 조치를 취한 것은 그 대표적인 예이다(1881). 이를 더욱 확대하여 회기내 미결인 의안은 다음 개회 때까지 지방장관이 내무경의 승인을 얻어 뜻대로 집행할 수 있도록(原案執行權) 허가하기도 하였다(1882). 이러한 삼신법에 대한 개정의 움직임이 집중적으로 현실화된 것은 1884년의 大改正이었다.

이 대개정으로, 町村은 행정단위로서의 지위를 다시 잃고 행정단위는 확대되어 몇 개의 정촌을 포함하게 되었다. 호장의 관할구역이 평균 5개 정촌을 표준으로 하여 호장의 봉급도 개선, 유능한 인물이 맡도록 하였다. 이때 호장 선출은 3명 내지 5명을 추천하여 지사의 임명을 받게 하였고, 町村會에 대한 관료통제 또한 좀더 강화되었다. 戶長管區의 확대로, 이전까지는 정촌의 유력자라면 맡을 수 있었던 지방행정의 말단책임자의 위치도, 이제는 좀더 넓은 범위에서의 명망가층에서나 선임될 수 있게 되었다. 민권운동에 휩쓸리는 町村戶長層을 제외시키려는 시도였다고도 하겠다. 특히 종래 주민협의에 맡겼던 町村(協議)費에 대한 費目의 提示限定과 비용징수에 강제력을 부여한 것은 증가한 국가행정사무의 재정확보를 노린 것이었다. 이는 한편 생활의 바탕으로서의 촌락공동체 즉 자연촌과 행정단위로서의 區町村 즉 行政村을 유리시키는 기능을 하기도 하였다.[16] 이전의 촌락생활의 공동적 비용까지도 포괄했던 '협의비'가 공공적 비용으로만 쓰이는 정촌비로서 강제징수력까지 갖는 것으로 변질되었기 때문이다.

1880년대말이 가까워지면서 헌법개정과 국회개원의 때가 임박해 옴에 따라 지방행정제도도 다시 정비를 맞게 되었다. 이때 헌법제정을 전담하고 있던 이토 히로부미는 헌법이 모든 법의 근본이므로 헌법반포 이후에 지방행정관계법을 정비하자고 주장하였으나 1883년 이래 內務省을 맡고 있던 야마가타 아리토모(山縣有朋)는 국회 개원 이전에 지방행정체계를 잡아야 한다고 맞섰다.[17] 둘 다 중앙집권화를 강조하는 데에는 차이가 없었고 지방통치는 국가이익 실현의 한 수단이라는 데에는 공통된 인식을 갖고 있었다. 그러나 야마가타는 군부와 함께 지방행정도 정당정치에 영향을 받지 않아야 한다고 믿었다. 따라서 헌법제정·국회개원 이전에 지방자치의 훈련을 받는 것이 필요하고, 이때 관리들이 지방행정을 미리 장악해야 한다는 것이었다.

독일에서 법학자 모제(Albert Mosse)를 초빙해 온 야마가타는 그에게 프러시아식 지방자치를 일본에 맞게 개편하도록 법제정작업을 요청하였다. 모제의 아이디어를 중심으로 '地方制度編纂綱領'이 작성되어, 몇 번의 수정을 거쳐 市制·町村制가 1888년, 府縣制·郡制는 1890년에 공표되었다. 이른바

‘明治地方自治制’의 성립으로 불리는 것이지만 실제 자치는 관습적으로 불려진 것일 뿐 본질적으로 자치적 성격이 강하게 나타난 것은 별로 없다. 물론 市町村은 자치단체로 설정되어 조례·규칙의 제정권도 가지고 있고, 市町村長은 市町村會의 의결을 집행하는 기관으로서, 의원과 함께 제한적이기는 하나 公選을 하게 되어 있었다. 그러나 집행기관인 시정촌장은 시정촌회에서 의결한 것을 집행하지 않아도 되는 권리를 갖고 있을 뿐 아니라 국정위임사무에서는 해당위원회와 관계없이 감독관청의 명에 따라 책임지고 처리해야 했다. 감독관청은 시정촌에 대하여 사무감독권, 선출장에 대한 인가권, 해당의회 결의에 대한 허가권과 해산권·감사권·징계권을 모두 장악, 언제나 행사할 수 있었다. 府縣과 郡에서는 시정촌만큼도 공적 자치적 규정이 명문화되어 있지 않아 官治的 성격이 더욱 강하게 남아 있었다. 삼신법 체제와 별 차이가 없는 것이다.

새로운 ‘지방자치’제 아래에서 정치과정에 참여할 수 있는 주민도 제한적이었다. 우선 선거·피선거권이 일정액 이상의 납세자에 국한되었을 뿐 아니라, 의원선거의 비중을 등급을 두어 차별하였다. 예컨대 郡會의 경우, 町村會議員이 뽑는 3분의 2와 地價 1만円 이상의 대지주들이 互選으로 3분의 1을 채워 구성하는 방식이 그것이다. 또한 町村長·助役·公選市參事會員·町村委員은 원칙으로 명예직이기 때문에 여유있는 유산자층이나 이를 맡을 수 있었을 것이 분명하다. 결국 명망가·유력자들을 정치과정에 참여시켜 관치적 지배를 공고히 하려는 것이었다고 하겠다.

Ⅲ.

근대일본의 지방행정제도의 근간이 서는 1890년에 이르기까지, 새로운 국가를 이루어가는 明治 지도자들은 지방통치에 끊임없는 시행착오를 해가며 이를 수정 보완해 나갔다. 그러나 본질적인 한계———부국강병을 신속하게 달성하기 위하여 위로부터의(중앙정부로부터의) 지도(권력행사)가 불가피하다는 인식을 갖고 있는 한, 지방의 개별성에 대한 관심은 부차적일 수밖에 없었다. 한편 밑으로부터 일어나는 욕구는 자연히 권위주의적인 중앙정부의 방침과 충돌하지 않을 수 없었다. 결국 절대주의적 중앙집권화를 추진하는 중앙정부의 권력적 관치적 지방지배는 자유민권적 전통의 개별적 민주적 지방자치를 꿈꾸는 하부조직의 힘을 압도하였다. '明治 地方自治制'의 성립으로 불리는 1888년에서 1890년의 지방행정제도개혁도, 실은 국회개설에 앞서 중앙정부 주도의 지방행정체계를 정착시키려는 의도에서 추진한 것으로 보인다. 정당세력에 영향받지 않는 확고한 보루를 지방에 세워두려는 예비적 조처였다는 점을 보지 않고 넘어가서는 안될 것이다.

결국 근대일본의 지방행정은 지주=지방명망가층을 통한 농민지배형태였다고 하겠으나, 이것도 "정치적으로 기능화된 것은 아닌, 단지 형식으로서 정치화된 제도"였다.[18] '지방자치제'란 擬制化한 시민적 동의 아래 上意下達의 침투장치로서 작용한 것이었다.

지방체제의 기본

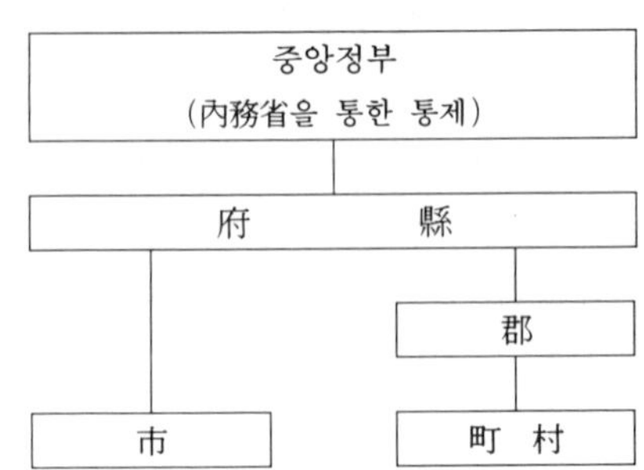

[주]

1) K. Steiner, *Local Government in Japan*(Stanford University Press, 1965), p. 17.
2) M. B. Jansen et al. ed., *Japan in Transition : From Tokugawa to Meiji*(Princeton University Press, 1986), p. 16.
3) 井上毅가 그 대표적인 인물이었다. 坂井雄吉, 〈明治地方制度とフランス〉, 日本政治學會 編, 《近代日本政治における中央と地方》(岩波書店, 1984), p. 11.
4) 藩主의 俸祿은 개인적 수입이 아닌 藩의 행정에 필요한 大名의 경비였기 때문에 실제 10분의 1로 줄었다는 것은 개인적 수입에서는 크게 타격을 받지 않았음이 분명하다. 물론 藩의 행정에 개인적 영향력을 잃은 것은 당연하였다.

5) 1888년 다시 3府 43縣으로 정하여, 약간의 가감이 있을 뿐 대체로 오늘까지 내려오고 있다.
6) 大島太郎, 《日本地方行財政史序說》(未來社, 1968), pp. 126~127.
7) 大島美津子, 〈地方政治〉, 福島正夫 編, 《日本近代法體制の形成》 上(日本評論社, 1981), pp. 158~159.
8) 金容德 《明治維新의 土地稅制改革》(일조각, 1989), p. 65, 95.
9) 東京市政調査會編, 《自治五十年史》(1941), p. 18.
10) 德田良治, 〈わが國における町村會の起源〉 明治史科研究連絡會 編, 《明治權力の法的構造》(御茶の水書房, 1959), p. 49.
11) 大島美津子, 앞의 글, p. 178.
12) 郡會는 끝내 설치되지 않았다. 府縣會와 區町村會의 사이에서 기능적으로 별효과와 의미가 없었기 때문이다.
13) 大石嘉一郎, 〈地方自治〉, 《岩波講座日本歷史》 16(1962), p. 248.
14) 예컨대, 町村會의 경우, 그 町村에서 내는 租稅總額의 半을 내는 層에서 議員總數의 半을 차지하는 식이다. 3분의 1씩 平等을 두는 방법도 사용하였다.
15) 大島美津子, 앞의 글, pp. 182~183.
16) 大石嘉一郎, 앞의 글, p. 253.
17) 伊藤·山縣論爭의 개괄적 설명은 Steiner, 앞의 책, pp. 35~38.
18) 海野福壽·渡邊隆喜, 〈明治國家と地方自治〉, 中村政則 編, 《大系·日本國家史 4: 近代 1》(東京大出版會, 1975), pp. 276~277.

2. 地租改正의 의미

　明治初, 1873년에서 1881년에 걸쳐 행해진 토지제도 전반에 걸친 개혁으로서, 이후의 근대화추진에 든든한 바탕을 마련한 것이 곧 '地租改正'이다.

　1868년부터 국정을 맡은 明治정부는 심대한 재정부담을 안고 출발하였다. 불가피한 내역만도 행정·군사비용 및 舊武士들에 대한 봉록지불 등이 있었다. 물론 德川 이래 내려온 토지로부터의 貢租를 계승, 이를 기초로 하려 하였으나 구제도의 난맥으로 인하여 임시조처로서 지폐남발과 국내외 차입금에 상당 부분 의존하지 않을 수 없었다. 이러한 응급대책의 불안·부당함을 인식한 明治정부에서는 적절한 稅收를 확보하고 확실한 예산을 세우기 위하여 조세제도의 전면개혁에 착수하였다.

　그러나 조세제도의 개혁이라 해도, 수입관세의 경우는 1858년 미일수호통상조약을 비롯하여 여러 외국과 맺은 불평등조약(협정관세율제 강요)으로 인하여 증가를 기대할 수 없었다. 내국세만이 유일한 방법이었으나, 그중에도 物品稅·印紙稅 등은 국내의 통상·산업이 발전해야만 증대 가능한 것이었기 때문에 또한 당장 기대할 수 없었다. 남은 길은 토지로부터의 공조를 어떻게 합리적으로 개혁하여 늘리느냐에 있었다. 근대국가로서의 면모를 갖추어야 했던 明治정부였던 만큼 토지수익에 따른 토지세제의 통일화와 조세부담의 공평화를 개혁의 목표로 삼았다.

I.

실제로 개혁의 당위성은 이런 德川시대의 불합리한 토지제도의 관행에 있었다. 법제상 德川시대에는 幕府의 將軍이 各藩의 大名에게 토지를 分封하여(知行), 번의 大名이 다시 농민들에게 토지를 이용할 수 있도록 맡기는 것이었다. 농민은 토지를 경작하는 대가로 수확의 일부를 현물공납해야 했다. 따라서 토지에 대한 권리는 한 사람만이 주장할 수 있는 배타적인 것이 아니라 중복적이고 애매한 경우가 많았다. 우선 경작농민은 年貢을 납부하는 한 토지를 보유할 수 있었다. 그러나 부농이나 지방상인들처럼 토지개간비용을 담당했거나 小農에게 돈을 빌려주었거나 한 사람들도 토지에 대한 권리의 일부를 주장할 수 있었다. 1723년에는 토지를 담보로 돈을 차용한 농민이 오랫동안 갚지 못할 경우 토지에 대한 그 농민의 권리는 채권자에게 돌아가는 것으로 현실화하기 시작하였다.

年貢을 징수하는 大名과 경작을 맡은 농민과의 사이에 부농·상인들이 그들의 권리를 찾을 수 있었던 것은 연공과 농민수입을 빼고 난 후에도 수확량 가운데는 여유가 있었다는 것을 나타낸다. 이러한 여유는 농업기술의 발전이나 상품작물의 재배 외에도 공조액이 오랫동안 고정되어 있었던 데에서 나온 것이다. 그러나 고정된 연공으로 모든 농민이 혜택을 입었던 것은 아니다.

토지에서 이윤을 추구하려던 이른바 새로운 '寄生地主'들은 가능한 한 공조가 낮게 매겨진 토지를 차지하려고 한 반면 다른 길이 없는 소농들은 貢租부담이 과다해진 토지를 경작하게 되었다. 농지의 비옥도는 시간이 흐름에 따라 변하여 갔으나 貢租額은 고정되었기 때문이었다. 이러한 부담의 불공평으로 인하여 德川 말기에는 과다한 공납과 부정한 租額을 시정하려는 움직임이 많이 일어났고, 일련의 농민 폭동은 明治정부가 선 뒤 1871년까지도 빈발하였다. 불공평한 부담의 또 다른 요인은 지역적인 차이에 있었다. 즉 德川의 번들은 일상행정업무에는 자율적이었기 때문에 藩間에는 형편에 따라 농민에게 부과하는 공조율이 달랐던 것이다. 또한 원칙적으로 도시에서나 寺院·神社에서는 그 점유토지에 대한 부담이 면제되고 있었기 때문에 농촌과의 사이에는 균형을 잃고 있었다. 이러한 관행이 그대로 지켜지고 있던 德川체제를 明治정부는 개혁하려 하였다. 그 첫째가 토지에 대한 단일소유권을 인정함으로써 조세부담의 책임을 단일화하려는 것이었다. 불공평한 폐습만 없어진다면 최소한 舊貢租總額의 수준을 정당하게 그리고 어려움 없이 달성할 수 있으리라고 明治 초기의 지도자들은 보았다. 地價에 상응한 일정한 세금을 화폐로 거둠으로써 건실한 재정기반은 마련될 수 있다는 것이었다.

목표는 정해졌으나 그 수단이 문제였다. 예상할 수 있는 대로, 처음 생각은 전국적인 토지검사를 실시한다는 것이었다. 그러나 여기에는 기술적인 난점뿐 아니라 토지검사가 농민들에게 줄 불안감——새로운 부담의 증가 가능성——으로 농민폭동을 유발할 수도 있다는 반대가 있었다. 또 다른 아이디어는 토지보유 농민들에게 그 토지에 대한 소유권을 법적으로 인정해 주는 대신 농민들로 하여금 토지의 時價(매매가격)대로 신고하게 하여 여기에 일정률의 조세를 부과하는 것이었다. 그렇게 하면 농민불안도 없고 전국적인 토지검사의 과정도 생략될 수 있다는 주장이었으나 여기에는 불가피하게 舊來의 불공평함이 그대로 유지될 수밖에 없는데다가(매매가격이므로 유리한 토지가 높은 가격을 갖고 있음), 시가의 전국적 균형이라는 것도 현실적으로 불가능하였기 때문에 그대로 채용되지는 못하였다. 이를 타개하기 위하여, 당시 조세업무를 책임지고 있던 무쓰 무네미쓰(陸奧宗光)는 생산성——토지의 비옥도——에 따라 토지가격을 매기면 어떤가 하는 안을 내었다. 그러나 이 또한 토지검사를 통해야만 하는 방법이어서 그대로 받아들여지지는 못하였다.

II.

1873년 7월 28일 마침내 地租改正法이 공포되었다. 전국적인 통일과 지역적인 균형만 이루어진다면 德川시대의 **舊貢租總額**과 같은 수준의 지조는 걷을 수 있다는 전제하에 明治정부는 지가의 3퍼센트를 지조(國稅)로, 그리고 1퍼센트를 村入費 또는 民費(地方稅)로 부과하였다. 즉 계산상 1년 수확의 34퍼센트를 내는 것이었다.

지가의 결정이 가장 핵심적인 문제였는데, 지조개정법에서는 농민들에게 맡긴다고 하였으나 실제 농민들이 지가를 신고하는 방식은 '檢査例'로 제시, 이를 따르도록 하였다. 申告地價는 官의 승인을 받아, 소유의 증명인 地券에 기록되어야 법적 효력을 가질 수 있도록 마련하였다. '검사례'에 따르면, 먼저 토지의 일년 수확을 금액으로 환산하여 여기에서 種子 및 비료대로 수확의 15퍼센트, 그리고 지조와 민비로 지가의 4퍼센트를 뺀 뒤 나머지를 6퍼센트(自作地의 경우) 또는 4퍼센트(小作地의 경우)의 이율로 생각하여 그 자본에 해당하는 지가를 계산해 내는 것이었다. 이때 자작지는 계산이 용이하나 소작지는 소작료가 근거가 되어야 했다. 그러나 소작료란 지역에 따라 각양각색이었기 때문에 같은 소출을 내는 같은 면적의 땅은 지가가 같아야 하는 원칙에 따라 계산상 소작료를 68퍼센트로 정하였다. 따라서 소작인은 전체 수확 중 32퍼센트만(種肥料 포함)을 자기 몫으로 가질 수 있다는 계산이었다. 그것도 種肥料 15퍼센트를 빼면 겨우 전체 수확의 17퍼센트에 불과한 것으로서 당시 관례적인 소작인의 몫보다도 훨씬 낮게 규정해 놓은 것이었다. 지가계산에서 또 다른 요소는 수확을 화폐화하는 과정에서의 쌀값(米價)의 책정이다. 여러 가지 논란이 있었으나 결국 인근지역에서의 시가를 기준으로 하기로 하였다. 그러나 지가결정에서 무엇보다 중요한 것은, 관에서 예산하고 있는 가격보다 10퍼센트 이상 내려간 申告地價는 인정하지 못한다는 지시였다. 결국 정부의 總稅收額이 槪算된 바탕 위에서 농민별 지조 즉 지가가 정해질 수밖에 없는 것이 지조개정법에 나타났다.

지조개정사업은 이 법에 따라 추진되어 갔지만, 몇 가지 중요한 보완조처가 시행과정에서 행해졌다. 이론상 지가는 매년 수확이 끝나면 바뀌어야 하나 현실적으로 불가능하였기 때문에, 1874년 5월, 한번 결정된 지가는 시가와는 관계없이 결정 이후 5년간 동결한다고 공포하였다. 지조의 기준이 되는 지가는 곧 官認地價로서 효력을 갖는다는 뜻이었다. 한편 지가를 낮추려는 농민들의 의사와 가능한 한 높이려는 관의 의도가 대립되어 地租改正事業이 지체되고 있는 경우가 많이 나타났다. 이를 타개하기 위하여 明治정부는 더 강압적인 방침을 취하였다. 즉 1876년 5월, 과반수가 동의했는데도 소수인이 반대하고 있어 지가가 미해결인 토지는 이웃하고 있는 토지의 지가(官認地價)에 따라야 한다는 강제규정을 만든 것이었다.

지조개정사업을 추진한 주체는 1875년 5월 설립된 地租改正事務局이었다. 사업기간이 길수록 기준쌀값의 변화 등으로 균형과 통일을 잃을까 두려워한 정부에서는 신속한 사업추진을 사무국 설치의 일차적 목표로 삼았다. 이를 위하여 고안해 낸 것이 地位等級方式이었다. 즉 생산성과 지리적 편의에 따라 토지등급을, 크게는 縣에서부터 한 필지에 이르기까지 매기는 것이었다. 물론 등급은 관련되는 사람들이 모여 서로 評定하는 것이었으나, 후기에는 효율적으로 처리하기 위하여 여러 종류의 땅을 골고루 포함하고 있는 곳을 模範村으로 택하여, 모범촌내의 등급에 자신의 땅의 등급을 농민들이 比定하도록 하였다. 이는 여러 모로 성과가 있었다. 사업이 빨리 진척될 뿐 아니라 공평성을 유지할 수도 있었고 더욱이 모범촌을 기준으로 한 예정지가가 등급에 따라 쉽게 배분될 수 있었다. 물론 지가를 사무국에서 개산하는 근거로는 舊貢租의 평균이나 직접 검사한 결과 및 식량소비량 등을 포함한 여러 사항들이 있었을 것으로 보인다. 그러나 예산은 사업이 진행됨에 따라 수정폭은 제한되었어도 지역실정에 따라 고쳐간 것은 사실이다.

지조개정사업은 사무국 설치 후 진척이 빨라 1877년말에서 1878년초경에는 중요한 지방의 사업은 거의 끝났다. 다만 분쟁지나 임야 등의 조사가 끝나지 않아, 이후 사무국은 1881년 6월 폐쇄될 때까지 주로 여기에 집중하였다. 1873년 지조개정법의 공포부터라 해도 8년내에 전국적인 사업——토지정리·지가(地租)조사·지권발행 등——을 끝냈다는 것은 당시 상황과 조건을 고려할 때 매우 효율적인 사업추진이었다. 어떻든 이를 통하여 明治정부는 기대하였던 목표를 달성하였다. 즉 새로이 法認된 지주들로부터 지가에 따른 화폐조세를 공평하게 징수할 수 있었음은 물론 당시까지의 공조총

액의 수준을 유지할 수 있는 통상적 세원을 확보하여 경상수입을 확보할 수 있게 되었다. 통일된 목표를 달성하기 위하여는 지역적 특색과 관행은 무시될 수밖에 없었다. 그러나 새로운 제도의 실시에 적응하지 못하고 불만을 품은 농민들——대개는 지조개정으로 부담이 이전보다 무거워진 지역에서는, 당시 모든 폐해의 원인이 개조사업에 있다고 판단하여 반대운동이 전개되었다. 1876년말 마침 舊武士들의 불만이 첨예하게 노출되고 있는 상황에서, 복합적인 대규모 폭발의 위험성을 간파한 明治정부는, 1877년 1월 4일, 지가 3퍼센트의 지조와 1퍼센트의 민비를 2.5퍼센트와 0.5퍼센트로 경감하였다. 농민부담은 지가 4퍼센트에서 3퍼센트로 줄어든 것이었다.

그러나 明治정부는 표면상의 減租조치의 뒤로 중앙정부에서 담당해야 할 지방사업들을 지방으로 돌려, 공식적으로 농민들이 부담하는 것 외에 추가부담을 지지 않을 수 없게 하였다. 더욱이 1881년부터 시작된 마쓰카타 마사요시(松方正義)의 디플레이션정책으로 물가하락이 극심한 가운데에서도 지조는 고정되어 사실상 소농들은 위기에 봉착하기도 하였다. 그럼에도 1885년까지의 디플레이션기간을 제하면 농민들은 새로운 농사기술과 상품작물의 보급 및 지방 공장에서의 부업 등으로 수입이 늘어갔을 뿐 아니라 지속적인 물가상승으로, 지조개정 때문에 손해를 입었다고 볼 수는 없다.

Ⅲ.

지조개정의 결과는 어떠하였는가? 우선 농민부담이 공평해졌다. 그러나 토지소유는 그렇지 못하였다. 영세지주들은 사실상 地租納付 후 살아가기가 어려웠기는 이전과 마찬가지였다. 더욱이 새 제도 아래에서는 租額이 고정되었기 때문에 이도 감당하지 못할 정도의 흉년이 들거나 쌀값이 극히 낮아지는 때에는 지조를 납부하기 위하여 비싼 이자로 현금을 빌려야 했다. 또한 항상적인 것이기는 하나, 여유있는 지주들은 가격이 유리할 때까지 기다릴 수 있었으나 소농들은 추수 직후 쌀값이 가장 쌀 때 팔지 않을 수 없었다. 1877년말 薩摩叛亂이 진압된 후 인플레이션이 급격하게 진행된 몇 년간

——쌀값이 石當 6.25円(1878)에서 11.40円(1881)으로 오른 동안 고정된 조액은 상대적으로 농민들에게 적게 지워졌으나 반대로 디플레이션 기간——쌀값이 石當 5.74円(1886)으로까지 떨어진 동안에는 오히려 더욱 무거워진 것을 알 수 있다. 불황기에 부담을 이겨낼 수 없는 농민들은 땅을 담보로 돈을 꾸거나 이도 어려우면 포기하기까지 하였다. 농가부채의 확산과 저당물에 대한 失權의 증가로 소작지의 증가추세가 현저하게 나타나 1920년대초까지 계속되었다. 소작증가에는 지조개정에서 간과한 점이 크게 작용한 것을 지적해야 한다. 즉 지조개정으로 사유지가 인정되어 토지매매가 자유로워졌으나 소작관계에는 전혀 개선이 없었다. 지조는 금납으로 바뀌었는데도 소작료는 아직도 現物納이었을 뿐 아니라 68퍼센트라는 규정대로 하면 지조개정 이후 소작료는 더욱 올릴 수도 있었다. 물론 규정대로 올릴 수는 없었으나 그래도 농지매입은 가장 안전하고 이익을 볼 수 있는 수단이었다. 토지에 대한 소유권을 설정해 줄 때부터 지조개정은 지주제 확대를 위한 길을 놓아주었다.

지조개정으로 明治정부는 건실한 재정기반을 구축하였다. 1887년까지 중앙정부 세입의 60퍼센트가 지조에 있었던 것만 보아도 그 재정상의 비중을 짐작할 수 있다. 한편 지조개정은, 토지의 사유화에 따라 담보능력을 갖게 되자 富農의 재산을——토지담보를 통하여——산업자본화하는 제도적 방편을 마련하기도 하였다. 지조개정은 일본이 근대국가로 전환하는 초기단계에서 재정적 제도적 기초를 마련하였다.

3. 大正期의 농촌대책 —— 小作調停法

1) 머 릿 말

小作調停法은 1924년(大正 13) 7월 22일 공포되어 그해 12월 1일부터 시행된 소작관계의 분쟁을 조정하기 위한 법이다. 1차세계대전이 끝날 즈음부터 일본에는 이른바 明治체제의 이완현상이 뚜렷하게 나타나기 시작하였다. 정당세력의 전면적 등장과 일반민중의 보통선거 요구, 경제불황과 독점자본지배의 심화, 노동운동의 조직화와 소작쟁의의 빈발, '大正데모크라시'의 유행 등 기존체제에 대한 근본적 변화의 조짐이 나타난 것이었다. 정부측으로서도 여러 가지 대응방침을 강구하는 가운데, 소작분쟁에 대하여는 소작조정법을 제정하였다.

소작조정법에 대한 종래의 연구는 농민투쟁사나 地主制史의 일부로서 그 부정적인 면이 주로 강조되어 왔다. 격화일로의 소작분쟁에 대하여 지주의 기존권익을 보호하기 위한 지주측과 정부의 대응(소작조정법)을 승리로 보는 입장, 지주에게 때로는 어느 정도의 양보를 요구하면서도 기본적으로는 농민투쟁의 발전을 막고 '혁명세력'으로부터 떼어내려는 '반동적' 정책으로 파악하는 견해, 또는 소작문제를 개혁하려는 관료들의 근본적 개혁방향이 지주옹호의 소작조정법 제정으로 좌절되고 말았다는 주장 등이 그것이다.[1]

물론 이와 반대로, 소작조정법은 사실상 지주제를 제한하고 소작료를 경

114

감하여 소작권을 안정시키는 효과를 가져왔다든가, 개혁파 관료들이 소작조정의 일차적 임무를 맡은 小作官의 활동을 통하여 소작제도의 개선에 어느 정도 성과를 거두었다고 긍정적으로 보는 견해도 없지 않다.[2] 그러나 이들의 적극적 평가는 주로 소작조정법의 내용이나 소작관의 활동상황에 근거하고 있기 때문에 전반적인 설명은 미흡한 형편이다.

이 글에서는 당시의 소작분쟁의 기본성격이 과연 지주제를 타파하기 위한 계급투쟁적인 것이었는가, 정부는 위기에 빠진 지주제를 복구하기 위하여 소작농의 투쟁을 소작조정법이라는 장치로 굴복시켰는가 하는 데에 대하여 우선 소작분쟁의 요인, 제정과정에서 보이는 의도, 법의 내용과 시행의 효과 등을 통하여 다시 검토해 보려 한다.

2) 제정의 배경

1차세계대전 기간 중 일본에는 독점자본주의 체제가 확립되고 도시인구가 급증하였다. 인구 5만 이상의 도시에 거주하는 인구가 1913년 7,793천 명(전체 인구의 14%)에서 1918년에는 9,574천 명(전체 인구의 17%)에 달하였다. 이는 노동자계급의 양적 증가(1914년의 1,898천 명에서 1919년의 2,948천 명)에도 나타난다. 그러나 도시유입노동력은 농촌의 생계보충을 위한 것이 아니라 도시에서의 독립생활을 하는 노동자로서 대부분은 영세·가내공업이나 잡역·일용직에 종사하였다. 노임도 농업소득보다 별로 높은 것이 아니었다. 따라서 대규모 공장에서 상당한 임금을 보장받고 있는 기술노동자층과 저임금의 하층노동자층으로 분화되는 것은 당연하였고, 실제로 1920년대의 노동쟁의는 이들 하층노동자들이 분산적으로 일으킨 것이 많았다.

1차대전이 끝난 뒤 대전기간 중의 과열경기가 후퇴하면서 1920년부터 불황이 시작되었다. 쌀값의 경우는, 일찍이 1900년경부터 조선·대만 등으로부터 항상 수입을 해오면서도 농촌의 소생산자를 보호하기 위하여 그 양을 규제해 왔으나 1918년 '米騷動'을 겪으면서 수입규제를 철폐하였기 때문에 국내수요를 초과하고 있었던 것이 공황과 복합적으로 작용하여 하락을 자극

하였다. 더욱이 공업 부문의 급속한 발전에 따라 도시로 들어온 노동자들의
임금요구를 낮추기 위하여, 정부는 쌀생산자의 이익을 희생시켜가면서도
低米價정책을 취하였다.

표 1.   1920년 공황을 전후한 농산물가격의 변동   (100 : 1900년 기준)

구 분	공황전 최고가	공황후 최저가
東京 소비자 물가	338.2(1920. 3.)	199.7(1921. 4.)
쌀	462 (1919. 12.)	219 (1921. 3.)
生 糸	520 (1920. 1.)	184 (1921. 8.)

자료 : 中村隆英, 《戰前期日本經濟成長の分析》(岩波書店, 1971), p. 136.

商用作物 특히 生糸생산은 도시소비구조의 변화에 대응하여 급증하였다.
1919년말·1920년초의 가격 급등으로 그후의 불황에도 불구하고, 생산량은
증가하고 있었다. 그러나 1920년의 공황 후 中小製絲資本은 몰락하고 대자
본에 생산이 집중되면서 양잠업 또한 독점자본의 지배에 들어갔다. 농업 생
산력을 높이기 위한 생산수단 부문도 독점자본체제의 확립에 영향을 받았
다. 즉 비료가 유기질에서 효과가 빠른 무기질로 바뀌면서 대규모 비료회사
가 이를 공급하게 되었으며, 농업노동력의 유출에 따라 농기구 이용도가 높
아지자 농기구제조 대자본이 이를 담당하게 되었다. 불황 아래의 농업은 농
민 중심의 경영개선보다는 생산력의 향상에 중점을 두었고 경영개선의 주역
이어야 할 지주에게서는 소작료 수취의 안정화가 일차적 목표였던 것이다.[3]

표 2.   奧山家 土地·株式·貸金의 利率   (%)

연 도	토 지	주 식	대 금
1914	10. 4	6. 2	11. 6
1916	8. 5	7. 1	19. 0
1918	13. 6	6. 4	16. 2
1920	5. 4	6. 6	9. 4
1922	5. 5	9. 6	15. 5

자료 : 永原慶二, 〈1910年代における地主制の轉換について〉, 一橋大學經濟研究所 編,
《經濟研究》 15-3(1964), p. 213.

경제적 불황과 농업 부문의 상대적 비중저하는 지주의 토지이윤을 저하시
켰다. 물론 1917년에서 1919년 사이 쌀값이 급등하던 때에는 잠시 호황을 누
리기도 했으나 이후 쌀값이 떨어지고 소작료 납입이 여의치 않게 되자 토지

116

로부터의 수익이 이율면에서 주식배당이나 대금이자에도 현저하게 미치지 못했다. 일례로 山梨縣의 70정보지주 奧山家의 자산별 이율을 보면 표 2와 같다.

대금은 예외로 하더라도, 1920년대에 들어서는 주식투자가 높은 이율을 보장해 주는 것이 분명해졌다. 이에 따라 지주는 토지의 직접 경영으로부터는 관심이 멀어져, 단순한 금리취득 이외에는 부담을 지려 하지 않았다. 이러한 전후 불황의 여파와 독점자본지배 아래의 공업 부문에 대한 농업부문의 상대적 약화 상황에서 소작분쟁은 격화되어 갔다.

1921년부터 쟁의건수는 급격히 늘어 거의 연평균 2천건에 달하고 있는 바, 이는 전국적으로 농촌마을 다섯마을 중 하나는 매년 소작분쟁을 겪은 셈이다.[4] 이러한 소작분쟁의 격화는 소작료의 부당성과 지주적 토지소유에 대한 도전에서 비롯한 것이라고 흔히 설명되고 있다. 그러나 1차대전 이후, 소작인이 요구하는 임금은 농촌으로부터 도시 노동시장에 유출된 하층노동자의 노임이 일차적 기준이었기 때문에[5] 사실상 그리 높지는 않았고 어느 정도 실현가능한 것이었다. 원인별 쟁의건수에서 볼 때에도 고율소작료의 근원적 시정보다는 不作에 따른 일시적 감면요구가 압도적으로 많았다. 1923년의 경우를 보면, 풍수해 기타 흉작(64.3%), 소작료고율(10.7%), 생산비 및 여러 물가앙등(6.8%), 사상의 변화 및 모방(6.5%), 쌀 보리 기타 농산물가하락(5.7%) 등이 분쟁의 주요 원인이었다.[6] 이같은 흉작에 따른 소작료의 일시적 감면요구가 과반을 점하고 있던 경향은 1921년에서 1929년까지 크게 변함이 없었다.

표 3. 소작쟁의 건수

연 도	건 수	연 도	건 수
1919	326	1925	2,206
1920	408	1926	2,751
1921	1,680	1927	2,052
1922	1,578	1928	1,866
1923	1,917	1929	2,434
1924	1,532		

자료 : 加用信文 編, 《日本農業基礎統計》(1958), p. 107.

또한 당시 소작쟁의의 목표는 지주적 토지소유를 붕괴시키는 데에 있었다는 주장은 실상과는 거리가 있다. 이미 대지주들에게서는 토지이윤의 비효율성이 인식되고 있어 농업경영으로부터 눈을 돌리려고 하고 있었을 뿐더러, 소작농민들의 공격목표도 주로 부재지주에게 있었지 지주적 토지소유 자체에 대한 비판은 미약하였다. 이는 생활단위로서의 촌락공동체내에서 소작인이 在村地主에 대하여 쟁의를 일으키는 것은 어려웠던 사정에 기인하는 것이며 그만큼 소작농민의 경제적 자립은 촌락공동체를 벗어날 수 없었기 때문이다. 소작분쟁을 겪으면서 부재지주의 토지소유분은 감소되었으나 在村地主分은 오히려 늘어난 近畿地方 농촌의 경우에도 분명히 드러난다.[7]

소작농민들의 가장 큰 불만은 지주 소작간의 공동유대의 괴리에 있었다고 하겠다. 물론 부재지주의 존재가 소작농민에게 폐해만 준 것은 아니다. 부재지주의 소작료는 재촌지주의 소작료보다 낮은 경우는 있어도 결코 높지는 않았으며, 소작면적에도(1924년 50町步 이상의 대지주 통계이긴 하나) 부재지주의 토지는 한 소작인이 평균 5.2段을 경작한 반면 재촌지주는 4.3段만을 빌려주고 있었다. 농촌을 떠나 있었던 만큼 소작인의 경작권도 부재지주의 토지가 더욱 안정되어 있었다.[8] 그러나 부재지주의 관심은 농업 외 수익에 돌아가고 있었으며 소유토지로부터는 가능한 한 거리를 두고 계약 내용대로의 소작료를 거두어가는 데 그치고 있었다. 흉작시 소작농민의 생활을 보호하기 위하여 소작료를 감면하여 주는 것 같은 지주 소작간의 유대는 무너져 갔던 것이다. 재촌지주 가운데에도 대지주는 이율이 높은 농업 외 분야에 투자하면서 번잡한 직접경영으로부터 벗어나 가능한 한 많은 토지를 소작인에게 맡기려 하였기 때문에 사실상 소작인과의 관계는 부재지주와 유사한 경우가 많았다.[9] 전통적으로 지주가 담당하였던 경작에 따른 문제라든가, 지주·소작간의 분규에 대한 해결 같은 것도 지주를 떠나 農會나 農事委員會에 의뢰하게 되었다.

지주들이 농촌에 살면서 촌락공동체의 보호역할을 할 때 소작인은 상위자로서의 지주를 인정하고 소작료지불을 당연한 것으로 여겨왔으나 지주의 경제적 입장이 전통적인 농촌관례를 무시하고 벗어나게 되자 소작농민들의 지

118

주에 대한 태도도 바뀌었던 것이다. 이러한 지주의 전형이 부재지주였기 때문에 소작인들의 불만요인 가운데 항상 부재지주 문제는 빠지지 않았다. 山梨縣의 한 농촌의 경우 60퍼센트 이상이 부재지주로서 토지를 단순한 수익 대상으로만 여겼던 것이 소작분쟁의 주요인이었다는 사실에서도 분명히 밝혀지고 있다.[10] 물론 재촌지주로서 부재지주와 같은 위치에 머무르려고 할 때 그 재촌지주에 대한 불만은 오히려 부재지주에 대한 것 이상일 수 있었다는 것도 짐작할 수 있다.

소작분쟁의 격화에는 또한 조직적인 운동——소작조합 결성과의 관련도 주목할 만하다. 소작조합결성의 움직임은 이미 1차대전 말기로부터 두드러지게 나타났다. 1920년 현재 230개 조합 가운데 3분의 2에 해당하는 152개 조합은 1917년부터 1920년 사이에 조직되었으며 그 가운데 63개 조합은 "지주에 대항하여 소작조건의 유지·개선을 전부 또는 일부의 목적으로" 한 것이었다.[11] 이러한 경향이 1920년말 이래의 농업불황과 도시노동운동에 자극을 받아, 소작조합의 조직은 1921년부터 비약적으로 증가하였다.

표 4. 소작조합·조합원수의 연도별 현황

연　도	조　합　수	조　합　원　수
1920	230	24,690
1921	681	?
1922	1,340	145,439
1923	1,530	163,931
1924	2,337	232,125
1925	3,496	307,106
1926	3,926	346,693

자료 : 廣中俊雄, 《農地立法史研究》 上(創文社, 1977), p.8.

도시공업의 발전과 도시노동운동의 전개에 따른 소작분쟁의 격화는 분쟁의 지역적 분포에서 확인할 수 있다. 1921년부터 1926년 사이 소작분쟁이 많이 발생한 상위 10개 현에 다섯 번 이상 들어간 縣은 사이타마(埼玉)·아이치(愛知)·오사카(大阪)·효고(兵庫)·후쿠오카(福岡) 등이었다.[12] 이곳들은 모두 도쿄(東京)·나고야(名古屋)·오사카·고베(神戶)·후쿠오카와 같은 대도시가 포함된 곳이거나 그 주변지역이었다. 대도시로의 노동력 유출과 도시소비용 상업작물의 재배·판매로 인해 교섭이 활발하였던 만큼 그 영향도 컸던 것이다. "농업노동자 및 소작농가의 子弟들이 공장으로 나와 일을 하든가 공장노동자들과 寢食을 같이 한 결과 크게 계발되는 바가 있어 ……그들이 농촌으로 가서는 새로운 관념사상을 선전하고 소작인의 자각을 촉구하였으며", 신문·잡지 및 노동파업의 영향이 소작인에 대하여 "附和雷同的 기분을 조장시킨 것은 명백한 사실"이라고[13] 당시 관리들도 파악하였다.

소작분쟁의 빈발·격화에 대하여 지주들로서는 지주조합을 결성하여 적극적으로 대응하든가 지주.소작간의 협조조합을 통하여 분쟁을 완화하려는 움직임을 보였으나 이미 지주들의 힘의 한계를 넘었기 때문에 정부의 간섭을 기대할 수밖에 없었다. 소작쟁의를 사회문제로 인식한 정부는 처음부터 강온 양면책을 취하였다. 1920년 내무성에서는 소작쟁의의 선발지역인 岐阜縣에 農業警察部를 설치하고, 나아가 교통로를 통한 과격사상의 전파를 막기 위하여 다음 해에는 농업경찰제를 창설하였다. 1922년에 이르면 소작분쟁을 진정시키기 위한 경찰활동이 19개 府縣에서 행해지고 있었다. 한편 1918년부터 '民力涵養運動'의 이름 아래 忠君愛國·相互共濟·勤儉力行을 전국적으로 고취시키는 교화책을 쓰기도 하였다. 이를 더욱 조직화하기 위하여 1923년에는 '國民精神作興에 관한 詔書'를 반포하고 농촌에 戶主會·靑年團 등 敎化組織을 내무성 주도 아래 결성, 국가주의적인 화합의 방향을 강구하였다.

그러나 내무성 중심의 미봉적 대응책이 소작분쟁을 해소할 수는 없다고 본 農務관료측에서는 새로운 소작입법 방향을 택하였다. 지주 소작간의 갈등관계를 제도적으로 해소하여 불만요소들을 체제내로 흡수함으로써 모순이 심화되는 것을 피하려는 것이었다.

3) 법의 제정

1920년대초 소작분쟁이 격화될 때까지도 소작문제 발생에 법적으로 대응할 수 있는 기초는 1898년에 제정된 民法(이른바 '明治民法')밖에 없었다.[14] 민법은 소작료수취관계, 지주의 소유권 등을 근대법으로 명문화한 것이기는 하나 민법 제정 당시의 지주보호적 국가방침을 그대로 반영한 것이었다. 민법에서는[15] 소작을 단순한 채무로 규정하였기 때문에(612조) 특정한 계약이 없는 한 지주는 언제라도 1년간의 예고기간 후에는 토지를 돌려받을 수 있었으며(617조), 임대차 종료시 소작인에 대한 배상규정이 모호하였던 관계로 지주의 토지반환요구는 더욱 용이하였다. 당사자간의 계약이 법에 우선하는 것으로 인정되긴 하였으나 1921년에도 문서화된 소작계약은 전체의 30퍼센트에 불과하였다.[16] 관습적으로 상호간의 권리가 보장될 수 있다는 예상 아래 법적 보장을 전제로 한 계약서를 작성할 필요를 느끼지 않았기 때문이다. 그러나 계약내용을 내세워, 소작료 체납의 경우 그것이 곧 토지반환요구의 근거가 될 수 있었던 것도 사실이다.

전통적으로, 지주의 변동과 관계없이 경작권이 보장되어 왔고 권리의 양도도 가능하였던 永小作의 경우 민법에서도 이를 권리로서 인정하고 있으나, 永小作權의 존속기간을 50년으로 한정하고(278조) 2년 이상의 소작료 체납에는 영소작권이 소멸될 수 있다는(276조) 등의 제한 규정이 있었다. 제한된 영소작권을 주장할 수 있는 토지마저도 당시 전체 소작지의 1퍼센트에 불과하였기 때문에[17] 소작농민은 거의가 법적으로 불안한 위치에 있었다. 또한 소작료 감면청구에 관한 민법의 규정은, 소작이 채무라는 단순한 전제 아래, 소작인의 생존까지도 위협하는 것이었다. 즉 흉작으로 인하여 소작료 이하의 수익밖에 얻을 수 없을 때에는 그 수익액까지 감액을 청구할 수 있다고(609조) 하였기 때문에, 법규대로 한다면 소작인은 혹심한 흉년에는 소작료의 우선 지불 후 소득 전무상태에 빠질 수도 있었다. 물론 이러한 극단적인 경우는 지주·소작인의 촌락공동체내의 관례적인 합의에 의해 피할 수 있었으나, 어떻든 소유권 중시의 민법체계 아래에서는 소작권은 무시될 수밖에 없었고 소작농민은 법적으로 보호받지 못하는 만큼 전통적인 촌락질서의 힘에 의존해 왔던 것이다. 1920년대초 변질된 상황에서 발생된 소작분쟁에 明治民法은 대응기준이 될 수 없었다.

1920년 11월 27일 소작문제를 심의하고 해결방안을 모색하기 위한 소작제도조사위원회를 農商務省 안에 설치하였다.[18] 처음 구성원은 31명으로 貴族院議員·衆議院議員·敎授·農商務省官吏·他省官吏 및 기타 등 다섯 그룹이 각각 비슷한 비율이었다. 특히 귀족원과 중의원의 의원 중 7명은 90정보 이상의 지주들이었다.[19] 한편 위원회의 설립과 동시에 農務局에서는 소작제도의 기초적 연구를 하기 위하여 農政課내에 分室을 만들어 위원회 활동을 지원토록 하였다. 農政課長 이시구로 다다아쓰(石黑忠篤)와 分室長 고다이라 겐이치(小平權一)는 위원회의 간사역을 맡았다. 이들 農務관리가 당시의 이른바 '革新官僚'로서 지주적 토지소유의 폐해를 인식하고 있었다고 평가되고 있다. 지주적 토지소유권에 일정한 제한을 가하여 소작권을 보호함으로써 경작권의 확립, 소작쟁의의 원인을 근본적으로 제거하려는 데에 농무관리들은 목표를 두었다. 이러한 방향에서 분실의 조사원들을 모아 소작자료를 정리하였기 때문에 보수적인 소작제도조사위원 가운데서는 "農政課分室에는 사회주의자들을 모아 놓고 있다"고 비난하는 사람까지 있었다.[20] 위원회내에서의 견해의 차이는 처음부터 나타날 소지가 있었다.

소작제도조사위원회 제1차회의에서 農商務大臣 야마모토 다쓰오(山本達雄)는 정부가 느끼고 있는 소작문제의 중요성을 아래와 같이 피력하였다.

> ……소작제도의 當否는 직접 지주 소작인의 利害와 관련된 것일 뿐 아니라 農業振否의 원인이 되기도 하기 때문에 일반농촌에 영향을 미치는 바 매우 큰 것입니다. 특히 제도의 불비는 지주 소작인간의 분쟁을 야기하고 농촌사회의 질서를 교란시키는 것이라 우려하지 않을 수 없습니다. 이는 단지 지방적 농촌문제에 그치지 않고 사회의 중대한 문제라고 생각됩니다. 근자에 이르러 상공업의 발달, 농촌의 노력부족, 물가의 등귀, 생활비의 팽창 등의 영향은 지주 및 소작인에게도 미치고 특히 각종 사상이 도시에서 농촌으로 전파되고 있어 최근 지주 소작인간의 분쟁이 더욱 많아지는 경향은 매우 걱정스러운 것입니다. 이에 소작제도개선에 관한 방책을 수립하는 것은 무엇보다도 急務라고 인정됩니다.……[21]

이에 따라 소작제도조사위원회에서는 소작문제에 관한 11건의 심의 요망사항 중 ① 토지분배 및 소작농증감추세의 비평, ② 자작농창설제도, ③ 永小

122

作制度, ④ 소작제도의 개선, ⑤ 소작분쟁의 仲裁制度의 다섯 건을 우선 택하여 위원회내의 특별소위원회에 심의를 위임하였다. 이 가운데 처음 3건에 관하여는 농상무성의 조사가 끝난 뒤에 심의할 것으로 하여 유보시키고, 소작제도의 개선문제부터 다루기 시작하였다.[22]

먼저 소작제도의 개선건에서 소작조합법의 입법 여부가 논의되었다.[23] 그러나 소작조합을 法認하는 것에 대한 보수적 입장의 반대와 함께 소작관계의 권리·의무에 관한 실체법 즉 소작법의 제정이 선결되어야 한다는 주장이 있어 소작조합법 논의는 소작법에 대한 심의로 바뀌었다. 소작법의 제정에 관하여도 그 내용을 둘러싸고 보수·진보적 입장이 다투고 있을 때 對外秘였던 草案이 신문에 폭로되어 극심한 찬반 주장이 정치운동의 성격을 띠게 되었다. 이에 변칙적이긴 하나 "먼저 소작조정법을 만드는 것이 어떨까? 오늘날처럼 사회가 급변하고 있는 때에는 일정부동하게 적용하여 틀림없는 法文을 만드는 것은 어렵고 성립에도 큰 어려움이 따를 것이다. 그러므로 먼저 해결기관을 설치하여 조정결과를 축적한 다음 그것이 자연히 일정한 법칙으로 되는 것을 기다려 적절한 소작법을 만드는 것이 좋지 않을까?"하는 의견이 司法省 쪽에서 나왔다.[24]

幹事私案으로서 '小作調停法案研究資料'가 소작제도조사위원회에 제출된 것은 1922년 6월 28일이었다. 이후 3개월에 걸친 위원회의 심의·수정을 거쳐 農商務大臣에게 '小作調停法案'을 제출, 이것이 중의원본회의에 상정된 것은 그 다음 해 3월 9일이었다. 이후 國會日程과 委員會 조직변경 등으로 법안심의가 지연되다가 1924년 7월 4일 중의원에 상정, 7월 13일에는 귀족원도 통과하였다.

법으로 확정된 소작조정법의 내용은 '小作調停法案研究資料'를 근거로 한 것이었기 때문에, 심의과정에서 논란과 수정은 있었으나 대체로 윤곽은 크게 벗어나지 않았다. '소작조정법안'의 요점을 정리하면 다음과 같다.[25]

① 소작쟁의가 발생할 때에는 管轄行政長을 통하여 지방재판소에 조정을 신청할 수 있다. 부당한 목적의 신청으로 인정될 때에는 재판소에서 이를 기각할 수 있다. 신청을 受理한 재판소에서는 조정위원회를 열어야 한다. 단, 이에 앞

서 적절한 조정을 할 수 있다.

　② 조정위원회는 조정주임 1명과 조정위원 2명 이상으로 구성하며 조정주임
은 판사 중에서, 조정위원은 쟁의조정에 적당한 사람 중에서 지정한다.

　③ 조정위원회는 당사자 혹은 대표를 불러야 한다. 당사자가 다수인 경우 재
판소나 조정위원회는 당사자에게 대표의 선정을 명할 수 있다. 단, 선정된 대
표가 부적당하다고 인정될 때에는 조정위원회가 대표의 변경을 명할 수 있다.

　④ 당사자의 청구가 있거나 필요하다고 인정될 경우 조정위원회는 行政長,
小作監督官, 기타 적당하다고 인정되는 사람들의 의견을 요구할 수 있다. 行政
長과 小作監督官은 조정위원회에 참석하여 의견을 진술할 수 있다.

　⑤ 조정위원회의 조정에 당사자가 동의하는 것으로 간주될 때에는 재판소는
조정의 認可를 결정하며 이는 재판상의 화해와 동일한 효력을 갖는다.

　⑥ 조정신청을 받아들인 사건이 소송에 계류중일 때에는 조정이 끝날 때까지
소송진행을 중지한다.

　⑦ 법의 시행지역은 勅令으로 정한다.

　①의 行政長을 통하여 조정을 신청한다는 데에는 소작제도조사위원회의
몇몇 위원들로부터 이의가 있었다. "郡長을 거치면 오히려 해결이 늦어지기
때문에……〔신청을 접수한〕 재판소에서 나중에 郡長에게 알리는 것이 낫다.
……郡長 의견이 첨부된다고 하면 조속히 재판소로 보내지기 어려우며……
늦어지는 만큼 〔중간에서〕 운동하는 사람이 생길 여지가 있다"(岩田宙造).
"요사이는 政爭이 유행하고 있어서 郡長은 마땅치 않다. 一黨派에 빠져있는
사람을 거쳐야 한다면 그 사이에 무엇이 일어날지 알 수 없다"(橫井時敬)는
것이 주된 반대이유였다.[26] 이의가 받아들여져, 행정장을 통해야 조정신청
을 할 수 있다는 규정은 직접 재판소에 조정신청을 할 수도 있도록 수정되
었다. 한편 조정위원회의 조정에 앞서 적절한 조정을 할 수 있다는 단서는
입안자인 이시구로 다다아쓰幹事가, 소작조정법의 실시 후라도 농민간에 관
습적으로 행해지던 사적 조정은 보호되어야 한다고 위원회의 지지를 구하였
다.[27] 개인적인 조정이 실패했을 때에 법적 조정을 의뢰하도록 하는 방침이
었다. 위원회에서는 관습적인 농민간의 조정이라는 뜻에서, 법적 조정과 구
별해, 이전부터 통용되어 오던 '勸解'로 바꾸어 통과시켰다.[28] 이는 1년 후
1923년 11월의 소작제도조사회에서 더욱 강조되어, 법적 조정과 관계없이

적당한 사람이 있다고 인정될 때에는 그로 하여금 권해를 할 수 있다고 수정되었다.[29] '法外調停優先'의 방향이 확인되는 것으로서 이는 현존 농촌질서의 유지에 더 효과적이라고 보았기 때문이다.

②의 조정위원회 구성에서, 소작인들의 관심은 그들의 의사를 대변할 수 있는 인물이 참여하는가에 있었다. 이를 반영하여 소작제도조사위원회에서는, 2명 이상의 조정위원을 "지주와 소작인으로부터 半數씩 지정하여야……신임을 얻는 제도가 될 수 있다"(京都大學 敎授 河田嗣郎)는 의견이 나왔다. 그러나 위원회의 다수는, 조정위원회가 지주 소작간의 논쟁장이 될 뿐더러 조정위원회내의 계급구분은 피해야 한다는 입장에서 가와다(河田)委員에 반대하였다.[30] 단, 재판소장이 조정위원으로 선임하려는 사람 가운데 지주나 소작인 측에서 선정한 사람이 있을 때는 먼저 그를 지정해야 하는 것으로 부연되긴 하였으나 조정위원 구성의 비율은 명확하지 않은 채로 소작조정법에 남게 되었다.

③의 당사자들이 대표를 선정할 때 부적당한 사람의 제외규정에 대하여, 農商務省 參事官 미우라 미네오(三浦實生)委員은 "당사자 스스로 대표를 선정할 수 있어야 한다"고 이의를 제기하였으나, "대표로 선정된 사람이 부적당하면 지주는 그를 제외하고 각자 담판을 하려고 할 터이니……조정위원이 선정할 수 있도록 하는 것이 나을 것"(橫井時敬)이라는 의견에 압도되었다.[31] 당사자가 아닌 소작조합의 지도자가 대표로 선출되어 조정진행이 방해받을지도 모른다는 우려 때문에 이 규정은 衆議院에 상정될 때는 더욱 분명히, "대표는 당사자 중에서 선임해야 한다"고 제한하였다.

④의 조정위원회에 참석하여 의견을 진술할 수 있는 자격을 行政長과 小作監督官·小作官에게 주었던 것은 소작관만으로 줄였다. 소작관은 소작문제에 관한 전문요원으로서 조정에 조언과 증거제시를 할 수 있다고 기대하였기 때문이었다. 특히 소작쟁의의 발생을 미연에 방지하는 것을 일차적 임무로, 분쟁발생시에는 사정을 조사한 뒤 원만한 해결을 도모하고, 소작조정법의 실시상황을 조사하도록 소작관을 배치하는 것이었기 때문에[32] 조정을 책임진 "재판소에서는 필요한 경우 소작관에게 사실조사를 위촉할 수 있다"

고 의회제출 법안에서는 첨가하여 통과시켰다. 農務官吏側에서는 소작조정법 시행에서 소작관의 역할에 큰 기대를 걸고 있었던 것이다.

⑤의 조정의 효력과 성격에 관하여, 가와다 시로 위원은 당사자간의 화해로 보아야 하는가, 그렇지 않으면 판사의 중재재판으로 보아야 하는가 하는 의문을 제기하였다. 당사자간의 화해의 성격이라면 너무 약하므로 좀더 강제적인 중재재판으로 인정하는 것이 효력면에서 강하지 않겠는가 하는 견해였다. 그러나 입안자인 이시구로 다다아쓰는 일본의 실정에 비추어 조정은 어디까지나 당사자간의 해결을 바탕으로 하는 것인 바 조정위원은 이를 유도해 내는 것이 우선적이며 도저히 당사자간에 해결을 못볼 경우 조정위원회의 조정안을 제시하는 것이기 때문에 중재재판과는 달라야 한다고 정부측 입장을 밝혔다.[33) 위원회의 다수 역시 엄격한 규제력보다는 화해 방법에 찬성하였다.[34)

⑥의 조정신청이 소송진행을 중단시킨다는 조항은 위와 같은 화해 위주의 소작조정법 제정방향에 따라 이의없이 통과되었다.

⑦의 목적은 법의 시행을 소작분쟁이 빈발하고 있는 지역에만 국한하기 위한 것이었다. 전국적인 실시는 오히려 소작분쟁이 심각하지 않은 지역에까지 분쟁을 확대 심화시킬 가능성이 있다는 우려에서였다.[35) 소작조정법이 의도하는 바가 소작분쟁이 격화하는 현상에 대한 대응이었다는 것을 알 수 있다.

소작조정법을 심의하는 중의원에서의 교체된 農商務大臣 아라이 겐타로 (荒井賢太郎)의 다음과 같은 발언에 정부의 기본 입장이 잘 나타나 있다.

> ……지주 소작인간의 관계는 종래 主從의 관계 즉 溫情主義였다고 생각합니다. 따라서 분쟁도 그해의 풍흉에 따라 그해의 소작료를 감면해 달라는 요구에 그쳐왔던 것으로 사료됩니다만 최근에는 크게 그 성질이 변하여, 온정주의는 오늘날 지주 소작인의……대항적인 것으로 되었습니다. ……이러한 狀勢가 점점 유행한다면 사회적으로 해로운 투쟁이 일어나지는 않을까 무척 우려되는 바 심각한 상태에 이르기 전에 조정기관을 세워 원만히 해결하도록 하는 것이 本案의 취지입니다.[36)

이러한 입장은 당시 행정부뿐 아니라 대다수 국회의원들에게도 통하는 것이어서 소작조정법의 통과에 뚜렷한 반대는 없었다. 실체법인 소작법의 제정을 유보해 놓은 상태로[37] 소작조정법은 공포되어(1924. 7. 22.) 그해 12월 1일부터 제한된 지역에서 시행되었다.

4) 법의 특성

격화하는 소작분쟁에 대하여 기존질서의 붕괴를 막으면서 지주 소작관계의 대립을 해소하려는 소작조정법은 그 방향을 실현하기 위한, 다음과 같은 몇 가지 특성을 갖고 있다. 첫째, 법에 의한 조정보다도 '法外調停'이 먼저 존중되었다. 격렬한 소작분쟁을 조정하는 데에는 사법적 성격의 권위있는 조정이 아니면 불가능하기 때문에 조정조항에 집행력을 부여하기는 하였으나, 그 이전에 농민이 살고 있는 공동체의 의사를 일차적으로 존중한다는 것이다. 무엇보다도, 조정진행중이라 해도 적당한 사람에 의한 '勸解'에 우선권을 준 것은 결국 '法外調停'이 불가능한 경우에만 '依法調停'을 적용시킨다는 방침이었다. 따라서 소작조정법에 의한 조정은 공동체의 관행적인 분쟁처리 방법이 기준이 된 것이 분명하고, '법외조정'과 '의법조정'과의 사이에는 본질적인 차이는 없었다고 하겠다. 화합 위주의 관행적인 분쟁조정기준을 존중하여 소작조정법은 "촌락공동체 본래의 조정기능을 보완한"[38] 것이었다.

둘째, 소작분쟁의 법적 해결에 바탕이 되어 왔던 민법에 대하여 소작조정법은 제한을 가하였다. 이미 서술한 바처럼 소작법을 제정하지 않았기 때문에 민법의 실체법적 기능은 그대로 보존되었고 지주는 이에 따라 소송을 제기할 수 있었다. 그러나 소작조정법에 의한 조정이 집행력을 갖고 있는데도 조정 비용이 상대적으로 저렴하고 해결시간도 단기간이었던 점 등으로 해서 지주 소작인 모두 민법보다도 소작조정법에 먼저 의존하려 하였던 것이다.

또한 소작조정신청이 수리된 경우 같은 사건에 관한 소송을 조정이 끝날 때까지 중지시킨 것은 화해를 궁극적 목표로 한 소작조정법의 정신을 살리

려는 것이었다. 물론 부당한 목적의 조정신청은 수리하지 않는다는 규제조
항은 있으나, 현실적으로 소작인이 지주의 소송을 중단시켜 유리하게 시간
을 이용할 수 있는 역할을 하였다. 소작조정법에 의한 조정의 기준이 소유
권 중시의 민법과는 달랐다는 점에서도 소작조정법에 우선 의존한다는 것은
그만큼 민법에 대한 제한을 의미하였다.

셋째, 조정위원회의 구성이나 조정의뢰측의 대표선정에서 계급조화를 의
도하였다. 조정위원회를 소작조정법에서는 조정주임(판사)과 당사자들이 기
피하지 않는 두 사람 이상의 조정위원으로 구성하도록 하였다. 조정위원은
지방관이 추천한 조정위원후보자 중에서 선임하는 것이었기 때문에, 農商務
省에서는 지방장관 앞으로 구체적인 선정방침을 아래와 같이 통첩하였다.
즉 조정위원 후보는 조정에 적당한 사람으로서, (1) 지주·소작 어느 쪽에
도 속하지 않는 純中立者, (2) 지주측에 신망있는 자, (3) 소작측에 신망있
는 자, (4) 지주·소작 쌍방으로부터 신망있는 자 가운데에서 적절히 안배
해야 한다. 특히 (2)와 (3)(지주측과 소작측)에 속하는 후보자는 각각 동수로
하여, 조정주임이 조정위원을 지주·소작인간에 공평히 지정할 것에 대비토
록 하라고 지시하였다.[39] "조정에 적당한……신망있는" 인물은 어떻든 소작
인내에서 나오기는 어려웠다. 따라서 소작조정위원을 단순히 계층별로 구분
할 경우 지주계층은 소작계층의 2배가 되어 지주측이 압도적인 것으로 해석
하기 쉬우나,[40] 소작조정법의 시행을 담당한 農務官吏측에서는 조정목적을
달성하기 위하여 계층구별보다도 지주·소작인 모두에게 신뢰받을 수 있는
인물을 선정하도록 신중히 배려하였다.

또한 조정과정에서의 계급대립을 막기 위하여 당사자 위주의 방침을 택하
였다. 조정당사자가 다수인 경우 그 대표자는 반드시 당사자 가운데에서 나
오도록 하였다. 이는 소작조합의 지도자가 소작인의 대표로 조정과정에 개
입하여 소작분쟁의 계급대립적 성격을 강조 확대하는 것을 막으려는 것이었
다. '사상적 소작인'에 의한 농촌질서의 붕괴를 방지하면서 계급조화를 꾀
하려는 정책의 반영이었다고 하겠다.

넷째, 소작관의 활동을 통하여 소작분쟁의 효율적 해소를 도모하였다. 소

작관에게는 항상 지주 소작인과 접촉하여 그들의 자각을 촉구함으로써 쟁의 발생을 미연에 방지하고 쟁의발생에 대비하여 소작사정조사와 농지감정·평가를 하며 소작쟁의 상황의 조사와 소작조정법의 실시상황을 조사하여 앞으로의 소작법규제정의 바탕을 마련하도록 하는 등의 책무가 주어졌다.[41] 또한 조정주임을 보좌하여 조정에 필요한 자료를 모으고, 조정위원선정을 위한 조사를 할 뿐 아니라 조정위원회에 출석하여 의견을 제시하는 조정위원회의 간사역이기도 하였다. 소작관은 農商務省에서 파견하는 특수한 신분의 지방관이었기 때문에 지방관청의 영향을 받지 않고 독자적인 역할을 수행할 수 있었다.

그들은 우선 '法外調停'의 큰 부분을 담당하였다. 1926년의 경우 전체쟁의 해결에서, 대표자 또는 개인의 교섭에 의한 해결을 제외한 조정건수 중 13.8퍼센트는 소작관이 성공시켰으며(소작조정법에 의한 조정은 14.7%), 1931년에는 13.7퍼센트로서 소작조정법의 42퍼센트에 버금하였다.[42] 이같은 소작관에 의한 분쟁해결은 촌락공동체의 관행에 새로운 기준을 제시하기도 하는 것이어서 근방 지역에도 상당한 영향을 미쳤을 것이 분명하다. 또한 지역내에서의 '법외조정'이 불공평하게 진행된다고 판단될 경우 소작관은 소작조정을 신청하도록 소작인에게 권하였다. 소작조정에 의한 해결이 공동체내에서의 '법외조정'보다 공정하다고 인식하게 됨에 따라 소작인들의 소작조정 신청은 점차 늘어나게 되었다. 소작관은 때로는 소작인의 조정신청서를 代書하여 주기도 하여, 지주측으로부터는 "소작관은 소작인에게 지혜를 제공하는 자로서 쟁의가 해결되지 않는 것은 소작관이 있기 때문"이라고 비난받기까지 하였다.[43] 소작조정제도에는 調停手續의 전후에 걸쳐 소작관의 영향력이 강하게 작용하였으며, 이러한 소작관의 활동을 통하여 農務官僚側이 의도한 소작개선은 추진되었다.

5) 맺 음 말

소작조정법은 과연 소작인보다는 지주옹호적인 農政의 표현이었는가? 먼

저 쟁의해결에서 이 법이 발휘한 기능을 소작조정의 이용도와 이용자의 면
에서 살펴본다.

  1925년에서 1929년 사이 소작조정을 신청하여 수리된 쟁의건수는 6,428건
으로서 이 기간중 발생한 소작쟁의 총수 11,309건(표 3 참조)의 약 57퍼센트
에 해당하였다. 나머지는 소작조정법에서 인정한 '법외조정'에 의존하였을
것이다. 물론 소작조정을 신청했다고 해서 모두 조정이 성립되는 것은 아니
라고 해도, 시간이 경과함에 따라 소작조정법에 의한 소작조정은 쟁의해결
에 가장 큰 역할을 하였고 그만큼 소작조정법의 효과는 나타난 것이다.

표 5. 小作調停申請의 爭議 및 申請者別數

연 도	쟁의건수[1)	신 청 자 별			
		지 주	소 작 인	합 의	쌍 방
1925	654	308	327	3	16
1926	954	315	554	40	45
1927	1,551	495	970	72	14
1928	1,686	533	954	182	17
1929	1,583	556	937	80	10

  주 : 1) 조정신청이 수리된 쟁의단위별 총건수.
  자료 : 中村政則, 《近代日本地主制史研究》(東京大學出版會, 1979), p. 299.

  소작조정의 신청자를 보면, 시행 첫해부터 소작인이 지주보다 이를 많이
이용하였다. 1920년대말에 이르면 소작인의 신청이 압도적이었다. 일본농민
조합에서도 법제정 자체에는 반대하였으나 소작인이 유리하게 이용할 수는
있다고 판단하였다.[44) 무엇이 이렇게 지주와 소작인 사이에 이용의 차이를
가져왔는가? 지주의 입장에서는 소작조정법에서 명한 대로 직접 조정위원
회에 나가 소작인과 시비를 다투어야 하는 것이 지금까지의 관례로 보아 받
아들이기 어려웠을 것이다. 반면, 소작인은 소작조합은 물론 소작관으로부
터도 조정신청의 권고를 받아 신청할 의욕을 갖게 되었고, 일단 소작조정을
신청하면 조정이 끝날 때까지 소송수속이 중지되기 때문에 지주측의 假處分
이나 假差押에 대응할 시간을 벌 수 있었으며 이 기간중에 유리한 해결을
유도할 수도 있었다. 무엇보다도, 정당한 사유와 증거를 갖추고 있기만 하
면 사적 소유권 위주의 민법체계와는 입장을 달리하는 소작조정법에 의해

소작인의 권리는 보호받을 수 있었기 때문이었다.

소작조정의 성립내용에서도 소작인측에 이로웠던 것을 알 수 있다. 1926년의 조정성립건수별 조정 내용을 보면 소작인측에 유리하였던 것이 62.5퍼센트, 지주측 11.3퍼센트, 중립적인 것이 26.2퍼센트였다. 1931년의 경우는 소작인측 47퍼센트, 지주측 26퍼센트, 중립 27퍼센트였다.[45] 중립적인 해결을 제외하면 소작측에 유리한 내용의 조정성립이 지주측에 비해 압도적이었다. 물론 소작분쟁의 40퍼센트 이상은 '法外調停'으로 해결되었으나 '법외조정'의 내용이 소작조정법에 의한 것보다 불리한 경우에는 소작조정을 신청할 수 있었기 때문에 '법외조정'에 의한 해결추세도 유사했다고 보아야 할 것이다.

소작조정법은 지주권익을 옹호하기 위한 것은 아니었다. 지주가 소작조정법의 실시 이후 혜택을 받지 못한 것은 소작료의 감소경향에서도 나타난다.

표 6. 地價와 小作料 (一段當)

연 도	논		밭	
	地 價(円)	小作料(石)	地 價(円)	小作料(円)
1923	583	1.13	341	20.0
1925	560	1.08	338	19.2
1927	546	1.02	333	18.8
1929	523	1.03	319	17.2
1931	411	1.02	253	13.7

자료 : 加用信文 編,《日本農業基礎統計》, pp. 122~123.

地價가 하락하는 것은 다른 분야에 비해서 농업투자수익률이 떨어지는 데에 그 이유가 있으나, 소작료의 경우 소작계약을 통하여 결정된 것이 감소하는 것은 그만큼 소작료감면을 하지 않을 수 없는 사회적 압력이 존재하였기 때문이다. 소작조정법 시행 이후의 상황이라고 보아야 할 것이다.

지주권익이 보장받지 못한 또 다른 증거는 지주호수의 감소추세이다. 3정보 이하 토지소유자의 증가는 소작인의 토지 매입, 소지주의 하락 및 1926년부터 실시된 자작농창설 유지사업에 그 원인이 있을 것이나, 3정보 이상 지주수가 감소하고 있는 것은 주목할 만하다. 대지주가 많은 홋카이도(北海道)까지 포함된 것을 감안하면 지주감소추세는 더욱 뚜렷하다. 이익이 확실히 보장되는 데에 지주가 토지로부터 손을 떼려 하지는 않았을 것이다.

표 7. 所有面積別 農家戶數 　　　　　　　　　　　　　　(단위 : 1,000호)

연도	0.5町이하	0.5~1	1~3	3~5	5~10	10~50	50町이상
1924	2,470	1,207	891	233	117	48	5.0
1926	2,492	1,221	890	230	114	46	4.1
1928	2,504	1,240	910	229	113	45	4.1
1930	2,525	1,257	896	225	113	46	3.9

자료 : 農林省, 《本邦農業要覽》(1940), pp. 46~47.

소작조정제도에 대하여 불만을 가진 지주측은(소작인측의 불만도 없었던 것은 아니나) 여러 방면으로 그 운용의 개선을 호소하였다. 그러나 분쟁의 해소를 위하여는 이를 미연에 방지할 수 있는 방법이 더 바람직하였다. 이에 정부측의 의도도 작용하여, 協和會와 같은 지주·소작간의 협조조직을 통한 협조체제가 1920년대 후반부터 크게 등장하게 되었다. 농민운동을 더욱 심화 확대시킬 수 없는 소작인들의 의식과 힘의 한계, 그리고 약화되어 가는 지주의 위치 때문에 쌍방은 협조체제에 포섭될 수 있었다. [46) 그렇다고 해도 협조체제는 이전의 지주지배적 농촌질서에의 회귀일 수는 없었다. 토지소유권의 억제와 경작권의 강화를 전제로 하여 농민의 경제적 안정을 도모하지 않으면 안되는 것이었다. 소작조정제도 및 협조체제를 통하여 농촌평화와 농업생산력의 확충, 나아가 소작법적 질서를 실현하려 한 것이 정부의 정책 방향이었다.

1920년대초 사회적 쟁의의 격화에서 비롯하는 통치이완현상에 대하여 大正政府는 억압적인 治安維持法체제와 완화적인 調停法체제를 갖추어 적극적인 국민통합을 꾀하였다. 완화책의 일환으로 제정된 소작조정법은 분명히 어느 정도의 소작료 경감과 소작권 안정의 효과를 가져왔으며 그만큼 지주제에 제한을 가하였다. 그러나 입법의도에서부터 나타났듯이 목표는 촌락공동체 내부의 힘으로 해결할 수 없게 된 소작분쟁을 국가권력을 통하여 조정하려는 것이었다. 농민생활의 보호와 새로운 촌락공동체의 질서유지, 곧 화합을 바탕으로 한 擬制的 전통의 재구성이 소작조정제도를 추진한 정책의 방향이었으며, 군국주의적 국민통합의 길로 이어지는 하나의 소지도 여기에

132

있었다.

[주]

1) 小倉武一, 《土地立法の史的考察》(農林省農業組合硏究所, 1951) ; 暉峻衆三, 《日本農業問題の展開》 上(東京大出版會, 1970) ; 中村政則, 《近代日本地主制史硏究》(東京大出版會, 1979).
2) 安達三季生, 〈小作調停法 —— 法體制再編期〉, 鵜飼信成 等編, 《講座日本近代法發達史》 7(頭草書房, 1959) ; 齋藤仁, 〈戰前日本の土地政策 —— 小作調停制度を中心として〉, 齋藤仁 編, 《アジア土地政策論序說》(アジア經濟硏究所, 1976).
3) 林宥一, 〈獨占資本主義確立期〉, 暉峻衆三 編, 《日本農業史 —— 資本主義の展開と農業問題》(有斐閣, 1981), pp. 125~130.
4) 楫西光速 等著, 《日本資本主義の沒落》 1(東京大出版會, 1959), p. 281.
5) 林宥一, 〈獨占資本主義確立期〉, p. 141.
6) 農商務省農務局, 〈小作爭議槪要〉(1924) ; 細貝大次郎, 《現代日本農地政策史硏究》(御茶の水書房, 1977), p. 170에서 재인용.
7) 庄司俊作, 〈小作爭議と地主制の後退 —— 近畿先進農業地域 —— 農村の變容過程を中心として〉, 《土地制度史學》 83(1979), p. 32.
8) 東畑精一, 《農地をめぐる地主と農民》(東京, 1947), pp. 43~45.
9) 我妻東策, 〈地主制度と部落制度の關係〉, 《帝國農會報》, 33(1943), p. 8 ; Waswo, A. *Japanese Landlords The Decline of a Rural Elite*(University of California Press, 1977), p. 92에서 재인용.
10) Waswo, *Japanese Landlords*, p. 106. 소작분쟁의 원인은 물론 하나만이 아니기 때문에 主要因을 지적하기는 어렵다. 오히려 여러 요인에 관련된 기본 요인을 파악하는 것이 타당할 것이다.
11) 農商務省 農務局, 《小作參考資料·小作組合＝關スル調查》(1921), pp. 9~10.
12) 廣中俊雄, 《農地立法史硏究》 上(創文社, 1977), pp. 92~93 ; 細貝, 《現代日本農地政策史硏究》, pp. 178~179. 원자료는 農務局編, 연도별 《小作年報》 附錄, 발생빈도의 통계는 地域別 大小를 감안해야 하나 여기에서는 다만 대체적인 추세만을 찾아보는 것이다.
13) 農務局, 《小作爭議＝關スル調查·其ノ二》(1922), pp. 60~61.
14) 후술하는 바와 같이 小作調停法은 법적인 기본장치로서의 實體法을 바탕으로 하지 않은 手續法이었기 때문에 明治民法의 實體法的 위치는 小作調停法制定 후에도 그대로 유지되었다.
15) 民法의 土地關係法規는 農地制度資料集成編纂委員會 編 《農地制度資料集成》 5(御茶の水書房, 1968), pp. 862~870. (이하 《農制集成》으로 약한다.)
16) R.P. Dore, *Land Reform in Japan*(Oxford University Press, 1959), p. 41.
17) Dore, *Land Reform*, p. 64.
18) 이 委員會의 기본성격은 변하지 않았으나 그 명칭과 조직은 이후 몇 차례 바뀌었다. 1923년 5월 7일 小作制度調查會 ; 1924년 4월 2일 帝國經濟會議農業部 ; 1926년 5월 24일 小作調查會.
19) Waswo, *Japanese Landlords*, p. 121.
20) 小野武夫, 〈小作立法十年史〉, 《法律時報》 4-3(1932), p. 14.
21) 《農制集成》 4(1968), pp. 175~176.
22) 위의 책, p. 180.

23) 논의의 경과는 《農制集成》 3(1969), pp. 606~622 참조.
24) 《農制集成》 3, p. 706. 司法省側에서는 사실 借地借家의 경우만 아니라 勞動·小作의 문제에도 調停의 법을 구상하고 있었으나 緊急度와 立案의 편의에 의해 借地借家調停法을 成案·提出했다. 利谷信義·本間重紀, 〈天皇制國家機構；法體制の再編──1910·20年代における一斷面〉, 中村政則 等編, 《大系日本國家史 5：近代 Ⅱ》(東京大出版會, 1976), pp. 244~245.
25) 《農制集成》 3, pp. 683~686.
26) 위의 책, pp. 711~712.
27) 위의 책, p. 817.
28) 위의 책, p. 859.
29) 위의 책, pp. 1044~1045.
30) 위의 책, pp. 826~830.
31) 위의 책, pp. 837~840.
32) 위의 책, p. 729, 848~849.
33) 위의 책, pp. 774~776.
34) 여기에는 判決力의 범위를 제한한 헌법규정과도 관련된 것이었기 때문에 河田의 주장은 받아들여질 수 없었다. 小倉武一, 《土地立法の史的考察》, p. 409.
35) 처음 小作調停法 시행에서 제외되었던 지역들도 소작쟁의가 파급됨에 따라 1926년에는 長崎·福島·山形·秋田縣에, 1929년에는 宮城·岩手·青森縣에, 1938년에는 沖繩縣에까지 완전히 해당시켰다.
36) 《農制集成》 3, p. 884.
37) 마지막 貴族院審議에서까지도 이 문제는 끊임없이 거론되었다. 《農制集成》 3, p. 1228. 日本農民組合에서도 법안의 통과를 눈앞에 둔 1924년 7월 6일, "경작권 확립의 문제를 해결하지 않고 이를 현재상태에서 兩者間의 쟁의를 조정하려는 것은 전적으로 대등하지 못한 지위에 있는 소작인을 故意로 누르려는 것이든가 아니면 극히 미봉적인 호도책에 불과하다"고 반대하였다. 青木惠一郎, 《日本農民運動史》 3(日本評論社, 1959), p. 230.
38) 齋藤, 〈戰前日本の土地政策〉, p. 34.
39) 《農制集成》 3, p. 1240.
40) 1925년부터 1933년까지 소작조정위원의 계층별구성을 평균해 보면, 地主 37%, 地主兼自作 5%, 地主兼小作 1%, 自作 23%, 自作兼小作 8%, 小作 13%, 其他 13%로서 이 비율은 매년 크게 차이나지 않는다. 金原左門, 〈小作調停法實施狀況の政治史的分析のための覺え書〉, 《法學新報》, 72~9·10(1965), p. 15의 표 1 참조.
41) 《農制集成》 3, pp. 848~849.
42) 위의 책 2(1969), pp. 318~319 표. 비율은 수정.
43) 農林省〔農商務省은 1925년 4월 農林省과 商工省으로 분리되었다.〕農務局, 《第七回地方小作官會議錄》(1929), p. 38. 齋藤, 〈戰前日本の土地政策〉, pp. 29~30에서 재인용.
44) Waswo, Ann. "In Search of Equity：Japanese Tenant Unions in the 1920s," Najita, T. and J. V. Koschmann ed., *Conflict in Modern Japanese History* (Princeton University Press, 1982), p. 399.
45) 《農制集成》 2, pp. 448~451. 자세한 내용을 알 수 없어 표에 나타난 항목을 대체적으로 구분한 것이긴 하나, 소작측에 유리한 것으로 추출한 조정조항은 소작료지불연기 및 감면·소작권의 확인·토지반환연기 및 代地交付·小作地先買權·장려금 및 토지개량비지불·소송취하·過納米 및 소작보증금반환 등등이며, 지주측에 유리한

조항은 소작료지불·토지반환·小作地轉貸禁止 등의 내용이다. 중립적인 내용은 소작료지불기일결정·小作米의 品質俵裝統一, 소송 및 조정비용 부담, 소작기간확정 등이다.

46) 坂根嘉弘, 〈協調體制の歷史的意義 —— 後退期地主制下における農村支配の一形態〉, 《日本史研究》 224(1981), p. 13.

4. 日本軍國主義의 성립배경

  군국주의자들이 일본을 자멸의 길로 이끌고 간 1930년대는 일본 근대사에서 '어두운 골짜기'로 불려질 만큼 치욕스러운 시기였다. 일본은 왜 군국주의화하게 되었는가? 그 배경을 첫째 明治天皇制의 모순, 둘째 국내외적 경제상황, 셋째 보수적 국수주의사상의 영향이라는 면에서 살펴본다.

  明治 천황제의 모순의 싹은 일본이 불평등조약에 의해 개항하게 되는 데에서 비롯하였다. 구미 선진국들에 대하여 불평등한 위치를 극복하기 위하여는 선진국의 기술과 제도를 받아들여 부국강병을 이룩해야 하는 것이 대전제가 되어 있었다. 물론 민권에 바탕을 둔 立憲政治가 선진국에의 지름길이라는 주장이 없었던 것은 아니나, 明治정부의 지도자들에게서는 급속한 부국강병의 성취란 천황을 중심으로 국가를 통합하여 산업발전과 군비강화를 이루어야 하는 것으로 판단하였다. 이를 위하여 明治헌법도, 입헌제라는 겉모습과는 달리, 천황의 대권에 의해 모든 것이 제한될 수 있도록 만들어졌으며 특히 軍의 통수권은 천황에게 직속되는 것으로 분리시켰다.

  문제는 천황의 대권을 누가 조종하는가에 있었다. 明治연간에는 維新의 과정에서부터 정부를 이끌어왔던 핵심멤버(元老)들에 의해 군부를 비롯한 사회 여러 부문이 통제되고 있었으나, 원로들이 사라지면서 통제의 중심이 없어지고 천황의 대권은 아래에서의 무책임한 행동을 합리화시켜 주는 명목으로 화하였다. 특히 明治원로들이 키워온 군부 지도자들은 통수권의 분리를 내세워 취약한 기반의 정당정치를 위협하였다.

明治 천황제의 모순이 사회·경제적인 면에서는 이중구조의 심화로 나타났다. 부국강병을 목표로 한 급속한 공업화 추진은 在來産業 및 중소기업의 쇠퇴, 소농민의 몰락을 초래하였다. 반면 국가의 지원 아래 급격히 성장한 대기업들은 政商財閥로 독점적인 지위를 차지하게 되었다. 또한 아직도 선진국에 대하여는 기술·자원면에서 후진적 의존적이었던 공업발전이기는 했으나 좁은 국내시장으로는 이를 흡수할 수 없어 국가의 이익범위를 확대하려는 정부의 방침과 발맞추어 동아시아의 시장확보로 나아갔다.

明治체제가 남긴 또 하나의 폐해는 이념의 경직성이었다. 明治원로들은 천황 중심의 국민통합을 이루기 위하여 국가주의적 교육으로 후세들을 양성하였다. 초·중등교육 및 군훈련과정에서는 물론이지만 관립학교와 군관학교 등에서는 더욱 철저하여, 이러한 교육을 받은 지도자들은 경직된 이념의 틀 속에 매몰될 수밖에 없었다. 수단이 되어야 할 것이 그들에게 목적이 되었던 것이다.

둘째로, 국내외적인 경제상황은 군국주의화를 촉진시켰다. 1차대전 기간 중 전쟁 때문에 구미국가들이 아시아시장에서 물러간 틈을 일본은 차지할 수 있었으며 덧붙여 군수물자의 판매 등으로 전례 없는 호황을 누렸다. 공업시설도 급속도로 확장되었다. 그러나 1차대전 후 서양세의 재진출로 일본의 몫은 상대적으로 줄어들었을 뿐 아니라 무모한 시설확충으로 만성적 공황에 빠지게 되었다. 더욱이 1923년의 關東 대지진과 이의 복구에 따른 여파로 이미 1927년부터 金融恐慌은 시작되고 있었다.

1929년 세계 경제공황이 발생하자 구미국가들은 경제블록을 이루어감과 동시에 국내적으로는 국가독점자본주의정책을 취하게 됨에 국제경제에 의존하고 있던 일본의 경제는 위기를 맞았다. 공황 전의 전성기에 비해 수출은 37퍼센트, 수입은 40퍼센트가 감소하였으며 경기는 침체해 기업의 도산이 속출하였고 노동자의 피폐는 극심하였다. 흉작이 겹쳤을 때의 농촌의 피해 또한 더욱 가중되었다. 이때에 노동쟁의와 소작분쟁이 격화되었던 것은 물론이다.

특히 중국시장에의 투자는 1931년까지는 11억 달러에 달하여, 한반도와 대만을 제외한 해외투자의 대부분을 점하고 있었다. 그러나 중국이 통일되고 민족자본이 성장하면서 日貨不買運動이 일자 군부는 재벌과 손을 잡고 중국에 대한 강경책을 밀고 나갔으며, 마침내 1931년에는 만주사변을 일으켜 세계 각국으로부터 비난을 사게 되었다. 결국 대외적인 위기를 극단적인 행동을 통하여 해결하려 한 것이 국제적인 고립을 자초하고 말았다. 이러한 상황에서 국력을 집중한다는 명목하의 사상탄압과 위기를 타개한다는 해외침략이 군부에 의하여 주도되어 갔던 것이었다.

셋째, 보수적 국수주의운동은 1920년대에 성행하였다. 구미국가들의 일본에 대한 견제, 국제사회주의 세력의 확대, 식민지에서의 민족해방운동, 국내의 사회경제적 불안 등으로 인하여 민간에서 처음 나타나기 시작한 국수주의 사상은 곧 보수적 성향의 軍에 침투하였다. 군국주의의 이념을 마련하여 준 것이었다.

이들은 전통적 가치관을 바탕으로 천황 중심의 강력한 국민통합을 주장하였던 것 만큼 反서양적 反입헌민주적인 배외적 국가지상주의였다. 기반이 약한 정당정치, 자유주의적 진보파 지식인들, 그리고 위기를 해결하지 못하는 경제체제는 곧 이들의 공격대상이 되었다. 한편 이러한 보수적 국수주의 사상은 공황으로부터 탈출을 원하는 여러 국민 계층의 요구를 대변하는 것이 되어, 특히 중·하층의 호응을 받을 수 있었다. 農村更生運動이나 재향군인회의 활동이 여기에 큰 역할을 하였다.

천황을 명분으로 위기를 타개해 나가겠다는 군국주의자들은 그들에게 호응하는 국민계층의 지원에 힘을 얻어 행동을 취하였다. 1932년 5월 15일 청년장교들이 정당내각의 수상 및 요인들을 암살함으로써 사실상 일본에서의 정당정치는 사라졌으며 정치의 중심은 군부로 옮겨졌다. 이어 1936년 2월 26일 군부내의 파쟁으로 촉발된 쿠데타와 이의 진압을 거쳐 일본은 완전한 군부독재체제로 나아가게 되었다.

이러한 성립배경을 가진 일본의 군국주의에서는 몇 가지 특수한 성격을 찾아볼 수 있다.

　첫째, 明治 천황제의 모순에서 발생한 군국주의는 明治원로의 국수주의적 후계자들에 의해 주도된 위로부터의 체제개편운동이었다. 천황을 명분으로 제국주의적 국민통합과 해외침략을 강행한 그들의 행동은 그러나 천황의 대권이라는 그늘 아래 최종적인 책임한계가 불분명하였으며, 그만큼 무계획한, 어떠한 행동도 인정될 수 있었다.

　둘째, 경제적인 면에서 대외의존성을 벗어나지 못한 상황에서는 언제나 대외적 위기감이 도사리고 있었다. 이러한 대외 위기의식에서 출발하였기 때문에 극단적인 타개책으로 해외침략을 감행하였고 국내에서는 더욱더 전통적 가치와 명분에 입각한 국가지상주의를 주장하였다.

　마지막으로, 군국주의에 반대하는 세력의 취약함을 들 수 있다. 대중의 사상적 약체성은 뿌리깊은 천황제 관념 앞에서 쉽사리 변질될 수밖에 없었으며, 지식인들 또한 기반 없는 상태에서 권력측의 철저한 탄압을 받아 붕괴되고 전향하여 그 역할이 역이용되고 말았다.

5. 日本의 대학교육

1) 역사적 특징

일본은 오늘날 고등교육을 받고 있는 학생수에서나 인구에 대한 비율에서 미국 다음으로 많고 높다. 1983년 통계이기는 하나, '中等後 段階'의 고등교육기관(2년제 단기대학에서 대학원까지)에서 배우고 있는 학생수는 약 218만 4천 명으로 대학교육 진학률은 약 37퍼센트이다. 이들이 1,052개의 대학에 속해 있다. 이 가운데 우리의 주된 관심대상인 4년제 대학은 458개이고 학생수는 약 180만 명(대학원생 포함)인데, 官立과 私立의 비는 약 1 대 2.6으로 사립대학이 학교수, 학생수에서 모두 많다.[1]

이렇게 현재 세계에서 두번째로 대학교육이 번성한 일본이지만 근대적 대학의 공식적인 시작은 불과 100여 년 전(1877) 東京대학의 개교에서 비롯하였다. 물론, 德川幕府의 말기, 개항과 더불어 외교문서를 번역하고 서양학문을 연구하기 위한 기관을 개설했었고, 이것이 1863년에는 開成所로 개칭, 서양어와 자연과학·군사학 등을 가르치는 첫 통합교육기관이 되었다. 1868년 德川幕府에서 明治政府로 정권이 바뀐 그해에 이전의 醫學所와 開成所를 東京醫學校와 東京開成학교로 바꾸어 중앙교육기관으로 정비한 것이 나중에 합쳐서 東京대학이 되었다. 두 학교의 교육내용을 이어받아 東京대학은 法·文·理·醫學部로 출발하였다.

이때에는 사실 대학교육을 하기에 충분한 자료·시설도 없었고 적절한 교수인력도 없었기 때문에 불가피하게 외국에서 학자를 막대한 비용으로 雇聘하여[2] 외국어로 강의하게 하고 그들의 교육방식에 따라 대학의 모습을 갖춰 갔다. 이 사이 전문분야를 맡은 군사학교·사범학교·외국어학교·상업학교·농업학교·공업학교 및 사립전문교 등이 필요에 의해 세워졌으나, 국가의 고등교육을 이끌어갈 구심점으로서 東京대학의 위치를 확립하려는 의도에서, 이를 유일한 제국대학으로(따라서 명칭도 '帝國大學') 개조한 것은 1886년이었다. 1880년대에는 이미 후쿠자와 유키치(福澤諭吉)의 慶應義塾이 세워져 있던 한편, 이후 또 다른 대표적인 사립대학이 될 東京專門學校(현 早稻田大)와 英吉利法律學校(현 中央大) 등이 신설되는 등 국립 이외의 분야에서도 고등교육기관이 나타났다. 東京이 누리던 '제국대학'의 독점적 자리는 1897년 京都에 京都帝國大學이 설립되면서 상당 부분 나뉘었으나 東京帝大를 정점으로 한 일본의 초기적 고등교육제도는 1918년 大學令이 발표될 때까지 그 틀이 크게 변하지는 않았다.

그 틀의 첫째는, 대학의 효용에 관한 것이었다. 1872년 '學制'를 반포하면서 정부에서는 "대학은 高尙한 諸學을 가르치는 專門科의 학교이다"(제 38조)라고 규정하여 고급전문교육기관으로서의 대학의 기능을 밝힌 적이 있다. 그러나 이때는 아직 실제로 대학이 설립되지는 않았던 때였으므로, 대학이란 다만 中學·小學과 구분되는 상위의 교육기관이라는 일반적인 정의를 내린 것에 불과하였다. 무엇을 위한 것인가 하는 더 구체적인 정의는 1886년의 '帝國大學令'에 나타났다. 즉, "제국대학은 국가의 須要에 부응하는 學術, 技藝를[3] 敎授하고, 그 蘊奧를 巧究함을 목적으로 한다"(제 1조)고 밝힌 것인데, 국가적 필요성과 연결시킨 점이 주목된다. 이는 당시 明治政府의 목표가 부국강병, 문명개화를 통한 자주독립적 국가수립에 있었고 더욱이 이를 조속히 달성하기 위한 국민통합이 요구되고 있던 때이므로 대학교육이 지향해야 할 바가 보편적인 학문과 기술의 발전보다는 국가적 필요에 있었다는 것을 알려준다. 다만 당시의 '국가'는 서양강국을 모범으로 하여 존립의 근거를 굳혀야 한다는 개혁적이고 진취적인 의미가 강하였고, 후

일의 일본제일주의적 국가주의에 내포되어 있는 특수한 '국가'의 뜻은 일부에서, 또는 표면적으로나 내세웠을 뿐이다. 제국대학을 창설할 당시 文部大臣을 맡고 있던 모리 아리노리(森有禮)는 국가에서 학교를 만들고 지원하는 것은 국가를 위한 것이므로 학교에서 가르치는 학술의 목적 또한 국가를 위한 것으로 귀착되는 것은 당연하다고 하였다. 특히 전문고등교육은 국가적 수요에 맞는 관리·의사·기업가 등 전문직업인을 양성해야 하는바 교육의 내용도 국가가 처한 상황을 고려할 때 응용학문이 순수학문에 우선해야 한다고 밝힌 모리의 건의에서, 근대 초기 고등교육의 효용성을 어디에 두고 있었는가를 알 수 있다.[4]

둘째, 高度·正規課程과 簡易·速成課程의 이중구조, 그리고 官立 대 私立의 이중구조의 틀이 근대교육 초기에 나타났다. 국가적 필요, 조급한 근대화의 수행을 위한 인재의 수요 때문에, 그리고 고등교육을 받으려는 사회층(士族, 豪農層)의 진학욕구 때문에 고등교육기관의 양적 발전의 가능성은 존재하였다. 다만 수요와 욕구를 매개할 자원이 빈약하였다.[5] 이를 대체한 것이 外人雇聘방식이었으나, 워낙 막대한 비용이 소요되는 것이어서 극히 제한된 기관에서나 가능하였다. 되도록 빨리 이들로부터 배운 학생들이 그 지식을 전파하여 당시 전문기술자를 필요로 하는 사회적 수요에 응할 수밖에 없었다. 2차적 전달은 제한된 자원 속에서 전문기술자를 양산해야 하는 요구 때문에 간이·속성과정으로 행해졌고 관립·사립은 말할 것 없이 전문학교가 많이 생기게 된 요인이 되었다. 주로 제국대학의[6] 고도·정규과정과 전문학교나 고등기술학교에서 맡은 간이·속성과정의 이중구조나 질적 차이는 피할 수 없는 현상이었다.

특히 사학기관이 불리하였다. 1918년 '大學令'이 제정될 때까지 사립은 전문학교로만 인정할 뿐 대학으로 승격시키지 않았으며, 경영상으로도 국가의 재정지원을 전혀 받지 못하여 가장 오래된 후쿠자와의 慶應義塾마저 해산을 생각한 적이 있을 정도였다. 학풍상으로도, 실제적 수요에 의해 설립된 학교였던 관계로 해서, 官에 맞서 자유주의적 전통을 수호하는 사회기구로서의 구실을 맡지 못하였다. 慶應義塾을 비롯하여 오쿠마 시게노부(大隈重

信)의 早稻田이나 니이지마 죠(新島襄)의 同志社 등이 그 설립자들의 뜻에 따라
자유주의적 태도를 지켜나간 몇 예에 불과할 뿐, 대부분은 準官學的 '적응
파'들이었다. 특이하게도, 국학을 다시 일으키려는 전통주의적 사학도 이때
출현하였다. 대세는 적응파에 있었음은 물론이다.[7]

그러나 이러한 고도·정규과정과 간이·속성과정과의 차이, 관립학교 대
사립학교간의 이중구조는 고등교육을 수행하는 데 필요한 인적 물적 자원의
비효율적 배분으로 인하여, 해소되지 못하였고 오히려 제국대학 및 관립학
교에 대한 입시경쟁만 심화시켰다. 또한 20세기로 들어오면서부터는 산업화
의 달성에 따른 소득증가로 고등교육에 대한 수요뿐 아니라 고등교육을 받
을 수 있는 인구비율이 급격히 늘고 있었다. 여기에 전통있는 私學機關들의
사회적 영향력도 커가고 있었다. 1918년의 대학령은 이러한 배경에서 나왔
다. 정부에서 규정한 대학수준에 맞는 전문학교 및 고등기술학교를 官·私
立 구별 없이 대학으로 승격 인가해 준 이 대학령으로, 이후 대학의 수효는
급속히 늘어났고 이에 따라 고등교육체제 또한 변모하였다. 이른바 대학령
체제의 기본은 1945년 일본이 패망할 때까지 유지되었다.

이 기간중의 특징으로는 첫째, 수효가 늘어난 대학들이 '적응파적' 직업
교육을 충실히 함으로써 전문직 봉급생활자들을 양성하는 기관이 된 것을
들 수 있다. 사회의 근대화에 필요한 인재수용에 맞춘 교육기구가 많이 등
장한 결과로 이제 대학생은 극소수의 미래의 지도자들이 아니었다.

둘째 대학령 이후 신설 또는 승격된 대학들이 많이 나타나 이전과 같은
고도·정규과정의 제국대학 대 간이·속성과정의 전문학교간의 이중구조는
사라졌으나, 고등교육에서 5개의 제국대학을 정점으로, 중간에 신설 승격된
대학들 그리고 밑으로는 아직도 다수의 전문학교 및 고등기술학교들이 위치
한 피라밋식의 계층적 구조가 형성되었다. 이 구조 속에서도 역시 사립교육
기관은 상대적으로 불리하였다. 이러한 고등교육기관의 계층화는 피라밋의
상층 교육기관이 갖고 있는 교육자원의 우월성뿐만 아니라 사회적 신망의
차이에서 생기는 것이었다. 물론 상하격차를 해소하여 상승하려는 움직임은
끊임없이 계속되었고 이는 대학발전의 힘이 되기도 하였으나 현실적으로 피

라밋형의 계층구조를 무시할 수 없었다.

셋째, 대학의 자유주의적 전통과 학문적 독립을 추구하는 보편주의적 욕구가 제국대학에서 앞서서 나왔다. 학문수준이 높은 곳이었던 만큼 당연하다고 하겠으나 당시의 정치상황이 국가주의적 체제를 만들어가고 있는 가운데 東京帝大나 京都帝大의 교수 가운데서 적극적으로 체제를 비판하는 사람들이 나왔던 것이 주목할 만하다.[8] 明治 전기에 "국가의 수요에 부응하는 연구·교수"라 할 때 그 '國家'는 어느 정도 개혁의 선도자라는 의미를 갖고 있었고 대학의 연구·교수도 이에 부응하는 내용을 갖고 있었다. 그러나 1930년대에 들어서 대학의 학문적 보편성은 강조되는데도 '국가'의 의미는 오히려 일본국가주의적인 것으로 바뀌어감에 따라, 학문적으로 가장 앞선 곳에서 체제비판의 소리가 나왔던 것이다. 그러나 이는 끝내 힘을 얻지 못하고 사회적으로 고립, 표면적으로 활동을 마감하고 만다.

1945년 패망 이후, 일본의 대학은 급속도로 팽창하였다. 미국이 軍政을 담당하여 미국식 교육제도를 이식시켰기 때문이다. 1946년 일본의 교육개혁을 지도하기 위하여 일본에 온 미국의 교육사절단은, 자유로운 사상, 대담한 탐구, 민주적 행동이 일본인에게 요구되고 있다고 지적하면서 자유로운 대학의 건설과 학생에 대한 지원, 그리고 교양교육의 강화를 고등교육 분야에서 권고하였다.

전후의 격심한 혼란이 어느 정도 수습된 1947년 이른바 신학제의 근간이 되는 '敎育基本法'과 '學校敎育法'이 공포되었다. 학교교육법에 따르면, 최소한의 요건만 갖추면 대학으로 인가가 날 수 있었다. 앞으로의 경재성장과 이에 따른 대학졸업 인력의 수요를 예상하여, 이전의 전문학교급이면 거의 다 대학설립을 신청하였고 그대로 인가가 난 것이 사실이다. 1946년 48개였던 4년제 대학이 1950년에는 201개교로 늘어난 것만 보아도, 급속히 변하는 사회 속에서 대학이 얼마나 안이하게 급팽창했는가를 알 수 있다.

관립대학에서 특징적인 것은 一縣一大學 원칙에 따라 하나의 縣내에 있던 이전의 官立 고등학교·사범학교·전문학교·대학들을 모두 합하여 하나의 대학으로 개편한 점이었다. 지방국립대학이 바로 이것이다. 옛 제국대학의 후신이 전국적인 권위를 그대로 이어받듯 지방국립대학이 그 지역내에서는 여타 대학, 특히 사립대학에 비하여 상대적으로 높은 사회적 권위를 얻었다. 역시 1945년 이전의 유산 곧 고등교육기관의 계층적 구조는 형태만 약간 변경되었을 뿐 그대로 존속되었고, 관립에 대한 사립의 불리한 여건도 크게 개선되지 못하였다. 사회적 신망 또한 아직도 사립에 비하여 상대적으로 관립대학에 치우쳤다.

전통적인 고등교육기관의 계층적 구조에 대한 관념은 오늘까지 뿌리깊게 남아 있기는 해도 일반적으로 대학에 대한 일본인들의 인식은 크게 변하였다. 일본사회가 고도산업화되어 가며 대학졸업자에 대한 수요는 보편화되어 갔다. 대학생은 이제 더 이상 약속받은 앞날의 지도적 인재들이 아니라 전문화된 사회의 일부분을 구성하게 될 평상적 존재이다. 대중화된 대학교육 체제 속에서 그들의 의식 또한, 일부를 제외하고는, 생활인의 수준에서 만족하고 있다. 대학교육은 사회에서 필요로 하는 전문인력을 양성해야 한다는 공리적 인식이 일본내에서는 보편화된 것이다.

2) 이   념

서양의 대학이 그 자유와 독립의 전통 위에서 학문적 이념적으로 사회를 이끌어온 데 비하여, 일본의 고등교육은 사회의 변화·발전에 대비 적응해 왔다고 보인다. 이는 근대적인 고등교육이 일본의 전통적 전근대적이었던 연구·교육을 계승하지 못하고, 국내외적인 환경요인에 의하여 추진되어 왔기 때문이다. 明治維新 후의 고등교육이 주로 서양강국들로부터 압력을 벗어나 그들을 따라가야 한다는 국가 방향에 규제되었다고 하면, 20세기 전반기의 고등교육은 사회경제적 발전 및 정치적 편향성에 의하여 제한되었으며, 1945년 이후로는 미국의 영향을 강하게 받아왔다.

따라서 고등교육의 실용성 추구라는 이념은 당연히 근대교육의 초기부터 제시되었다. 1872년의 '學制'에서 대학을 전문과의 학교로 규정한 것은 사회에서 요구되는 고급 전문인력의 양성이라는 실용적 목표를 밝힌 것이다.

한편, 1886년의 '帝國大學令'에서 제시한 "국가의 須要에 부응하는 學術, 技藝를 敎授하고 그 蘊奧를 巧究"한다는 이념도 국가적 수요에 맞춰 교육하고 연구한다는 뜻에서 실용성의 추구가 더욱 구체화된 것이다. 물론 앞서 말했듯이, 이때의 '국가'는 서양강국을 목표로 하여 따라가려는 것이었다. 제국대학을 정점으로 한 고등교육조직도 따라서 선진 학술을 받아들이는 데 비교적 개방적이었다. 그러나 이는 어디까지나 실용성의 한계내에 있었던 것이어서 고등교육기관으로서 갖추고 행하여야 할 독립적 비판적 기능은 미약하였다.

1918년에 공포된 '대학령'은 제 1조에서 "대학은 국가에 須要한 학술의 이론 및 응용을 교수하고 그 蘊奧를 巧究함을 목적으로 하며, 아울러 인격의 도야 및 국가사상의 함양에 유의해야 할 것"을 대학의 목적으로 밝혔다. 급속한 경제적 발전과 사회의 다원화에 따라 필요한 전문인력의 수요가 늘고, 이에 맞춰 대학설립인가를 용이하게 하기 위하여 제정한 것이 대학령이었다. 그것은 그만큼 실용성에 바탕을 둔 것이었다. 여기에서 주목되는 것은 인격의 도야 및 국가사상의 함양에 또 하나의 목표를 두고 있는 점이다. 대학에서의 인격교육·국민교육을 통하여, 다원화되어 가는 사회 속에서 전문직업인으로 양산, 분산되는 대학인을 국가사상으로 결합시키려는 뜻이었다. 이는 국가사상이 어떠한 내용을 갖게 되는가에 따라 국민적인 의식의 방향이 정해질 수 있는 것이었다. 국가사상이 폐쇄적으로 편향되어 갈 때 대학교육은 이에 저항하지 못하고 적응하여 간 것이 역사적 사실이다.

1945년 이후 일본의 대학은 "학술의 중심으로서, 널리 지식을 전수함과 동시에 깊이 전문의 학예를 교수·연구하여, 지적 도덕적 응용적 능력을 펴게 하는 것을 목적으로" 삼았다(學校敎育法 제52조). 패전 후 연합군 점령 아래서 수적으로 급격히 팽창한 대학들이 깊은 전문적 학예의 연구와 교육뿐 아니라 넓은 교양교육도 함께 비중을 두어 담당함으로써, 지적 도덕적 소양의 기초 위에서 전문적 학예의 응용능력을 익히게 하려는 것이었다.[9] 미국의 대학교육이 지향하는 배운 사람이 갖춰야 할 보편적 교양과 전문직업인으로서의 기능적 지식을 대학에서 가르치는 것을 일차적 목표로 한 것이다.

3) 교육과정의 변천

1945년 이전의 고등교육기관은 고등학교·大學豫科와 대학·전문학교의 복선조직으로 짜여 있었다. 고등학교나 대학예과가 고도·정규과정으로 이어지는 예비코스로서 고등학교는 관·사립간에 주로 제국대학에서의 전문교육을 위한 기초과정이었다. 대학예과는 관립대학 일부를 제외하고는 대부분 사립대학의 부설이었다. 이들은 모두 중학교 5년을 마치고 대학 3년과정으로 들어가기 위한 중간과정으로서의 2년(豫科) 내지 3년(高校)이었다. 전문학교는 중학교 졸업 후 중간과정 없이 곧바로 전문직업교육을 받는 교육기관이었다.

중간과정으로서의 고등학교나 대학예과는 대학에서의 전문교육을 받기 위한 기초교육단계로서 오늘의 대학 1학년 내지 2학년의 교양과정에 비교될 수 있다. 고등학교의 교과과정은(1919년) 다음과 같다,

言語敎育學敎科 : 國語·漢文·제1·2外國語
人文科學敎科 : 哲學·心理學·論理學
社會科學敎科 : 歷史·地理·經濟·法制
自然科學敎科 : 數學·物理學·化學·動物學·鑛物學·地質學

등으로 구성되어 있었다. 이들 학과목 가운데 가장 역점을 두었던 것은 외국어 분야로, 총수업시간의 3분의 1을 외국어교육에 바쳤다.[10] 대학예과에서도 교육과정은 고등학교와 마찬가지로 외국어와 일반교양에 치중되어 있었다. 이같은 2차대전 전의 교양교육과정은 전후의 교양교과목 조정에도 기본적 바탕이 되었다.

1945년 이후 현재에 이르기까지 대학에서의 교육과정은 크게 두 번 개편되었다. 1947년 大學基準協會에서 만든 '大學基準'과, 1956년 文部省令으로 나온 '大學設置基準'에 의한 것이었다. 먼저, 대학기준에서 제시한 교양과목들은 다음과 같다.

人文科學 : 哲學(倫理學포함) · 心理學 · 敎育學 · 歷史學 · 人文地理學 · 文學 · 外國
　　　　　語
社會科學 : 法學 · 政治學 · 經濟學 · 社會學 · 統計學 · 家政學
自然科學 : 數學 · 物理學 · 化學 · 地理 · 生理學 · 人類學 · 天文學

　‘대학기준’에서는 3계열에 걸쳐 모두 20과목을 나열하고 나서, 모든 대학
은 각 계열별로 최소한 3과목 이상씩 제공할 것을 요구하였다. 그러나 문과
계 대학은 제공된 교양과목의 합이 15과목, 이과계 대학은 12과목은 되도록
규정하였다. 즉 문과계 대학에서는 자연과학 관계 강의는 최소한 3과목만
제공해도 되나, 인문 · 사회과학 관계 강의는 12과목이 되어야 교양과목 합
15과목을 채울 수 있는 것이다.

　이렇게 제시된 교과목들 가운데 문과계 학생은 외국어 이외에 각 계열별
로 2과목 이상씩을 택하여 교양과목을 모두 10과목 이상 이수하여야 했다.
반면 이과계 학생은 외국어 포함, 각 계열별로 2과목 이상씩 택하여 모두 9
과목 이상을 이수해야 하는 것이었다. 과목당 학점이 4학점이었으니까 문과
계 학생의 교양과목 이수학점은 40학점이 넘어야 했고, 이과계는 36학점 이
상이었다. 舊制高等學校의 교육과정과 비교해 보면, 언어교육 분야가 인문
과학으로 흡수되고 새로이 3계열에 속하는 교과목들이 추가되거나 이전 과
목들이 달리 배분된 것이 있음을 알 수 있다. 또한 이렇게 인문 · 사회 · 자
연의 3분야로 교양교육과정을 나눈 것은 舊制를 통폐합하면서 하버드대학의
1945년 교양교육과정 개혁내용을 따른 것으로 보인다.

　그러나 교양교육에 대한 강화의 필요성이 대두되어 1950년에는 대체로 이
전의 문과계 기준에 맞추는 개정이 행해졌다. 즉, 文理科 공통으로 3계열에
서 각각 5과목 이상씩 제공되는 교양교과목 합계가 15과목 이상이 되도록
하였으며, 학생들도 文理科 구별 없이 각 계열에서 3과목 이상씩(12학점 이
상) 필수적으로 택하여 36학점 이상을 취득하도록 하였다. 특히 외국어는
따로 분리하여 둘 이상의 외국어 과목을 제공하도록 하였다. 이때부터 인
문 · 사회 · 자연 3계열의 교양과목을 ‘一般敎育科目’으로 부르기 시작하여
오늘까지 통용되고 있다.

1945년 이후 두번째의 대규모 교양교육개편은 1956년 文部省의 '대학설치기준'에 따른 것이었다. 여기에 의하면, 일반교육 3계열에 포함되는 교과목은 다음과 같다.

> 人文科學 : 哲學·倫理學·歷史·文學·音樂·美術
> 社會科學 : 法學·社會學·政治學·經濟學
> 自然科學 : 數學·物理學·化學·生物學

이전의 '대학기준'과 비교하면 교과목수가 많이 줄어든 것을 알 수 있다. 외국어과목은 이미 '일반교육과목'에서 독립하였으나, 이전에 없었던 교과목——음악·미술 등이 인문과학 분야내에 신설된 것이 눈에 띈다. 교과목수의 감소 및 軟性科目의 신설과 함께, '대학설치기준'에서는 각 계열에서 3과목 이상씩, 전체로는 제공되는 교과목이 12과목 이상이 되도록 이전에 비하여는 상당히 완화시켰다. 학생들의 취득학점은 36학점 그대로였다.

이러한 '일반교육과목'의 축소 제공은 새로이 '기초교육과목'이 설치된 것과 관련이 있다. 종래 일반교육과목·외국어과목·보건체육과목·전문교육과목으로 대학교육과정을 나누었던 데에서 기초교육과목이 따로 생겨났다. 이는 산업계의 전망에 따른 이공계 학과들의 요청으로 분리 설치된 것인데, 일반교육과목 36학점 중 전문기술교육을 주로 하는 학과에서는 전문교육과목과 관련된 과목으로 8학점을 기초교육과목에 해당시켰다. 일찍부터 전문교육으로 방향을 잡아가려는 시도였다.

15년 이상 시행된 이 '대학설치기준'은 1971년에 이르러 너무 세분화되고 경직되어 있다는 비판에 따라 수정되었다.[11] 그 내용은 첫째, 일반교육에서 계열별 3과목 이상씩 합계 13과목 이상으로 한 것을 전체 12과목이 다만 3계열에 걸쳐 개설하면 되는 것으로 고쳤다. 극단적으로는 특정계열에 1과목만 제공될 수도 있는 것이다. 학생들에게도 마찬가지로 일반교육과목에서 계열별 3과목씩 합계 9과목 36학점을 취득해야 했던 것을 36학점이 3계열에 걸쳐 있으면 일반교육은 이수한 것으로 인정하였다.

둘째, 기초교육과목 8학점을 12학점으로 늘리면서 외국어·기초교육·전문교육의 어느 과목으로든지 학과에서 인정하는 범위내에서 대체할 수 있게 하였다. 기초교육과목의 범위확대와 동시에 종래 단일과목만을 개설하던 방침을 고쳐 복수과목의 내용을 종합한 통합과목을 제공할 수 있도록 하였다. 셋째, 일반교육과목의 경우 1과목 4학점의 원칙을 대학별 형편에 맞도록 하였다. 이렇게 대학별 특성을 살리면서도 편입·전학시 다른 대학의 학점을 30학점까지 인정하게 한 것은 폐쇄된 대학간의 벽을 낮추어 자유로운 고등교육의 풍토를 만들려는 것이었다고 하겠다.

4) 교육과정의 분석

일본의 4년제 대학의 교육과정은 "폭넓은 교양을 제공하고 학문의 전문화에 의해 생기는 결함을 제거하며 지식의 조화를 이루게 하여 종합적 자주적 판단능력을 함양하는 데 목표를 둔" 일반교육과목과 전문과정 이수를 위한 준비로서의 기초교육과목,[12] 학문의 심화 및 산업의 국제화에 맞추기 위하여 부과하는 외국어과목, 신체의 건강을 위하여 필수로 택해야 하는 보건체육과목, 그리고 전문성을 갖추기 위한 전문교육과목으로 구성되어 있다.[13] 이 교육과정은 최소 합계 124학점(일본에서는 單位로 표현)에 해당되는 교과목들로 이루어진다. 그러나 실제로 대학들은 이보다 많은 학점취득을 요구하고 있고, 학생들 자신도 최저기준보다는 많은 학점을 얻고 있다. 몇 개의 대학 통계 평균에서 이를 알 수 있다. 아래의 표를 보면 상대적인 비율로는 외국어를 대학에서 '기준령'보다 많이 가르치고 있는바, 도구과목으로서의 역할이 다시 강조되고 있다. 한편, 전공교육이 강화되었다고 하면서도 실제 대학에서의 교양교육비율이 '기준령'보다 높은 것도 전문과정 이수의 준비 단계인 기초교육과목이 일반교육 및 외국어과목 속에 상당 부분 포함되어 있기 때문이다. 기초교육은 전공에의 입문적 성격 이외에도 폭넓은 기초적 지식과 기본적 원리에 대한 이론적 사고방법을 효과적으로 체득시키려는 것이기 때문에 전문교육과정 전의 개관코스만을 가르치는 것은 아니다. 廣島大學 工學部에서는 수학·심리학·화학을 기초교육과목으로 정해 놓고 있는

150

것이다.[14]

일본대학생의 계열별 이수학점

구　분	교　양			전공(전문교육)	총　계
大學設置基準	48(38.7%)			76(61.3%)	124(100%)
	일반교육 36	외국어 8	보건체육 4		
6대학[1] 평　균	55(40.1%)			82(59.9%)	137(100%)
	39	12	4		

주 : 1) 6대학 : 東京, 名古屋, 早稻田, 宮崎, 山梨大學 및 福岡敎大.
자료 : 金在福, 〈日本의 大學敎育課程〉, 한국대학교육협의회, 《世界主要國의 大學敎育課程比較硏究》(1986), p.130.

일반교육과목은 원칙상 인문·사회·자연과학의 3계열로 나누어왔으나 1970년대에 들어와 그 교육내용을 둘러싸고 논란이 많이 일어났다. 이들은 고등학교 교육의 반복이 아닌가, 일반교육과목간의 관련성이나 종합적 관점이 결여되어 있지 않은가, 일반교육과 전문교육과의 관련성은 과연 효과적으로 맺어져 있는가 하는 것이었다. 이러한 난점을 풀어가기 위하여 복합과목 또는 종합과목(일본에서 말하는 '總合科目')이나 교양세미나 등을 개설하는 대학의 수가 늘고 있다. 또한 상급학년을 대상으로 한 일반교육과목의 개발도 행해지고 있으나, 교양·전공을 확연히 나눈 일본대학의 여건상 아직은 성과가 미미한 상태이다.

외국어과목은 표에 보이듯이, 大學設置基準에서 정한 8학점을 넘어 많은 대학들이 12학점 이상을 부과하고 있다. 거의 대부분의 대학에서 영어 이외에 독어·불어·중국어·러시아어 과목은 개설하고 있고, 큰 규모의 명문대학에서는 몇 개 더 제공하고 있으나 요구되는 외국어의 종류 및 이수학점은 같은 대학내에서도 학과에 따라 다른 경우가 많다.

보건체육과목은 최저기준인 4학점만 배당하고 있는 대학이 대부분이다. 건강한 대학생활을 위하여 필수적으로 부과하고 있는 것이기는 하나 대학교과과정의 개념과 비중상 학점으로 강제화하는 것은 어색하게 보인다.

전문교육은 입학생을 학과나 학문계열별로 선발하는 대학체제에서는 일찍부터 여기에 입문하도록 하려는 것은 당연하다. 교양과정 가운데 12학점까

지를 기초교육과목으로 대체할 수 있게 한 것은 바로 교양과 전공과의 관련
을 중시하는 입장에서였다. 구체적으로 교양교육과 전문교육간의 교육과정
관계를 '횡단형'과 '쐐기형'으로 분류하기도 한다. '횡단형'이란 교양교육
을 대학 전기단계에서, 전문교육은 후기단계로 구분하여 집중적으로 이수하
게 하는 방식이고, '쐐기형'이란 일반·전문의 교과목을 4년 사이에 배분하
는 데 교양교육 학점은 저학년에서 고학년으로 갈수록 줄고 전문학점은 그
반대로 늘게 하는 방식을 말한다. 누구나 '쐐기형'을 바람직한 것으로 알고
이를 따르려 하고 있으나 실제로 나타난 현상은 변칙적인 모습을 띠는 경향
이었다. '쐐기형'을 택하고 있는 대학이 약 55퍼센트로 반을 넘고 있으나
고학년생에게 교양교육과목을 과하고 있는 대학은 겨우 17퍼센트에 불과하
다.[15] 즉, 고학년에서도 교양과목을 수강하도록 권하는 것이 아니라 저학년
생에게 일찍부터 전공교육을 시키고 있기 때문이다. 1960년대말의 대학분쟁
이후 추진된 교육과정의 개혁이 역시 실용적 목적에 일차적으로 따르는 전
공교육 중시의 방향을 취했다는 것을 알 수 있다.

[주]

1) 한국대학교육협의회, 《고등교육통계자료집》(1986), p. 228 ; 金在福, 〈日本의 大學敎
   育課程〉, 한국대학교육협의회, 《世界主要國의 大學敎育課程比較研究》(1986), p. 124.
2) 1873년의 경우, 전체 외국인교사에게 지불한 금액은 총예산의 14%에 달하였다. 고
   용조건이 유리했던 한 외국인교사의 월급이 600円이었는데, 이는 조금 뒤 개설돼 동
   경대학 총장의 월급 400円을 훨씬 넘는 것이었다. 永井道雄, 《日本の大學 —— 産業社
   會にはたす役割》(中央公論社, 1965), pp. 29~30.
3) 여기에서 技藝란 應用技術分野를 가리킨다.
4) I. Hall, *Mori Arinori*(Harvard University Press, 1973), p. 411.
5) 天野郁夫, 《高等敎育の日本的構造》(玉川大學出版部, 1986), p. 181.
6) 이후 東北, 九州, 北海道 帝國大學이 1918년까지 설립되었다.
7) 永井道雄, 《日本の大學》, pp. 35~36.
8) 대표적인 예로 1919년 東大 經濟學部 교수였던 森戶辰男에 대한 탄압사건, 1933년
   京都大 法學部 교수였던 瀧川幸辰에 대한 탄압사건 및 1935년 東大 法學部 美濃部達
   吉, 1937년 같은 대학 經濟學部의 矢內原忠雄, 1939년 같은 대학 經濟學部의 河合榮
   治郎 교수 등이 右翼 또는 天皇體制에 대한 비판적 연구와 발언으로 공격받고 해직
   당한 사건 등이 있다.
9) 大澤勝 等編, 《講産日本の大學改革》Ⅲ : 大學敎育の改革 2(靑木書店, 1982), p. 17.
10) 金道洙, 〈日本大學의 敎養敎育〉, 《大學敎育》 2(1983), p. 51.
11) 金道洙, 위의 글, pp. 53~54.

152

12) 基礎教育科目은 학과에 따라 인정범위에 차이가 나지만 교양교육과목의 한 부분으
로 취급되는 경우가 많다.
13) 金在福, 앞의 글, p. 128.
14) 關正夫·林義樹, 〈基礎教育及び一般教育の改革と課程〉, 《大學硏究ノート》 53(廣島
大學 大學教育硏究センタ, 1982), p. 45.
15) 關正夫, 〈大學教育の現狀·展望·課程 —— 全國大學調査のまとめ〉, 《大學硏究ノー
ト》 62(1985), p. 50.

제4장　日本近代史연구의 동향

1. 日本・美國에서의 日本近代史연구

1) 근대화론 등장 이전

近代化論爭이 시작되기(1960년경) 전 日本史學界에서는 정통 마르크시즘을 역사해석에 적용하려는 입장이 1950년대까지 주류를 이루었다. 이는 2차대전 후 일본학계에 팽배한 현실적 욕구에서 비롯된 것이다. 이들의 입장을 정리한 것이 〈祖國の歷史を學ぶ目的〉, 遠山茂樹 等編, 《日本史硏究入門》 1 (東京, 1954)이다. 도야마는 역사학이란 국민적 과제의 실천과 결부된 역사인식에 바탕을 두어야 하며, 그를 위해 과학적 방법(마르크시즘)을 역사학에 수용해야 하며, 과학적 이해를 위해서는 합법칙적 발전을 인식, 모순극복을 위한 혁명의 의의를 추구, 인민에게서 역사발전의 원동력을 구해야 한다고 했다.

이러한 주류와는 달리 근대주의적 측면에서 近代史를 파악하려는 입장이 있다. 大塚久雄, 《近代化の人間的 基礎》(1948)와 丸山眞男, 《現代政治の思想と行動》(1956)이 대표적인데 이들과 전자의 차이점은 이들이 역사발전에서 생산력, 계급투쟁 이외에도 인간성의 자유화 등을 주장함에 있다. 전자는 이들이 사회하부구조, 일본의 실제 현실을 무시, 상부구조를 강조한다고 공박했는데 이들이 근대주의라는 명칭을 받는 것은 일본발전의 이념형을 서구적 근대에 두고 있기 때문이다. 이들은 국가권력이 정신적 권위와 정치권력을 독점하면서 근대적 인격의 내면에 침투, 근대적 주체를 유린해 간 과정을 밝혀볼 것을 연구방향으로 제시했다.

한편 미국에서는 1950년대까지 일본의 학계에 비견할 연구수준이 되지 못했다. 일본학자들의 2차대전 전 업적을 정리한 문화사적 개설로 G. Sansom, *A History of Japan*, 3 Vols(Stanford University Press 1958~1963)와 E. O. Reischauer, *Japan : Past and Present*(knopf, 1946), 사회 인류학적 관심에 국한된 저서로 R. Benedict, *the Chrysanthemum and the Sword* (Houghton Mifflin; 1946) 등이 있다. 정치사에서 1950년대 것으로 새로운 해석을 시도한 것에 R. Scalapino, *Democracy and the Party Movement in Prewar Japan*(California University Press, 1953)과 N. Ike, *Japanese Politics* (Alfred A. Knopf, 1953) 정도가 있을 뿐이었다.

2) 近代化論爭

1960년 미·일안보조약개정을 앞두고 1959년부터 일어난 반대투쟁, 일본의 고도경제성장의 시작, 케네디 대통령 취임 후 미국의 후진국원조정책변화 등을 계기로 일본사에서 근대화논의가 나타나게 되는데 학문적으로는 이해 가을 미·일 학자들의 箱根會議에서 일본근대화문제를 본격적으로 다루는 데에서 시작하였다. 근대일본을 보는 외국인의 시각은 바람직한 발전과정으로 보는 낙관적 견해(近代化論者)와 바람직하지 못한 방향이었다고 보는 비관적 견해로 대별된다. 후자는 일본의 전통(주로 德川시대의 특성)과 明治維新 이후 근대를 엄격히 구별짓는 이들의 것으로서 이들은 권위주의, 집단중심주의 등 전근대적 특성이 잔존됨으로써 2차대전에까지 이르게 되었다고 본다. 대표적 인물은 E. H. Norman, N. Ike, R. Scalapino 등이다. Ike (앞의 책)는 일본 가족제도에서 권위주의가 나타나는 것을 살펴보고, 戰前일본에서는 유럽이나 미국과 같이 시민적 자유가 전체적으로 조화를 이루면서 개인의 자유, 법이 존중되는 면이 보이지 않고, 규제를 통해 대립을 피하며 윗사람에의 헌신, 집단에의 복종을 미덕으로 여기는 가치관을 가졌다고 보았다. 이런 가치관이 우세하게 된 요인으로 明治維新의 엘리트들이 천황제 등 전통적 가치를 이용, 민중지지를 얻고자 한 점, 집단적 연대를 요구하는 농촌의 생활양식, 明治 이후 급속한 경제발전에 따른 개인의 불안감 해소를 위해 집단 상호부조에 의존하는 경향이 증대한 점 등을 들었다.

낙관적 견해는 1965년까지의 日本史硏究가 총정리된 프린스턴대학의 근대화시리즈에 집대성되어 나타났다. M. Jansen ed., *Changing Japanese Attitudes Toward Modernization*(1965) ; W. Lockwood ed., *The State and Economic Enterprise in Japan*(1965) ; R. P. Dore ed., *Aspects of Social Change in Modern Japan*(1967) ; R. Ward ed., *Political Development in Modern Japan*(1968) ; D. Shively ed., *Tradition and Modernization in Japanese Culture*(1971) ; J. Morley ed., *Dilemmas of Growth in Prewar Japan*(1971) 등이 이에 들어 있다. 이들의 논지를 집약한 것이 J. Hall의 "Changing Conceptions of the Modernization of Japan"(Jansen, 앞의 책)이다. 여기서 근대화를 측정하는 기준으로서 도시집중적 경향의 증대, 非動物的(工業) 에너지 사용의 증대, 사회성원의 횡적 접촉과 참여 확대, 과학화 및 독서능력 보급, 매스컴 발달, 대규모 사회시설과 관료제적 조직화 경향, 국가내 통합과 국제관계 증대의 7가지를 들었다. 近代化論者들은 이런 기준이 일본에서 성공적으로 수행되어 가는 과정을 살펴보면서 이 수행의 원천을 탐색하여 德川시대에서 그 요인을 찾아내고 있다. 이들 기준에서는 서구적 근대의 개념에서 중요한 개인의 자유, 개인화, 개인의 존엄성·자립성 문제를 소홀히 하고 있으므로 일본학자들로부터 산업화만을 다루고 있다는 공격을 받았다.

근대화론자의 주장을 세분해 보면 우선 봉건유제(權威主義·集團主義 등)를 높이 평가하는 경우를 들 수 있다. B. Schwartz, "Ambiguity of Modernization," 武田淸子 編, 《比較近代化論》(1970)에서는 권위주의가 근대화과정의 추진에 이용되었다고 했다. 예컨대 明治寡頭獨占체제의 권위주의적 경향이 봉건적 심성에 뿌리박은 것이라 하지만 봉건적 심성에 막스 베버류의 근대적 관료제도를 만들어 원활히 운영하게끔 기여한 바가 있다는 것이다. 권위주의란 개인의 자립성을 방해하는 근대화의 부정적 요인이라 하지만 그 기

158

능성·합리성·통합성이란 면에서 일본의 권위주의를 재평가해야 한다는 것이다.(여기에서 합리성이란 근대세계에서 지배적 목적인 물질적 사회적 환경의 조정을 위해, 공업주의뿐 아니라 관료제·군사제도·경찰기구 등을 적절하게 운영해 나가는 데서의 합리성을 말한다.) 전통적 특성 때문에 일본의 진정한 근대화가 왜곡, 지체된 점은 근대화의 부수적 현상으로 보아야 한다고도 주장하였다. 이는 낙관적 견해를 가진 라이샤워 등이 군국주의 출현을 근대화의 逸脫現象으로 보는 견해와도 통하는 바가 있다. Schwartz와 유사한 견해인 A. Craig, "Kido and Okubo," *Personality in Japanese History*(1970)에서는 日人의 기본적 성격으로 羞恥指向, 自我가 약한 점, 집단과 개인의 유대가 강력한 점 등을 들고 이것이 집단적 공동작업을 효율적으로 수행하게끔 기여했다고 했다. Hall은 "A Monarch for Modern Japan"(Ward, 앞의 책)에서 明治天皇은 권력의 실질적 담당자로서뿐 아니라 권위의 원천으로서, 일본국민의 주체성의 궁극적 상징으로 역할함으로써 근대화에서 효과적으로 기능했다고 보았다.

다음에 德川시대평가문제가 근대화론자의 중요한 논쟁대상이었다. Hall은 "Feudalism in Japan —— A Reassessment," *Comparative Studies in Society and History* 5-1(1962)에서 봉건제도의 개념을 정리, 이에 맞는 일본봉건시대는 16세기 前半(戰國時代後期)뿐이라 보고 德川시대를 근대의 시작으로 보았다. 德川시대 무사에게서 근대관료적 성격을 찾고, 사회경제적 제도에서도 통일국가로서의 성격이 나타났다는 것이다. 德川 말기(1830년대)부터 나타난 국내의 혁명적 기운에 대해서는 이를 자생적 개혁지향적 움직임으로 보고 따라서 德川시대는 근대를 왜곡시킨 전통의 온상이 아니라 근대적 일본을 성장시킨 원천이라고 했다. 근대화론자가 德川시대를 봉건시대라 하지 않고 초기근대라 일컫는 것도 이런 견지에서이다.

이와 아울러 德川시대사상에서도 근대적 요인을 찾으려는 노력이 나타났다. R. Bellah의 *Tokugawa Religion*(1957)이 대표적인 것으로, 막스 베버와 탈콧 파슨즈의 영향을 매우 강하게 받은 그는 德川시대사상을 분석한 결과, 개인이 소속된 집합체(집안, 부락, 藩, 國家 등)에의 관심, 즉 개별주의

(particularism)와 목표수행에의 관심 즉 업적주의(performance)를 중시하는, '정치적 가치 우선사회'로 파악했다. 개별주의에서 국가에의 충성이 나타나고, 업적주의를 강조하는 체제이므로 現世 실생활중시풍조가 종교에서도 나타난다고 보았다. 특히 大阪 상인층에 널리 퍼진 心學에서 富에의 욕구를 들어 업적주의의 예로 삼았다. 또한 정치적 가치 최우선의 영향이 계속되어 근대화·공업화에서 이를 주도할 정부의 능력을 배양했다고 보았다. 국가주의에 치우쳐 집단에 대한 개인의 예속 경향이 바람직하지 못한 방향으로 남게 된 것을 무시하지는 않았다. 이에 대해 마루야마 마사오(丸山眞男)의 비판은——R. Bellah, 堀一郎 譯, 《日本近代化と宗敎倫理》(未來社, 1966), 소재——첫째, 복잡하게 분산된 종교적 성격이 단순화·내면화되어 가는 과정을 종교합리화의 지표로 삼지만 서양의 神개념이 추상화·단순화되어 가는 과정과는 달리 일본의 경우에는 정서적 차원에서의 단순성에 불과하다. 즉 일본의 경우 종교의 단순화과정이 呪術로부터의 해방이 아니라 주술적 요소와 타협하면서 이루어진다. 둘째, 근대화에서의 일본종교의 역할을 프로테스탄트논리에 근사한 것으로 보는 데 대해, 일부 大阪 상인에게서는 프로테스탄트 윤리적인 세속내의 철저한 자기규제가 나타나지만 日本史 전반의 사회적 방탕, 은퇴 후의 여가생활 등 목표추진과는 다른, 유리된 영역이 있어 이를 세속내의 철저한 자기규제와 비교할 수는 없다고 하여 비판하였다.

德川시대 교육에 관해서는 집단중심적 교육이 德川시대부터 행해졌다는 저술, R. Dore, *Education in Tokugawa Japan*(California University Press, 1965)이 있다. 일본경제사가들의 비난의 표적인 地主制에 관해서도 근대화론자들은 평가받아야 할 요인이 있다고 하였다, R. Dore, "The Meiji Landlord, Good or Bad" *Journal of Asian History* 18-3(1959) 및 A. Waswo, *Japanese Landlord*(California University Press, 1977) 등이 그것이다. 예컨대 농업개선을 할 때 지주의 재력이 있어야 가능하고 또 일반농민의 반발은 수탈 때문이 아니라 지주가 혜택을 베풀어주는 데 농민의 기대를 만족시킬 수 없기 때문이다. 또한 지주지배가 정치적 안정에도 기여했는데 이런 지주제는 德川시대 말기부터 나타나고 있다는 것이다.

이상의 근대화론에 대해서는 일본학계에서 강력한 비판론이 대두하였다. 첫째, 근대화론의 발상이 정치적 이데올로기에서 비롯되었다는 비판론이 나왔다. 나가하라 게이지(永原慶二) 등은 근대화론이, 일본근대화의 성공요인을 구체적으로 찾아내어 다른 후진국에서도 성공할 요인을 찾으려는 입장, 및 국가정치 우선적 견지에서 개인의 자유는 희생될 수밖에 없음을 합리화하려는 정책적 입장에서 나온 것이라 하여 이에 반대하였다. 둘째, 근대화론이, 東洋型 專制國家로 고정화시킨 中國史觀과 일본의 近代 100년을 발전적 측면에서만 보려 하는 대비적 이해이기 때문에, 일본이 아시아 인접 여러 나라를 제국주의적으로 침략, 일본 국내민중을 억압한 측면을 인식하지 않고 있다는 점에서 비판하였다. 셋째, 일반적으로 근대화론자가 근대화의 지표로 내세운 7가지 기준을 일종의 경험적 사회징후로 볼 수는 있지만 이런 사회 징후를 전반적으로 지탱하고 있는 배후의 가치, 가장 중요한 전제가 되는 가치지향적 측면이 무시되었다는 비판론이 나왔다. 결국 근대화론은 근대의 개념에서 가장 기본적인 개인의 자유, 가치관념, 계급관념이 빠진 몇 가지 징후만 모아 열거한 것이라고 공격하였다. 井上淸, 〈近代化への一つのアプローチ〉, 《思想》 63-1 ; 永原慶二, 〈方法的問題の動向〉, 井上光貞 等編, 《日本史硏究入門》 Ⅲ(東京大出版會, 1969) 등의 공격이 대표적이다.

근대화론과 비판론의 차이는 역사관의 차이라고 하겠다. 전자는 근대화를 사회가 갖고 있거나 축적한 富 또는 권력의 양적인 면에 주목하는 데 반해 후자에서는 부와 권력의 분배에 관점이 두어진다. 즉 전자는 경제의 생산성이라든가 행정의 범위·내용면에서 착실한 성장을 했음을 明治 이후 근대적 발전으로 드는데 후자는 1945년까지의 일본사는 억압과 침략의 역사, 치욕의 역사로 본다. 두 이론간에 건설적 토론이 이루어질 수 없는 까닭은 기본적으로 역사를 보는 관점에 차이가 있기 때문이다.

3) 근대화론 이후

  근대화논쟁으로 미·일의 日本史學 수준은 높아졌으나 상호 통합은 처음부터 불가능했다. 그러나 1967년경부터 이후 越南戰 확대를 둘러싼 미·일에서의 반대운동 및 대학분쟁이 일어나고, 明治百年祭를 계기로 근대화론을 넘어서고자 하는 움직임이 시작되었다.

  이러한 동향중 최초의 것이 국제적 계기론 및 東亞史내에서의 일본의 위치를 추구하고자 하는 시도이다. 이는 정통마르크시즘 및 근대화론을 극복하는 방법으로서, 일본의 특수성을 이해하려는 시도이기도 했다. 일종의 수정마르크시즘이라고도 할 이들의 견해는, 한 나라의 역사마다 마르크시즘이론을 적용할 수 있는가에 회의를 표명하고 일국의 발전을 세계사적 계기 안에서 보아야 한다는 것이다. 芝原拓自의 〈明治維新の 世界史的 位置〉(1961) 歷史學硏究會 발표에서 제국주의로의 이행과 산업자본확립이 동시에 일어난 日本史의 특수성을 이해하기 위해서는 세계사적 국제적 계기를 살펴보아야 한다고 문제제기를 한 이후 많은 학자들이 이 방법론을 따랐다. 丹羽邦男, 《明治維新の土地變革》(御茶の水書房, 1962)은 地租改正을 세계사적 계기 안에서 검토해 보았다. 이에서 나아가 遠山茂樹, 〈日本近代と東亞〉, 《世界》242 (1966)는 종래와 같이 일본과 중국의 근대화를 비교론만으로 볼 수는 없다고 하였다. 외부압력에 대한 대응유형, 개국 당시 경제적 단계라든가 투쟁역량만으로 설명하는 것은 그릇되고, 中日간의 분기점은 제국주의적 세계체제의 문제로서 취급되어야 한다. 곧 제국주의적 세계제패에서 일본시장은 중국만큼 세계시장으로서의 효용성이 적었다는 점 등에서 찾아야 한다는 것이다. 太田秀通, 《世界史認識の思想と方法》(青木書店, 1968)은 사회체제라든가 발전단계를 달리하는 여러 민족이라든가 여러 국가의 평화공존을 기본적 과제로 해야 하는 오늘날 세계인들에게서는 선진국과 후진국의 縱的 사고방식이 아니라 橫的인 모두의 상호관계가 어떠한가에 관심이 두어져야 한다고 전제하였다. 따라서 선·후진 사회구조의 차이가 서로의 형태를 규정함은 인정하

162

지만 서구모델을 따라가는 형태로만 취급해서는 안되고, 진정한 세계사란 개별적 각국사의 집적이 아니라 상호 구조적 연관이 된 것이라야 한다고 했다. 국제적 계기론을 수용하되 위에서 서술한 이들과는 달리 전개해 나간 사람들이 있다. 佐藤誠三郎, 〈近代日本をどうみるか〉, 中村隆英 等編, 《近代日本研究入門》(東京大, 1977)은 일본에 선진국의 충격이 어느 정도의 강도로 느껴졌는가에 관심을 두고, 멀리 떨어져 있었던 만큼 선진국의 주목을 덜 받은 국제적 환경, 중국이 먼저 희생되는 것을 목격한 경험 등으로부터 선진국에 대한 대응책을 배우고, 중국을 향한 정치적 압력이 일본의 그것을 막아준 국제적 계기가 일본에 자극제가 되었다고 했다. 明治 이후 일본의 발전방향을 이끌어나가기에 적당하였던 국제적 계기 곧 對外戰爭 등이 지속됨으로써 근대화가 촉진되었다고도 보고 있다.

한편 1967, 1968년을 지나면서 일본학계에서는 민중들의 생활양식 등에서 민중의 잠재적 에너지의 분출을 찾아보려는 民衆史, 국가권력 대 피지배자 여러 계층의 구조적 총체와의 관계를 다루는 國家史·人民鬪爭史 등의 방향이 나타났다. 민중문제에 관심을 두게 된 것은 교조적 마르크시즘을 탈피하려는 시도, 1960년대 안보투쟁에서 표출된 민중의 거대한 에너지에 대한 주목에서였다. 民衆(思想)史에는 色川大吉, 《明治精神史》(黃河書房, 1964) ; 鹿野政直, 《資本主義形成期の秩序意識》(筑摩書房, 1969) ; 安丸良夫, 《日本近代化と民衆思想》(靑木書店, 1974) 등이 있다. 國家史는 국가권력이 국민생활 전체에 어떻게 미쳤는가에 중점을 두고 인민투쟁사·민중사는 그에 반발하는 인민의 태도 등을 주목한다. 인민투쟁사는 계급투쟁사와 구분되는 것으로 인민에는 노동자·농민·도시소영업자·소급료생활자 등 중간계층까지 포함된다. 국가사, 인민투쟁사적 관점에서 德川체제와 이에 반발하는 농촌문제를 다룬 것이 佐佐木潤之介, 《幕末社會論》(塙書房, 1969)이다. 中村政則, 〈日本資本主義確立期の國家權力〉, 《歷史學硏究別冊》(1972)은 일본자본주의, 지주제, 천황제 사이의 통일적 연관관계를 추구하였다. 인민투쟁사적 견지의 논술로는 宮地正人, 〈帝國主義形成期の都市民衆運動〉, 《歷史學硏究別冊》(1972), 松尾尊兊, 《大正デモクラシー》(岩波書店, 1974)가 있다. 국가사, 인민투쟁사, 민

중사를 포괄한 업적이 門脇禎二 等編, 《日本民衆の歷史》 11冊(三省堂 1974~
1976), 原秀三郎 等編, 《大系 日本國家史》 5冊(東京大, 1976)이다. 이밖에 현
대사에의 관심(특히 昭和史, 兩大戰中間期) 및 지방사에 대한 관심의 대두, 他
학문과의 연결시도를 새로운 동향으로 손꼽을 수 있다.

　미국학계의 동향을 살펴보면 근대화론자의 弟子代의 사람들이 越南戰반대
표명 등으로 先生代와는 다른 방향성을 띠게 되어 일본사회의 모순, 계층간
분쟁에 관심을 두게 되었다. 공업화에 따르는 일본인의 정신적 代償에 관심
을 둔 것으로 Stephen Large, *The Yuaikai 1912~1919*(Sophia University
Press, 1967) ; Kenneth Pyle, *The New Generation in Meiji*(Stanford University
Press, 1969) ; H. Smith Ⅱ, *Japan's First Student Radicals* : 1918~1934
(Harvard University Press, 1972) ; Notehelfer, et al., "Symposium ; the Ashio
Copper Mine Pollution Incident," *Journal of Japanese Studies* 1-2(1975) 등
이 있다. 또 Council of Concerned Asian Scholars에서 E. H. Norman 再
評價作業이 이루어져 John Dower ed., *Origins of the Modern Japanese
State ; Selected Writings of E. H. Norman*(Pantheon, 1975)에 집약되었다. 이에
대해 J. W. Hall과 G. Akita의 반박이 나오고, H. Bix의 재반박이 뒤따라
논전이 벌어졌다. *Journal of Japanese Studies* 3-2(1976)과 같은 책 4-2(1977)
에 실려 있다. John Halliday, *A Political History of Japanese Capitalism*
(Pantheon, 1975) ; F. Moulder, *Japan, China and the Modern World Eco-
nomy*(Cambridge University Press, 1977)는 국제적 계기론과 상통하는 종속이
론 등을 적용하여 분석하였다. 이밖에 다시 근대화론을 천착한 都市史로서
Gilbert Rozman, *Urban Networks in Ching China and Tokugawa Japan*
(Princeton University Press, 1973), 人口史로서 Susan Hanley et al., *Econo-
mic and Demographic Changes in Pre-industrial Japan*(Princeton University
Press, 1977) ; T. Smith, *Nakahara ―― Family Farming and Population in a
Japanese Village*, 1717~1830(Stanford University Press, 1977), 比較史로서
Cyril Black et al., *The Modernization of Japan and Russia*(Colliers, 1975) ;
A. Craig ed., *Japan ; A Comparative View*(Princeton University Press, 1979),

計量史學으로서는 A. C. Kelley, *Lessons from Japanese Development*(Chicago University Press, 1972) 등이 있다. 한편 최근 M. Jansen 등이 편한 *Japan in Transition*(Princeton University Press, 1989)이 나와 근대화론의 꾸준한 지속력을 보이고 있다.

2. 日本에서의 새로운 경향

I.

일본역사학자들의 自國史에 대한 연구만큼 정밀하고 다양한 연구도 없을 것이다. 더욱이 인접학문 분야의 연구자들이 연구대상을 일본의 역사 속에서 찾아 이론을 체계화하는 수준이 높아질수록 일본사학자들에게는 자극이 되고 또한 시각을 확대시킬 수 있다. 수많은 史料의 정리와 활자화는 또한 다양한 연구를 가능하게 할 뿐 아니라 새로운 세대의 연구자들이 사료에 쉽게 접근할 수 있게도 한다.

최근에 일본사학자들의 연구관심 및 분야의 전환에는 위와 같은 여건 외에 '中心理念'의 약화 내지 변질을 들 수 있다. 즉 1960년대 중반까지 교조적 마르크시즘에 집착하여 일본사의 체계화를 고집하던 경향은 1960년대 중반 이후 서서히 일본 한 나라만의 발전단계 추적이 별다른 의미를 갖지 못한다고 인식하게 되면서 관심의 폭을 외국과의 관계면으로 넓혀갔다. 이른바 과학적 사회주의가 지배적인 위치로부터 약화되기 시작한 것이다. 특히 1970년대 후반 이후 사회주의국가들의 변화와 이에 대한 환멸은 사회주의 이념 자체에 회의를 품게 하였으며 일본 국내의 안정과 보수화 성향 또한 사회경제사에 집약되었던 좌파적 연구태도를 약화 변질시켰다고 보인다.

이러한 관심의 변화를 나타내는 최근 연구의 새로운 흐름으로 첫째 국제관계 속에서 일본의 위치를 탐구하려는 경향, 둘째 새로운 방법론이라 할 사회사연구(매우 포괄적인 것이어서 정확한 표현은 아니지만), 셋째 이른바 '戰間期'라고 불리는 1910년대말로부터 1930년대에 이르는 연구(여기에는 植民地에 관한 연구도 포함된다)가 젊은 학자들에게서 활발히 진행되고 있는 현상 등을 들 수 있다. 이는 물론 필자의 주관적인 파악에 따른 것이므로 최근 연구경향을 전반적으로 균형있게 지적한 것이라고 확언할 수는 없다.

Ⅱ.

日本史를 한 나라만의 역사가 아닌 국제관계 속에서 보려는 입장은 古代史 분야에서 한국·중국과 연결지은 '東아시아세계'의 강조에서 잘 나타나나 中世 이후 近代 이전까지는 국제관계론이 뚜렷하게 자리잡고 있지 못하다. 무역을 중심으로 한 새로운 형태의 대외관계가 형성되었다는 설이 고대의 국제적 계기론에 대체되고는 있다.

開港 이후의 근대사가 세계사의 일환으로 취급되어야 하는 것은 일찍이 제창되어 왔다. 즉 근대자본주의의 확대가 19세기 중엽의 아시아국가들에 어떠한 구조적 변화를 강요하였으며, 저항을 통한 새로운 變革 주체의 형성이 아시아 각국간에 어떻게 나타나 상호규정적인 관계를 갖게 되는가의 문제였다. 특히 1960년대 후반부터 주류를 이루어온 근대사연구에서의 국제적 계기론은 어느 면에서 1970년대 서양의 사학계 일각에서 크게 문제된 世界體制論(從屬理論)을 앞서 제창한 것이라고도 하겠다. 세계체제론의 중심을 이루는 '중심과 주변'의 개념은 주변부로서의 일본이 어떻게 서양자본주의 세력 아래에 몰입되어 갔는가를 밝히는 데 많이 이용되었다. 그러나 오히려 종속이론이 그대로 적용될 수 없는 일본의 근대적 발전(다른 제3세계 국가들과 비교하여)을 설명하기 위하여 芝原拓自는 《日本近代化の世界史的位置》(岩波書店, 1981)에서 국제적 계기는 종속적인 점에서 그대로 인정하지만 한편으로는 세계체제에 편입되는 과정에서 보이는 각국별 대응의 차도 중요시되어야 한다고 주장한다. 결국 국제관계에서의 종속적인 계기와 함께 주체적인

대응의 특색이 함께 강조되어야 근대세계에서의 변화양상의 차이를 설명할 수 있다는 것이다. 타율적인가 자생적인가의 兩分論은 실상 의미없는 일이 되었고 어느 면을 강조하는가의 정도의 차는 있을지라도 대개의 연구자들은 이를 보완적으로 취급하고 있다. 石井寬治 等編, 《世界市場と幕末開港》(東京大出版會, 1982)도 위와 같은 연구결과를 모은 것이다.

Ⅲ.

社會史라고 할 때 이를 특별히 최근에 나타난 연구경향이라고 할 수는 없으며 연구대상을 특정분야로 한정시킬 수도 없다. 이른바 개별적인 사건이나 개인에 대한 연구보다 그 기초를 이루는 지속적인 歷史事象의 경향이나 유형을 찾으려는 노력을 사회사라고 할 때, 최근 이 분야에는 교조적인 마르크시즘과는 다른 입장에서 출발하는 연구자들이 있는 반면 마르크시즘을 수용하면서 이를 일본사회 속에서 변용·재해석하려는 연구업적들도 끊임없이 나오고 있다. 그러나 그 底流에는 마르크시즘에 대한 일방적 추종이나 실천적 성격의 강조에 대한 반발이 있다. 현대사회의 구성요소가 다양해지고 가치가 다원화되어 가는 상황에서 교조적인 하나의 이념이 힘을 잃어가는 것이라고 보인다.

따라서 사회사로 통칭될 수 있는 최근의 연구에서 그 주된 대상을 하나로 지적할 수는 없다. 다만 분류를 위해 나누어본다면 첫째, 민중을 중심으로 한 그들의 생활·의식·행동·투쟁 등을 연구하는 흐름, 둘째, 소외 또는 차별받아 온 계층 및 집단에 대한 지금까지의 망각된 분야를 밝히려는 경향, 셋째, 사회의 기능적인 면에서 도시 및 기술의 발전을 다루는 태도 등으로 대별할 수 있을 것이다.

민중에 관심을 둔 연구자들은 파묻혀 있던 일상생활의 면 등을 찾아내기도 하나 궁극적으로는 민중생활의 사회적 문화적 의미를 찾으려는 데 노력하고 있다. 따라서 민중의 사상과 행동에 관한 연구가 가장 활발하고 많은 성과를 내고 있다. 특히 1970년대의 민중사를 이끌어온 이로카와 다이키치

168

(色川大吉)는 《歷史の方法》(大和書房, 1977), 鹿野政直는 《近代精神の道程》(花神社, 1977), 安丸良夫는 《日本のナショナリズムの前夜》(朝日新聞社, 1977), 히로타 마사키(ひろた まさき)는 《文明開化と民衆意識》(靑木書店, 1980) 등을 近年에 公刊하여 이 방면 연구를 자극하여 왔다. 근대에서조차도 일본의 민중은 전통과 관습에 얽매여 있기 때문에 그들의 사상과 행동이 모순으로 보이는 것은 당연하다고 이들 民衆史家들은 주장한다. 오히려 모순 속의 민중사상이야말로 일본의 토착적인 것이며 여기에 민중의 참모습이 있다는 것이다. 德川 후기를 다룬 佐佐木潤之介의 《近世民衆史の再構成》(校倉書房, 1984) 및 近現代를 중심으로 한 中村政則의 《日本近代と民衆》(校倉書房, 1984)은 각각 자신들의 연구분야를 확대하여 민중에 관심을 둔 최근의 업적으로 주목된다.

마르크시즘적 성향을 견지하면서 그 관점을 달리하는 대표적인 사회사의 방법으로서 '인민투쟁사'를 들 수 있다. 일찍이 노동자·농민의 계급투쟁을 사회의 기초구조나 생산관계의 해명수단으로써 이용해 온 것에 반하여 '人民史家'들은 민중투쟁의 구체상과 주체적 조건을 찾아내어 민중의 역사적 역할이 어떠했는가를 밝히려 한다. 따라서 '계급투쟁'보다는 '인민투쟁'이라는 용어를 즐겨 쓴다. 다양한 피지배계층을 포괄하여 '人民' 또는 '民衆'으로 취급하는 이들은 전근대 투쟁의 형태를 '一揆'로 부르고 있다. 中世 후기로부터 德川시대까지의 '一揆'를 정리·해석한 아오키 미치오(靑木美智男) 등이 編한 《一揆》(東京大出版會, 1981) 5권이 대표적인 업적이라 하겠다. '一揆'의 형태를 촌락규모의 '土一揆', 莊園農民의 莊家에 대한 '莊家一揆', 농민생활에서의 부담경감을 官에 요구하는 '德政一揆', 藩규모의 '百姓一揆', 도시폭동형의 '打毁', 幕末의 '世直し' 등으로 정리한 필자들은 투쟁의 구조·참가민들의 생활과 문화 그리고 국가통치와의 관계 등을 분석하여 당시의 정치 및 민중생활의 핵심을 파악하려 하고 있다.

사회사연구의 두번째 경향으로는, 연구대상 면에서 종래까지 영주와 농민에 관심이 집중되었던 것이, 유동적인 非農民이나 被差別民·少數民族 및 여성문제 등으로 확대된 것을 들 수 있다. 농업이 주종인 전통사회에서 농

민이 민중을 대표하는 것은 당연한 것으로 보이나 기실 사회의 다양성이라
는 점에서 볼 때 농민 이외의 漁民·工人·行商·藝能民·神官·僧侶 등의
의식과 행동에 적절한 비중이 두어져야 하는 것이다. 일본을 포함한 東西洋
中世의 非農業民에 대한 비교사적 연구가 阿部謹也 等編,《中世の風景》(中央
公論社, 1981)으로 출간되어 큰 자극을 주고 있다.

소외계층에 관한 연구는 被差別部落民인 穢多·非人에게도 확대되고 있
다. 차별의 역사나 원인을 탐구하는 데에서 벗어나 부락민들의 사회경제적
생활상 자체를 파악하려는 노력이 部落問題研究所 編,《部落史の研究》(部落
問題研究所, 1978) 및《部落の歷史》[近畿篇·西日本篇·東日本篇](部落問題研
究所, 1982~1983) 3권으로 나타났다. 日本史의 변천에 따른 천민 신분의 내
용을 다룬 연구들은 사회의 전체상을 균형있게 파악하는 데 절실히 요구되
는 것들이라 하겠다.

여성의 사회적 활동이 활발해지고 그 지위가 상승됨에 따라 여성사를 새
롭게 본격적으로 취급하려는 경향도 주목할 만하다. 總合女性史研究會 編,
《日本女性史》(東京大出版會, 1982) 5권시리즈, 그리고 家族史研究會 編,《家族
史研究》(大月書店, 1980~1983) 7권시리즈는 지금까지 여성사를 억눌린 여성의
해방운동이라는 면에 초점을 두어왔던 수준을 넘어 생활사의 필수적인 부분
으로 취급하고 있다.

넓은 의미의 사회사 분류에서 세번째 흐름은 기능적 면에 관한 연구——
도시·기술발달 등—— 이다. 전통시대의 도시의 역할과 성격을 논한 松
本四郎의《日本近世都市論》(東京大出版會, 1983), 豊田武等 編의《講座·日本
の封建都市》(文一總合出版, 1982~1983) 3권 등이 도시사에 본격적인 접근을
한 업적이다. 도시거주민의 구조상의 특질과 이러한 특질을 가진 도시와 국
가지배와의 관련을 추구하여 마쓰모토 시로(松本四郎)는 근세도시를 사회발
전이나 주민의지의 결과로 보는 통설을 반박한다. 즉 국가권력에 의해 성립
된 성격이 강하다는 것이다. 도시성립에 대한 새로운 견해와 아울러 도시의
기능·사회문제·환경문제·문화 등을 법제사·지리학·민속학의 이론까지
원용하여 도시성격의 종합적 규명에 몰두하는 경향이 보이고 있다.

기술사 분야는 전문기술로 분산돼어 그 분야 전문가들이 주로 연구하여 왔기 때문에 기술의 사회사적 관련에 대한 고찰은 상대적으로 박약하다. 즉 新技術開發의 사회경제적 조건이나 工人集團의 성격 그리고 새로운 기술의 발달과 확산에 따른 사회적 변화에 대한 연구는 최근에 활발해지고 있다.

IV.

1차대전에서 2차대전에 이르는 사이, 이른바 '戰間期'에 대한 연구는 시간적으로 너무 가까운 시기라는 점과 史料의 公刊이 부족했다는 점 때문에 역사연구가들에게는 쉽게 접근하기 어려운 분야였다. 그러나 개인들의 기록이나 관청문서·외교문서들이 속속 출간되면서——중요사료를 모은 대표적인 성과로 藤原彰 等編의 《資料 日本現代史》(大月書店, 1980~1981) 7권——연구자들의 관심이 집중되었다. 아울러, 자본주의가 독점단계로 접어들면서 정치적으로 군국주의화되어 가는 현상에 대한 탐구는 근대일본의 파멸로 직결되는 시기를 분석하지 않을 수 없다는 필연성에서 나오기도 하였다. 덧붙인다면 戰間期 연구자들이 주로 젊은 세대에서 배출되고 있는 점이다. 이는 그만큼 역사적인 거리를 느낄 수 있기 때문에 연구대상으로 채택할 수 있으리라는 것을 짐작할 수 있다. 戰間期에 대한 연구를 정치체제, 경제운영과 식민지지배, 대외관계의 부면으로 나누어 소개하여 본다.

정치체제 면에서 가장 논란이 일고 있는 문제는 군국주의에 대한 것이다. 실제 '일본파시즘'이란 용어가 학술적으로도 그대로 통용되면서 편리하게 이 시기의 정치상황을 말하고 있다. 河原宏의 《昭和政治思想史研究》(早稻田大出版部, 1979)는 노동과 과학기술, 자원과 생활, 사상과 언어 등 다양한 시점에서, 그리고 河原宏 等編의 《日本のファシズム》(有斐閣, 1979)는 운동·체제·사상·국제관계의 차원에서 특질을 해명하여 日本파시즘 시기의 전체상을 파악하려 한다. 그러나 日本파시즘의 성격을 둘러싸고, 지배층간의 기본적 일치를 강조하는 '天皇制파시즘' 곧 '위로부터의 파시즘'에 대하여 〈滿洲事變期硏究の再檢討〉, 《歷史評論》, 377號 特輯(1981)에서 에구치 게이이치

(江口圭一)는 '二面帝國主義論'을 제안하고 있다. 그는 1930년대의 일본제국
주의를 對英美依存路線과 아시아 먼로주의노선과의 대립·항쟁으로 설정,
여기에서 아시아 먼로주의노선이 승리하는 과정으로 본다. 이러한 분립은
제국주의의 이면성이라는 객관적 조건에서 나오는 것이기 때문에 끊임없이
구조적으로 발생하지 않을 수 없는 모순이라고 지적한다.

　체제개념의 논의와는 별도로, 1920년대말부터 2차대전까지의 군부의 구조
와 정책을 다각도로 분석한 논문집으로 近代日本硏究會의 《昭和期の軍部》
(山川出版社, 1979)가 있다. 또한 三宅正樹 等編의 《昭和史の軍部と政治》(第一
法規出版社, 1983) 5권은 文民이 구성하고 있는 사회 곧 정치의 세계와 이에
이해가 대립되는 군부와의 상호관계에서 昭和史를 이해하려는 입장을 취하
고 있다.

　한편 大正民主主義로부터 '파시즘'에의 추이를 농민운동을 통하여 파악하
려한 安田常雄의 《日本ファシズムと民衆運動》(れんが書房新社, 1979)은 1926년
에서 1933년까지 혼돈상태의 농촌청년들의 이중적 의식을 중심으로 추적한
사상사적 업적이라 하겠다.

　戰間期의 연구는 경제 분야에도 크게 관심을 불러 일으켜, 중화학공업·
금융 등을 통한 國家獨占資本主義化에의 길을 세밀한 사례연구로 밝히고 있
다. 특히 전통적인 경제사적 방법 이외에 경영사 또는 계량경제사적 접근이
많이 이용되고 있는 점이 주목된다. 1920年代史硏究會에서 編한 《1920年代
の日本資本主義》(東京大出版會, 1983)는 산업자본확립기와의 단계적 차이 및
제국주의 재생산구조, 국가독점자본주의에의 이행기로서의 위치, 국가권력
의 문제 등을 탐구하고 있다. 이러한 과정에서의 국제적 계기 및 국가의 경
제적 역할, 천황제 국가론에 초점을 맞춘 연구성과이다. 1930년대에 관하여
는 社會經濟史學會 編, 《1930年代の日本經濟》(東京大出版會, 1982)가 있다. 管
理通貨體制로의 이행과 日本貨 通用圈의 형성을 중심으로 대외경제관계를
분석하는 한편 중화학공업화와 자본의 조직화에 초점을 맞추어 산업구조·
자본축적구조를 해명하려 한 노력의 결실이다. 사회계층의 다양한 존재형태
속에서 계급관계의 안정성을 1930년대에 찾은 것도 이 연구의 주목할 성과

라 하겠다.

금융문제에의 관심을 확대시킨 연구로 朝倉孝吉 編, 《兩大戰間における金融構造》(御茶の水書房, 1980)를 들 수 있다. 논지의 중점을 '重層的 金融構造'에 두고 여러 금융기관의 다양성과 상호연관을 추구한 것은 금융사분석의 새로운 시각을 제시한 것이다. 또한 大正時期 금융정책의 특질을 찾으려는 입장에서, 田中生夫의 《戰前戰後日本銀行金融政策史》(有斐閣, 1980)는 金解禁問題를 중심으로 日本銀行의 금융정책을 취급하고 있다.

戰間期 經濟에서 중요한 부분을 담당한 재벌에 대한 연구가 활발한 것은 당연하다 하겠다. 재벌을 同族의 封鎖的 소유하에 성립하는 다각적 事業經營體로 규정한 森川英正의 《財閥の經營史的硏究》(東洋經濟新報社, 1980)는 공업화에서의 재벌의 역할이라는 점으로부터 경영다각화와 전문경영자의 문제를 논하고 있다. 재벌연구는 자연히 특정재벌에 한정하여 그 재벌내의 구조·운영·영향 등을 다루게 된다. 大倉財閥硏究會 編, 《大倉財閥の硏究》(近藤出版社, 1982)는 광업을 중심으로 한 中國直接投資의 분석을 하고 있으며 宇田川勝의 《昭和史と新興財閥》(敎育社, 1982)는 사회경제사적 배경하에 당시 신흥재벌로 불었던 日產·日窒·森·日曹·理硏의 발전 및 몰락을 다루고 있다. 住友에 관하여 麻島昭一가 쓴 《戰間期住友財閥經營史》(東京大出版會, 1983)는 재벌 내부의 사료를 충실히 이용하여 금융기능의 비중이 무거웠던 재벌지배 구조를 밝히고 있다.

해외로 경제진출을 하고 식민지에 중공업을 건설할 때 재벌이 참여하는 것은 주지의 사실이다. 戰間期, 해외 및 식민지경제와 재벌의 관계를 다룬 연구로는 위의 재벌경영에 관한 업적 외에 1979년에 출간된 藤井光男 等編, 《日本多國籍企業の史的展開》(大月書店) ; 小島麗一 編, 《日本帝國主義と東アジア》(アジア經濟硏究所), 松本宏, 《三井財閥の硏究》(吉川弘文館) 등을 추가할 수 있다.

대외관계의 부문에서는 중국·영국·아시아 태평양과의 관계를 중심으로 한 저서들이 최근에 나왔다. 高村直助의 《近代日本綿業と中國》(東京大出版會, 1982)는 이른바 '在華紡'의 발전과 붕괴를 통관하면서 특히 연구가 안되어 있었던 만주사변 이후를 새로이 다룬 업적이다. 對英關係로는 細谷千博 編, 《日英關係史 : 1917∼1949》(東京大出版會, 1982)가 영국과의 전쟁에 초점을 맞추어 두 나라간의 상호인식, 상대방에 대한 군사전략, 戰後構想의 여부 등을 양측의 입장에서 각각 다루고 있다. 호소야는 일본과 아시아 태평양과의 관계에 관하여도 《太平洋 · アジア圈の國際經濟紛爭史 : 1922∼1945》(東京大出版會, 1983)를 편하였다. 분야별 연구자들이 일본과 중국 · 소련 · 미국 · 인도 · 캐나다 · 오스트레일리아와의 경제분쟁을 분석한 것이다. 분쟁의 주된 원인을 무역 · 移植民 · 자원 및 철도로 설정하여 문제영역별로 편성한 업적으로 앞으로의 연구를 이끌 것으로 보인다.

V.

　역사연구가 현재적 상황과 무관할 수는 없다고 볼 때 위에 예시한 몇 가지 새로운 경향은 일본이 처한 국내외적 조건의 변화를 반영하는 것이라고 볼 수 있다. 마르크시즘 본류의 퇴조가 그것이다. 일본사의 전개를 마르크시즘의 사회구성체론에 따라 이론적으로 설명해 보려는 노력이 약해지면서 이에 대한 하나의 비판 · 보충으로 국제적 계기론이 제기되었다. 근대사 분야에서 종속이론을 비판적으로 수용하면서 일본의 자생적 성격을 강조하는 것은 균형잡힌 연구방법이라 하겠으나, 종속이론에 대한 지나친 비판은 자칫 일본의 독자성에 대한 강조로 흐를 위험도 있음은 지적되어야 할 것이다.

　사회사가 활발하게 연구되는 현상은 생활의 다양화에 따른 사회 여러 부면에의 관심확대라고 보인다. 그러나 정치적 무관심이나 현실도피적 경향이 민중사상의 비합리성에 대한 지나친 관심집중을 불러 일으킨다면 이는 망각되었던 분야의 새로운 개발이라는 점에서 긍정적 평가는 받을 수 있을지언정 사회의 지배질서와의 결합관계를 해명한다는 기본방향으로부터는 멀어질 수 있다. 사회사연구는 새로운 분야개발보다는 비판의식 속에서 역사를 재해석한다는 입장을 강조해 나가야 할 것이다.

‘戰間期’연구에서 핵심문제인 ‘일본파시즘’에 대하여는 아직도 뚜렷한 개념이 정립되어 있지 못하다. 정치·군사·경제면에서 다각적인 분석이 이루어지고 있으나 다른 파시스트국가들과의 체제비교를 통한 보편성과 특수성의 결합노력이 결실을 거둘 때 ‘일본파시즘’의 성격도 분명히 파악될 수 있다. 아울러 국내의 파시즘과 천황제 권력 및 국가독점자본주의에 대한 통일적 파악이 요구되기도 한다. 戰間期연구가 아직 지배체제·군부·전쟁준비 등에 대한 관심을 벗어나지 못하고 있으나, 지배세력에 압도되어 버려 크게 부각되지 못한 평화노력에 대하여도 연구의 초점이 주어져야 할 것이다.

3. 한국에서의 日本近代史연구 현황과 과제

1) 日本史연구의 필요성

일본은 세계 어느 나라보다도 종족·문화·언어 등의 면에서 우리와 가깝다. 이와 같은 나라가 바로 우리와 이웃하고 있음으로 해서 역사적으로 가장 관련이 깊어왔다. 역사상 한반도와 직접 관계된 대표적인 예만으로도, 민족의 형성, 任那문제, 고대국가 성립과 百濟, 蒙古침입, 倭寇의 약탈, 壬辰亂, 朝鮮 性理學의 영향, 通信使行, 對馬島를 통한 교역 그리고 개항 이후의 관계 등을 쉽게 지적할 수 있다. 이렇듯 끊임없이 好惡간에 연관을 맺어온 가장 가까운 지역 일본에 대한 연구, 그 가운데에서도 역사적 고찰은 불가결한 일차적 과제이다.

둘째로, 일본은 흔히 근대화에 성공한 유일한 非西洋國家라고 알려져 있다. 물론 오늘날 진정한 근대화의 의미에 관하여는 일치된 견해가 있을 수 없으나 근대산업사회의 달성이라는 면에서 일본이 선진국임은 부인할 수 없다. 따라서 근대화의 궁극적 목표는 논외로 하더라도 '산업화에 성공한' 일본이 우리나라의 발전에서 방법상의 모델로서 하나의 가능성을 보여주고 있다. 물론 여기에는 근대화과정상의 문제점과 그 결과로서의 해악의 면이, 일본의 근대사를 분석 검토해야 할 때, 또한 주목해야 할 점으로 지적되어야 한다.

176

셋째, 이렇듯 가까운 일본은 앞으로도 가장 밀접한 관계를 맺어가게 될 것임은 물론이다. 지난날의 전통적인 漢文化 중심세계 속에서의 한·일간의 관계, 그리고 근대 이후 서양세력이 주도하던 세계질서 속에서의 한·일간의 관계는 앞으로의 새로운 세계문화 속에서 두 나라의 역할과 관계를 예측하는 데 기초적 검토의 대상이 되어야 한다. 두 나라간의 불행했던 과거의 유산, 그리고 오히려 그 문화·종족의 유사성으로 인해서, 장래의 관계는 순탄하지만은 않은 갈등 속의 어려운 고비 또한 넘어야 할 과제일 것이다. 과거에 대한 철저한 비판·검토가 행해진 뒤라야 이를 밑거름으로 갈등의 고비를 넘길 수 있는 건전한 장래를 구상할 수 있기 때문이다. 새로운 세계질서 속에서의 선린우호적인 두 나라는 대립갈등관계였던 두 나라와는 비교할 수 없는 바람직한 역할을 담당할 수 있을 것이다.

넷째, 순수한 인문학적 관심의 대상으로서 일본사에 대한 연구도 행해져야 한다. 우리에게 직접적인 영향이 없어 보이는 세계 여러 나라 민족의 역사를 공부해야 하는 것은 그것이 세계사적 의미와 보편성을 탐구하는 데 필요한 것이기 때문이다. 역사적 변화에 어떻게 대응하고 발전해 왔는가 하는 면을 전체적으로 균형있게 파악하려 할 때 各國史(개별사)는 그 바탕을 이루는 것이며, 이런 관점에서 일본사의 연구는 학문적으로 필요한 것이다.

2) 현   황

일본사연구의 필요성은 이렇듯 절실하고 누구나 공감하는 바인데도, 실제로 지금까지 우리나라에서의 일본사연구는 한·일간의 역사적 조건과 정치적 상황 그리고 학계의 여건상[1] 많은 제약을 받아왔다. 이러한 제약을 반영하듯 일본사에 대한 관심은 주로 한국과의 관계 부면에 주로 몰려 1970년대까지 이어져왔다. 개괄적으로 분류한다면 1950년대에는 韓日古代史에 관한 단편적인 논문이 고대사 전공학자들에 의해 몇 편 발표되었을 뿐이었으나 1960년대 중반부터는 한·일관계사의 연구가 본격화되었다. 특히 조선시대 이후를 대상으로 한 업적이 두드러진다. 한·일고대사 및 일본고대사에 새로운 설을 과감하게 제시하기 시작한 것은 1970년대 중반에 이르러서였다. 정치사 전공학자들이 일본의 근대정치사를 정치학적 방법을 통하여 분석한 업적을 내는 것도 이때부터 활발해졌다. 1980년을 전후해서부터는 일본사 전공자들에 의한 일본사 자체의 연구가 눈에 띄고 있으며 특히 1980년대 중반부터는 독창적인 연구가, 제한된 연구영역이기는 하나 나타나고 있다. 한·일관계사에 대한 연구 또한 끊임없이 계속되고 있음은 물론이다.

 1970년대에 들어와 일본과 관련된 연구를 목적으로 한 연구기관들이 대학별로 많이 설치되기 시작하였으며[2] 학회도 몇몇 결성되었다. 대표적인 것으로는 韓國日本學會(《日本學報》 발행)와 現代日本硏究會(《日本硏究論叢》 발행)가 있으나 전자는 주로 語文學·人類學系 연구자들이 중심이 된 것이고 후자는 정치학 계통의 해외유학경험자들이 중심이 되어 만든 것이다. 일본사 전공자들의 모임은 韓國東洋史學會내의 日本史分會가 있으나 전공이 서로 다른 수삼명의 연구자에 불과하여 집중적인 활동을 전개하고는 있지 못한 형편이다.

 일본사연구의 현황은 한국에서의 연구의 양이나 전공자들의 수로 보아, 크게 한·일관계에 대한 연구와 일본사 자체 —— 그중에서도 근대사에 대한 연구로 구분할 수 있을 것이다. 한·일관계에 대한 역사적 연구는, 물론 그 관계가 밀접하였던 고대와 근대에 집중되어 있으며 고대 부분은 다시 일본 문화와 국가의 기원, 任那·百濟와 大和와의 관계 등에 관한 논문이 주종을 이루고 있다.

 이에 비해 中世 이후 近代 이전의 한·일관계에 대한 연구는 소략하다. 이는 상대적으로 한·일간의 접촉이 그만큼 적었던 데에도 원인이 있다. 그러나 조선의 개항이 일본에 의해 강요되면서부터 한일간의 문제는 여러 방면으로부터 나타나기 시작하였으며 이에 대한 연구 또한 다른 부분에 비하여 활발한 편이다.[3] 먼저, 개항과 그후의 한·일관계를 두 나라만의 문제가 아닌 국제적 권력구조상의 문제로 보는 견해들이 있다. 그중에서도 세계체제론적 입장에서 일본·조선관계를 半周邊·周邊의 관계로 보는 견해는 오늘날의 문제와도 결부하여 좀더 깊이 흥미롭게 전개되어야 할 것이다. 청일

전쟁과 러일전쟁의 영향을 다룬 연구들도 이와 관련하여 다시 검토될 수 있을 것이다. [4]

한·일간 전통사상의 차이에 주목하여 이를 對西洋觀 내지는 서양에 대한 대응의 차이로 연결시켜 본 사상사적 연구 또한 진행되고 있다. [5] 日本이 사상적 다양성 속에서 변화하는 역사에 대하여, 상황적.현실적 때로는 정서적으로 대응해 온 데 비하여 朝鮮에서는 朱子學的 논리에 바탕하여 규범·전통을 중시하는 문화주의·보편주의적 경향이 강하였다는 논리가 주조를 이루고 있다. 그러나 서양화의 방향으로 앞서간 근대일본의 입장에서 보면 근대 이후의 조선이나 아시아는 보수적 전통에 집착함으로써 일본과 같은 근대적 전환에 낙오·실패한 것으로 비쳤다는 점이 지적되고 있다. [6]

개항 후 일본의 정치적 침략과정에 대하여는 비교적 많은 연구가 축적되어 왔다. 이는 일본사에 대한 해명보다 한국근대사의 연구에 불가결한 부면이었기 때문이기는 하나 일본사연구에도 도움이 되고 있다. [7] 그러나 피해자로서의 한국, 가해자로서의 일본이라는 도식적 관계를 좀더 구조적으로 천착하여 일본내의 조건과 국제적 상황이라는 면을 연구의 시각 안으로 넣어야 하는 과제가, 아직 본격적으로 수행되고 있지는 않다.

개항 이후의 양국간 경제관계는 일본의 일방적 침투과정이었다. 경제침투의 특색은 일본의 자본주의가 확립되지 못한 단계였기 때문에 선진국형의 침투는 불가능하였다. 오히려 일본의 對韓經濟侵略은 일본이 구미열강으로부터 받은 손실을 보상하려는 것이었으며, 자본주의 확립의 결과가 아니라 그 성립을 위한 자본축적의 수단으로 이용되었다는 것이 근대 초기 한일경제관계를 보는 연구자들의 공통된 입장이다. [8]

일본의 한국침략을 합리화시켜 주고 이를 선전하기 위한 조직 및 언론에 대하여, 연구의 관심이 미치기도 하였다. [9] 이들은 결국 침략에 앞장서 대중선동과 여론조작을 이끌어간 것으로 평가되고 있다.

일본사 자체에 관한 전문적인 연구는 연륜이 낮은 만큼 연구자의 수가 적고 연구대상 또한 근대사에 집중되어 있다. 그 가운데에서도 정치적 근대화 및 일본의 침략과 관련한 대외관계, 그리고 군국주의 형성문제에 가장 많은 관심이 쏠려 있는 것은 한·일간의 관계를 고려할 때 당연한 현상이다. 물론 사회경제적 변모에 대한 專論이 전혀 없지는 않다.

일본근대사의 개막에 앞선 德川 말기에 관한 연구가 나타난 것은 연구의 심화를 위하여 바람직한 일이다.[10] 물론 사료를 자유롭게 이용한 학문적 업적이라고는 알 수 없으나 근대사연구의 발전을 위하여 필수적인 부분에 착수한 것이다.

일본의 정치적 근대화를 논할 때, 기본적인 쟁점은 전통과 근대성의 문제이다. 이 둘의 조화라는 면에 중점을 두게 되면 긍정적인 평가를 하게 되고, 갈등면을 부각시키면 비판적 입장에 서게 된다. 급격한 변화의 결과로 불균형과 기형을 초래하기도 하나, 전통과 근대의 상호보완의 바탕 위에서 국가성립·국민형성·근대화라고 하는 정치적 근대화의 핵심내용을 이루어 갔다고 보는 입장이 있다.[11] 그러나 왜곡과 갈등에 중점을 두어 일본의 정치적 근대화를 역사적 발전과정보다는 '同時的 變化'로 파악하려는 견해도 제시되고 있다.[12]

한편 일본정치의 이중성 —— 근대화·자유민권의 발양과 해외침략·국내탄압 —— 을 그대로 반영한 일본언론의 모순에 관한 연구가 나오고[13] 이러한 모순의 관계에서 지방정치와 정당정치의 면이 다루어지기도 하였다.[14]

근대일본의 대외정책은 처음부터 外壓에 어떻게 대응하는가가 일차적 과제였다. 이 조건이 일본을 둘러싼 외국의 상황과 국내정치적 요인 그리고 전쟁으로 연결되는 점이 근대일본 외교를 파악하는 핵심이었다.[15] 이념적인 면에서는 아시아연대주의가 상황에 따라 적절하게 이용되면서 궁극적으로는 일본의 국가주의를 마련하게 되었다.[16]

외교정책 또는 대외관계는 근대일본에서 끊임없이 전쟁과 결부된 문제였고 대외전쟁은 곧 해외로의 팽창을 수행하는 방법이었다. 청일전쟁에서 승리와 함께 힘의 한계를 맛본 일본은[17] 러일전쟁에 당하여는 좀더 신중한 국내외적 대비를 갖추었다.[18] 마침내 동아시아에서의 일본의 위치가 압도적으로 우세하여짐에 따라 일본은 서양열강의 견제의 대상이 되었다. 그중에서는 미국과의 관계가 일본외교의 가장 예민한 부분으로 되어갔다.[19]

180

1920년대 후반부터 일본의 대외정책을 이끌어간 세력으로 軍이 부각되는 것은 만주에서의 사태진전과 국내의 국수주의적 분위기의 고양에서 확인할 수 있다.[20] 정치전면에 군부가 나서는 것은 왜곡된 근대화의 결실인 근대천황체제내의 모순과 외압에 대한 부적절한 대응 및 같은 시대의 국수주의적 이념·사상의 영향 등이 지적되고 있으나 좀더 면밀한 상황 및 구조의 분석이 필요한 분야이다.

근대일본의 위로부터의 일방적 근대화 추진과 이에 따른 모순에 반성을 가하려는 체제비판적 움직임은 明治초부터 있어왔으나 체계적인 정치사상적 대응은 1920년대에 활발하게 나타났다. 그 하나가 마르크스주의적 입장이었고 또 다른 하나는 개량적 자유주의의 입장이었다.[21] 마르크스주의 수용은 실상 日本의 현실에서 용이하지는 않았으나 지식인들의 현실에 대한 대응태도를 논리적 이념적으로 설명하는 데에는 필수적인 문제였다. 반면 개량적 자유주의를 주창한 지식인들의 영향은 당시 일본의 사회상황, 지적 수준과 조화되어 大正時代를 풍미하였다.

그러나 군국주의이념이 위기의식의 주입과 함께 일본사회를 압도하면서 사상적 다양성이 허용되었던 단기간의 지적 개방은 닫히고 만다.[22] 국가사회주의의 일본적 변형이라고도 할 군국주의는 후발산업국이 겪는 보편적 규정성과도 관련되지만 이는 일본 자체의 국가적 특수조건과 지적 미성숙 내지 건전한 사회적 기반의 미구축 등이 더 심도있게 다루어져야 할 부분이다.

근대일본의 사회경제사에 대한 연구는 정치적 군사적 사상적 변화의 바탕을 이루는 것임에도 아직은 관심이 별로 미치고 있지 않은 부분이다. 개괄적인 연구가 없는 것은 아니나[23] 일본경제에 관한 체계적이고 균형잡힌 연구는 이제부터라 하겠다. 다만 농촌사회의 변모와 근대국가체제로의 편입에 따른 사회경제사적 고찰이나[24] 노동과 보험의 문제에 관한 집중적 연구는[25] 日本史學界에도 학문적 기여의 가능성을 보이고 있다.

마지막으로, 일본사를 탐구의 대상으로 삼을 때 이를 어떠한 입장에서 대하여야 할 것인가에 대한 기초적 논의가 산발적이나마 이루어지고 있다. 예컨대 古代史料의 신빙성의 문제, 일본사를 계기별로 구분할 수 있는가의 가능성, 외국인 연구자가 일본사의 본질에 접근하는 태도 등에 대한 검토는[26] 외국인으로서 일본사를 —— 또는 他國史를 —— 연구할 때 자칫 史實의 숲에서 헤어나지 못할 수도 있는 약점을 항상 염두에 두고 있어야 한다는 스스로의 성찰을 나타내는 것이기도 하다.

3) 과제와 방향

우리나라에서의 일본근대사연구의 현황을 검토하여 볼 때, 연구상의 문제, 연구여건상의 문제, 사회적 기여의 문제 등이 지적될 수 있다. 첫째, 연구상의 문제에서, 일본사연구가 아직 양적인 면에서는 일본사 자체에 대한 학문적 관심보다 한·일관계사적 관심에서 나온 것이 훨씬 많은 것을 알 수 있다. 그중에서도 관련이 깊었던 고대와 근대에 집중되어 있다. 이는 관심으로부터 출발해야 하는 학문의 속성상 불가피한 것이라 해도 일본사 전체를 파악하는 데에는 심한 불균형상태를 이루고 있다. 따라서 일본사 자체에 대한 연구도 고대와 근대에 치우쳐 있고 그것도 주로 정치사 내지는 대외 관계사에 몰려 있다.

한·일관계에 대한 관심에서 출발한 일본사연구는 한편으로 편견을 벗어나지 못하는 경우가 있다. 역사적으로 품어왔던 일본에 대한 우월감이 임진란으로 오히려 강화되고 증오심이 가해진 터에, 식민지화되면서 열등감이 수반되어, 일본에 대해 가지고 있는 감정이 복합적으로 된 것은 당연하다. 그러나 전통시대 學人들도 객관적인 눈으로 일본을 보고 있던 예가 적지 않은 바, 학문적으로는 편견 없이 일본을 외국으로서 이해하여야 할 것이다.

연구상의 문제로서 또 하나 지적해야 할 것은, 아직 시작단계이기 때문이기도 한 데에서 연유하는 것이겠지만, 일본 내지 미국에서의 연구성과가 여과 없이 무비판적으로 받아들여지고 있는 점이다. 역사연구의 일차적 단계가 史料 분석에 있음에도 불구하고 정확한 사료의 이용보다 외국에서의 기존성과를 이용하는 경우가 많은 것은 인정받을 만한 국내연구결과가 그만큼 나오고 있지 않다는 것을 보여주는 것이기도 하다.

둘째, 연구여건상의 문제로 먼저 지적해야 할 것은 절대적인 자료의 부족이다. 우리의 연구수준이 외국업적의 정리 소개이거나 지나친 추론단계에 머물러 있다고 할 수밖에 없는 이유는 축적된 연구기반이 없는 데에다 부족한 자료로는 더 이상 발전시킬 가능성이 희박하기 때문일 것이다.

여기에 전공자들이 극소수여서 또한 연구활동이 제약받을 수밖에 없다. 현재 국내 일본사 전공자들이 거의 외국에서 연수를 받은 학자들인 것은 이 때문이다. 부족한 자료와 연구자들이 극소수라는 조건 때문에 오히려 사회적 학문적 관심마저 희박하여져 사실상 국내에서의 일본사 전공자에 대한 기대와 수요는 미미한 형편이다. 젊은 전공자들이 배출되어 마음놓고 연구할 수 있는 사회적 여건이 마련되어야 할 것이다.

아울러, 反日的인 사회 분위기도 일본사연구의 진작을 막고 있는 요인이다. 이는 물론 사회현황으로서, 학문연구와는 떼어 생각할 문제일 수도 있겠으나 현실적으로 일본사에 대한 깊은 학문적 관심을 발전시키는 데에 감정적 장애가 되고 있는 것은 사실이다.

셋째, 한국에서의 일본사연구가 한국인의 일본이해에 얼마만한 기여를 했는가의 문제이다. 학문적인 성과가 미미한 만큼 사실상 큰 공헌은 아직 못하고 있다. 오히려 미묘한 한·일관계를 객관적 논리적으로 파악하게 하는 대신 일반화할 수 없는 단편적인 역사적 사실을 확대적용, 비이성적 민족감정에 영합하는 연구들이 적지 않았다.

일본사연구는 정확한 일본사교육에도 공헌해야 한다. 한·일간의 특수한 역사적 관계 때문에 우리는 일본에서의 한국사교육에 예민하게 반응하는 경향이 있으나 한국에서의 일본사교육에는 극히 무관심한 상태이다. 대등한 위치에서 서로의 역사를 이해하기 위하여는 우리의 일본사 관계교육도 검토해 볼 필요가 있는 것이다.

역사적으로 관련이 밀접했으므로 오히려 일본을 보는 우리의 안목은 한쪽으로 편향되는 경우가 없지 않았다. 일본사연구에서 특히 한·일관계의 부분이 편중 편향된 입장을 벗어날 때에 그 학문적 가치를 인정받을 수 있다.

일본의 역사가 시작된 이래 오늘에 이르기까지 한국과의 관련을 무시하고는 일본사의 정확한 이해가 불가능한 것은 모두 알고 있는 사실이다. 따라서 한·일관계에 관한 한국학자들의 견해는 일본학계에 큰 자극을 주고 학문적 타성을 일깨워줄 수도 있다. 그러나 이는 호기심을 자극하는 단계를 넘어 그들의 기존이론을 압도할 수 있는 논리성을 갖출 때에야 학문적 가치를 인정받을 수 있는 것이다. 일본의 역사학계 및 기타 외국에서의 일본사학계에 크게 공헌할 수 있는 한국에서의 일본사연구는 한·일관계사라는 결정적으로 중요한 연구분야가 있는 만큼, 이에 대한 깊은 탐구와 정확한 이해에 힘을 기울여야 할 것이다. 이는 곧 이와 관련된 일본사의 여러 문제들을 푸는 데 학문적 바탕의 하나가 될 수 있기 때문이다.

일본사 자체의 연구에서도 한국의 연구자들은 유리한 입장에서 공헌할 수 있다. 문화적으로 일본과 가장 가깝다는 면뿐만 아니라 언어구사나 사료 이용능력에서도 일본인을 제외하고는 가장 앞설 수 있는 것이 한국인이다. 또한 일본인이 자기 나라를 대상으로 할 때에 빠지기 쉬운 주관적 오류나 다른 외국인이 전혀 다른 문화배경을 갖고 일본을 대상으로 할 때 빠지기 쉬운 異國人的 오류에서, 한국의 학자는 중간위치에 설 수 있기도 하다. 물론 이는 연구를 할 수 있는 여건이 충실히 갖추어졌을 때 가능한 것이다.

연구여건의 구비에서 역사학자는 사료를 제일 필요로 한다. 이용이 극히 어려운 사료, 단편적인 사료들은 국내 이곳저곳에 흩어져 있기는 하나 오늘의 연구자들이 효율적 체계적으로 이용할 수 있는 일본사관계자료는 태무한 형편이다. 1950년대부터 일본에서는 새로운 세대의 연구자들을 위하여 일본사관계 舊資料들을 다시 정리하여 출간하여 왔으나 우리나라에서는 여기에 전혀 관심을 기울이지 않았다. 앞으로, 일시적 필요에 따라 자료를 수집하려 할 것이 아니라 장기적 안목에서 조직적으로 갖추어놓을 때 한국에서의 새로운 일본사 전공자들이 이용할 수 있는 충실한 자료가 될 것이다.

궁극적으로는 한·일관계라는 특수조건에서 일본사에 대한 관심이 깊어진다고 해도 학문상 가장 바람직하고 건전한 것은 인문학적 대상으로 일본을 취급할 단계에까지 이르는 것이다. 이러한 때라야 한·일관계의 역사도 감정과 편견이 배제된 객관화된 양국관계의 역사적 경험으로 파악할 수 있을 것이며, 일본사연구에서 한국학계의 업적이 그 학문적 가치를 나타낼 수 있을 것이다.

[주]

1) 우리나라에서 中國史에 대한 학문적 축적과 비교할 때 日本史에 대한 그것은 극히 미미하다. 근대 이전의 朝鮮지식인들의 지적 사상적 기준에서 보면 일본은 깊이 연구할 만한 대상이 되지 않았음은 물론이다. 開港 이후 일본에 대한 지적 호기심이 깊어지는 듯했으나 사실상 親日과의 구분이 애매하여 사회적으로 수용되기가 어려웠었다. 더욱이 일제시기의 일본연구는 민족감정면에서는 용납받기가 어려웠을지 몰라도 학문적으로는 깊이 천착할 수 있는 기회였다. 따라서 이 시기 일본사에 대한 본격적인 연구를 의도한 연구자들이 몇몇 나타나는 듯했으나 사회적 분위기에 매몰되어 제대로 연구성과를 나타내지 못하고 말았다. 더욱이 이 시기의 일본사연구는 日本內 국수주의적 분위기의 한계를 벗어날 수 없었기에 더욱 그러하기도 하였다. 광복 이후 극소수의 일본사 전공자들은 모두 전공을 바꾸거나 표면상 활동을 그치고 말았기 때문에 우리나라에서의 일본사연구는 완전한 단절을 맞게 되었다. 학문적 축적이 전혀 없는, 사회적 反日氣運이 팽배한 상태에서 일본사를 전공하는 연구자가 나올 수는 없었다. 이러한 조건이 1960년대까지 계속되었으며 이후 관심을 가진 연구자들이 배출되어 연구성과를 제대로 나타내게 된 것은 1970년대에 들어가서였다고 할 수 있다.
2) 연구소에 관한 구체적 정보는 소략하기는 하나, 國際交流基金 編, 〈韓國における日本研究〉(東京, 1989), pp.16～21 참조.
3) 여기에는 정치학·경제학 분야의 학자들이 참여한 것도 큰 보탬이 되었다. 그러나 이 글에서는 정치사·경제사적 업적 가운데에서도 역사학의 부분에 포함될 수 있는 것만을 취급하였다.
4) 金泳鎬, 〈開港期 韓日間의 思想的 對應形態〉, 歷史學會 編, 《日本의 侵略政策史研究》(일조각, 1984); 朴英宰, 〈淸日講和와 美國〉, 《歷史學報》 59(1973); 柳璣鉉, 〈歷史的 過程에서 본 日本의 韓半島政策——露日戰爭과 그 對應處理를 中心으로〉, 《釜山大論文集》, 27(1979).
5) 柳根鎬, 〈日本에 있어서 天主敎排斥의 論理：朝鮮關衛論과의 比較考察〉, 《大東文化研究》 18(1984); 朴忠錫, 〈近代化와 內在的 契機의 問題：韓國과 日本〉, 위의 책.
6) 朴英宰, 〈近代日本의 韓國認識〉, 《日本의 侵略政策史研究》; 〈近代日本의 아시아 인식〉, 歷史學會 編, 《露日戰爭後 日本의 韓國侵略》(1986); 《露日戰爭 前後 日本의 韓國侵略》(1986); 崔德壽, 〈淸日戰爭직후 日本의 韓國觀〉, 《史叢》 30(1986); 朴忠錫, 〈日本知識人의 對韓觀〉, 韓國史研究會 編, 《淸日戰爭과 韓日關係》(일조각, 1985).
7) 韓㳓劤, 〈開國後 日本人의 韓國浸透〉, 《東亞文化》 1 (1963); 金義煥, 《朝鮮近代對日關係史研究》(通文館, 1974); 白鍾基, 《近代韓日交流史研究》(정음사, 1977); 柳永益 〈甲午更張을 圍繞한 日本의 對日政策——甲午更張他律論에 대한 修正的 批判〉, 《歷史學報》 65(1975); 崔永禧, 〈露日戰爭前의 韓日祕密修交에 대하여〉, 《白山學報》 3 (1967); 董德模, 〈伊藤博文과 海牙密使事件〉, 《亞細亞學報》 1(1965); 金昌洙, 〈淸日戰爭 前後 日本의 韓半島 軍事侵略政策〉, 《淸日戰爭과 韓日關係》.
8) 韓㳓劤, 〈開港後 金의 國外流出에 대하여〉, 《歷史學報》 22; 朴贊一, 〈開港後 金輸出과 金鑛經營의 發展〉, 《韓國外國語大論叢》(1981); 李培鎔, 〈開港後 日本의 韓國鑛山侵

奪에 대한 연구〉,《梨大史苑》 20(1983);金敬泰,〈對日不平等條約改正問題發生의 一前提〉, 李朝末期의 韓日借款問題,《梨大史苑》 10(1972);趙璣濬,〈亞細亞研究〉 8-2(1965);〈開化期 日帝의 經濟侵略〉,《日本의 侵略政策史研究》;金正起,〈淸日戰爭前後 日本의 對朝鮮 經濟政策〉,《淸日戰爭과 韓日關係》.

9) 趙恒來,〈日本國粹主義團體의 연구〉,《日本의 侵略政策史研究》;〈玄洋社의 對外浸透行蹟〉,《邊太燮華甲論文集》;崔峻,〈軍國日本의 對韓言論政策〉,《亞細亞研究》 4-1(1961).

10) 金光玉,〈德川末期 薩摩藩의 大船製造와 中斷에 대한 小考〉(서울대 대학원 동양사학과 석사논문, 1986);李啓煌,〈幕藩體制 붕괴과정의 연구 —— 幕末中央政局을 중심으로 본 政治勢力의 推移〉,《學林》(1984).

11) 裵成東,《日本近代政治史》(法文社, 1976);車基璧,〈日本의 傳統과 政治的 近代化〉,《日本學報》 3(1975).

12) 韓培造,《日本近代化研究》(고려대출판부, 1975).

13) 崔峻,〈明治初期의 日本言論〉,《日本의 侵略政策史研究》;李正馥, "Political History of Japanese Press,"《日本研究論叢》 1(1979).

14) 金容德,〈近代日本의 地方統治 —— 明治前半期를 중심으로〉,《大丘史學》 37(1989 本書所收);朴羊信,〈桂園時期 立憲政友會의 한 研究〉,《學林》 10(1988).

15) 張達重,〈방어적 근대화와 팽창주의적 외교정책 —— 明治日本의 경우〉,《亞細亞研究》 72(1984);〈國內政治와 外交政策 —— 大正外交의 形成에 관한 연구〉,《亞細亞研究》 76(1986);〈帝國主義戰爭과 外交政策 —— 昭和初期(1925~1945)의 日本外交政策을 중심으로〉,《亞細亞研究》 81(1989).

16) 韓相一,《日本帝國主義의 한 연구》(까치글방, 1979);《日本의 國家主義 —— 昭和維新과 國家改造運動》(까치글방, 1988).

17) 朴英宰,〈淸日戰爭과 日本外交 —— 遼東半島割讓問題를 중심으로〉,《歷史學報》 54(1972);金麟坤·劉明喆,〈日本의 淸日戰爭挑發의 國內的 要因〉,《慶北大 敎育大學院論文集》 17(1985);〈日本의 淸日戰爭挑發의 國際的 要因〉,《慶北大 論文集》 40(1985).

18) 宋麟在,〈英日同盟의 意義와 交涉過程, 1895~1902〉, 現代日本研究會 編,《國權論과 民權論》(한길사, 1981);李宇榮,〈露日戰爭과 兩國間 財政政策比較〉(獨文),《大丘史學》 3(1971).

19) 申熙錫,〈日本의 大陸進出과 滿蒙權益 —— 石井 Lansing協定의 始末〉,《國權論과 民權論》;〈近代日本의 對外政策研究試論 —— 新四國借款團과 原敬內閣의 對美政策形成〉,《日本研究論叢》(1979).

20) 申東俊,〈近代日本軍部의 獨走原因〉,《史學研究》 36(1983);李吉九,〈軍國主義期 日本의 外交〉,《圓光大 政治外交論叢》 2(1987);李炯喆〈昭和前期에 있어서 軍部의 政治支配〉,《亞細亞研究》 81.

21) 朴忠錫〈日本에서 마르크스주의의 수용〉,《東亞研究》 7(1986);崔相龍,〈吉野作造의 政治思想에 관한 연구〉,《東亞研究》 12(1988);〈大正데모크라시와 吉野作造〉,《亞細亞研究》 76.

22) 崔相龍,〈北一輝의 思想과 行動〉,《亞細亞研究》 81;李香哲,〈日本파시즘의 國家改造思想研究〉,《東洋史學研究》 25(1987);金龍瑞,〈日本파시즘의 體制分析 —— 1930년대 지식인의 한계와 파시즘의 대두〉,《民族知性》 36(1989).

23) 이종훈,〈大正日本의 경제〉,《亞細亞研究》 76;〈昭和日本의 경제〉,《亞細亞研究》 81.

24) 金容德《明治維新의 土地稅制改革》(일조각, 1989).

25) 呂博東,〈日本의 健康保險制度 成立의 社會的 背景〉,《公州師大 論文集》 23(1985);〈日本黎明期の勞働保險論成立の法制化の動き〉,《日本學志》 18(1987);〈明治時代의 勞

動時間問題〉, 《日本學報》 8(1988) ; 〈近代日本의 國民生活狀態와 生活保護施設에 관한 연구——특히 1910~1920년대를 중심으로〉, 《日本學志》 9(1989).

26) 金鉉球, 〈日本古代史研究에 있어서 史料의 信憑性問題 —— 日本書紀에 대한 史料批判問題를 중심으로〉, 《아시아문화》 2(1987) ; 朴英宰, 〈大勢三轉考와 日本史의 時代區分〉, 《東方學志》 46~48합집(1985) ; 金容德, 〈E. H. 노오만의 日本史觀〉, 《歷史學報》 122(1989, 이 책에 실림).

제5장 日本近代史를 보는 눈

1. 노만의 日本史觀

1) 노만의 사상형성과 학문적 위치

캐나다의 역사학자이며 외교관이었던 노만(Egerton Herbert Norman, 1909~1957)은 1945년 이후에 미국·일본의 日本史學界──특히 근대사 분야──에 이론적 방향의 기준을 제공하였다고 평가받고 있다. 물론 1970년대 전반까지는 오히려 노만에 대하여 비판적인 기능주의적 연구 경향이 미국에서 주류를 이루어왔으나, 그 연구들도 기본적으로 노만의 주장에 대한 비판·수정에서 출발하였다는 사실은, 贊否간에 노만의 영향이 바탕에 있었음을 증명하는 것이다. 노만의 연구는 "그의 저술에 나타나지 않는 내용 가운데 歐美의 일본근대사 전공자들이 연구주제로 삼은 것이 극히 드물" 정도로[1] 막중한 史學史的 위치를 점하고 있다. 일본에서도 "패전 후 1950년대 중반까지는 많은 근대사연구자들이 그의 저서를 읽는 것으로부터 출발하였을" 만큼 노만의 연구는 큰 영향을 미쳤다.[2]

노만은 1909년 시골전도에 열중하고 있던 캐나다 감리교단의 선교사의 아들로 長野縣의 輕井澤에서 출생하여, 1957년 이집트주재 캐나다대사로 재직 중 미국상원에서의 반공 매카시즘 선풍에 휘말려 스스로 생명을 끊은 비운의 역사학도였다. 그의 출생배경인 캐나다의 감리교단은 캐나다에서 사회주의정당의 성장에 큰 자극을 줄 정도로 강한 사회의식을 띤 기독교단이었다.

190

그들은 국경을 넘은 형제애와 유토피아의 실현을 목표로 하여, 현실적으로 정의와 자유를 지향하는 사회개혁을 지원하였다.[3] 허버트 노만의 아버지 다니엘 노만은 1930년대 일본에서 공산주의자들에 대한 탄압이 극도에 달했을 때 그 지방신문에, "공산주의를 천박하고 가치없다고 많이들 생각하고 있는 것은 이해하기 어려운 일이다.……분명히 예수는 공산주의를 가르쳤다"고 말하기까지 하였다.[4]

비단 감리교단뿐 아니라 일본에 들어온 기독교는 강한 사회의식을 갖고 있었다. 흔히 나타내기 쉬운 이질적인——때로는 제국주의적인 문화의 확산이라는 인상보다는 일본사회가 안고 있는 사회적 모순의 개선·개혁에 힘을 쏟는 친근한 인상을 기독교는 주었다. 일본에서의 초기 노동운동·사회주의운동이 기독교도들에 의해 개시 주도되었던 것은 이러한 사회개혁운동이 기독교도들의 행동과 분리될 수 없었던 데에서 연유한다고 하겠다.

캐나다 감리교단의 성격, 그리고 일본 기독교의 사회개혁에 대한 역할과 아울러 노만의 사회의식을 자극한 것으로, 그가 일본의 농촌 長野에서 생장했다는 사실을 연관시켜 볼 수 있다. 대도시에서 교육사업에 종사, 주로 일본의 지식인들과 접촉하며 선교활동을 하던 미국의 선교사들과 달리 노만家는 시골에 들어가 농민들과 접촉하며 생활하였다. 어린시절 노만이 곤궁한 농촌형편을 직접 체험한 것은 그의 관심을 농민·노동자와 같은 서민층에 기울게 하여, 17세 되던 때에는 벌써 反政府農民抗拒에 동조하는 글을 쓰기도 하였다.[5]

폐결핵으로 2년간 요양생활을 보낸 후 토론토대학에 古典學을 전공하기 위하여 노만이 입학한 것은 세계 경제공황이 발생한 1929년이었다. 기독교 휴머니스트였던 노만은 공황 이후 제국주의국가들의 침략정책과 캐나다정치의 보수화에 분격하여 점차 좌익사회주의에 빠져갔다. 이 기간 중 또한 그는 그리스의 철학자 에피쿠로스에 심취하기도 하였다. 쾌락을 강조한 것으로 알려져 있는 에피쿠로스의 진정한 즐거움은 오히려 아픔과 괴로움으로부터 벗어난 자유로운 몸과 마음을 갖는 데 있었다. 죽음의 문제까지도 沈靜하게 다룰 수 있는 에피쿠로스의 태도에서 노만은 동양사상, 특히 일본전통

과의 유사성을 발견하고 감화받기도 하였다. [6]

토론토대학을 마친 1933년, 노만은 역사에 대한 관심, 특히 中世史를 탐구하기 위하여 영국의 케임브리지대학에 유학하였다. 이 당시 미국이나 영국의 대학분위기가 대개 그러했듯이 케임브리지대학도 과격파 사회주의나 공산주의에 크게 영향받고 있었다. 여기에서 그는 가까운 친구들에 끌려 사회주의클럽의 모임에 참석하기 시작하였다. 경제공황과 파시즘의 위협으로부터 평화를 지키기 위하여는 영국·프랑스처럼 나치에 유화적인 태도를 취하는 나라들보다 소련이 오히려 신뢰할 수 있는 국가이고 체제라는 생각으로 기울어져가고 있었다. 이때 노만은 케임브리지내의 공산조직에 가담하였다. 마르크시즘은 당시 젊은 지식인들에게 휴머니즘의 전통을 잇는 또 하나의 실천적 강령으로 받아들여지고 있었다. 이를 실천하는 소련만이 히틀러의 위협을 막을 수 있는 힘과 의지를 갖추었다고 보았기 때문이다. [7]

1935년 케임브리지유학을 마치고 캐나다로 돌아온 노만은 다음해초 中國인민을 위한 캐나다의 친우들(Canadian Friends of the Chinese People)이라는 중국민을 이해하고 돕자는 단체의 간사역을 맡았었으나 곧 하버드대학원에 동아시아역사를 전공하기 위하여 입학하였다. 하버드에서 3년간 그는 일본근대사연구에 몰두하면서 《아메라시아》(*Amerasia*)라는 진보적 잡지 창간에 참여도 하고 또한 '마르크시스트 관점에서 미국자본주의를 연구'하는 비공식모임에 정기적으로 참석하여 파시스트체제의 도전에 대한 이론적 대처방안을 논의하기도 하였다.

1938년에는 뉴욕으로 가, 박사논문 집필을 위하여 콜럼비아대학원에서 연구하였다. 콜럼비아에서는 비트포겔(K. A. Wittfogel)이 주재하는 마르크시스트연구회에 나가는 한편 太平洋問題調査會(Institute of Pacific Relations)에 적극적으로 가담하였다. 진보적 지식인들의 아시아연구단체인 태평양문제조사회가 바로 1950년대초 매카시즘에 집중적인 공격을 받게 되는 조직이었다. [8]

1939년 하버드에 제출한 《日本에 있어서 近代國家의 성립》(*The Establishment of a Modern State in Japan*)이 통과되어 박사학위를 받게 되자, "단순히

역사를 서술하는 것보다는 역사를 만들어가는 데 한 역할을 맡고 싶어"[9] 캐나다 외무부에 들어가, 다음해 군국주의체제하 전운이 감도는 일본으로 부임하였다. 1941년 12월 태평양전쟁이 발발하여 그 다음해 7월 송환되기까지 노만은 부임초부터 시작한 일본사연구에 몰두하여 많은 자료를 모을 수 있었다. 본국에 돌아와 1945년 8월까지 노만은 일본패망 후의 문제를 취급하면서, 당시 현상의 역사적 배경에 대한 학문적 분석을 할 수 있는 시간을 얻었다.

전쟁이 끝나자 노만은 곧 점령군사령부에 파견되어 일본정세의 조사 분석을 담당, 민주화 개혁에 진력하였으나 사령부내의 보수파들로부터는 백안시 당하기도 하였다. 일년 뒤(1946. 8.) 사령부 파견에서 벗어난 노만은 駐日캐나다 대표부의 수석으로 임명되었다. 이때부터 1950년말 일본을 떠나기까지가 그에게는 그의 신념을 학문적으로 자유롭게 발표할 수 있었던 가장 보람 있는 기간이었다. 그러나 1950년말 그의 귀국을 기다리고 있던 것은 미국 FBI의 의뢰를 받은 캐나다 국가경찰의 노만에 대한 성분확인조사였다.[10] 현직관리로서 반년에 걸쳐 철저한 신문을 받고 난 노만이 감정의 큰 상처를 받았을 것은 분명하다. 1951년 8월 미국상원에서 매카시 선풍이 불기 시작하면서 노만의 이름은 다시 등장하게 되었다. 이미 철저한 조사를 통하여 노만의 前歷이나 사상이 국제공산주의운동과는 무관하다는 것을 확인한 캐나다정부에서는 그를 외무부 정보국장에 임명하여 신뢰를 보여주었다. 이어 그는 뉴질랜드주재 高等辦務官으로 전임되었다가 1956년 이집트주재 대사로 전보되었다. 부임 후 얼마 안되어 이스라엘군이 이집트를 침입하고 영국·프랑스의 병력이 수에즈운하로 진격하는 '수에즈사태'가 발발하였다. 이때 캐나다가 주도하는 평화유지군을 국제연합에서 파견케 하는 데 노만은 결정적 역할을 하였다. 이로 인해 심신이 극도로 피로한 상태의 그에게 미국상원에서 다시 反美行爲에 대한 조사가 시작되어 노만이 擧名된다는 소식이 들어왔다. 이는 견디기 어려운 시련이 찾아오는 것으로 그에게 받아들여졌다. 마침내 1957년 4월 4일 아침, 그는 추악한 싸움에 휘말리기보다는 명예롭게 자기를 지킬 수 있는 길 —— 죽음을 택하였다.

역사가로서의 노만은 짧은 생애와 외교관으로서의 본직 때문에 많은 저작을 남기지는 못하였으나 그 연구의 깊은 학문성으로 인하여 미국을 비롯한 서양의 일본사학계 및 일본의 학계에 큰 영향을 주었다. "(1960년대말에 이르기까지 歐美에서의) 일본근대사연구의 바탕을 마련하고 방향을 설정하는 데 가장 큰 공헌을 한" 책으로 평가받는[11] *Japan's Emergence as a Modern State* 가 그가 관여하던 太平洋問題調査會에서 간행된 것은 1940년의 일이었다. 일본내에서는 연구분위기가 극도로 위축되어 미미하던 때에 미국에서 본격적인 업적이 나온 것은 특기할 만한 사실이었다. 이어 1943년 *Soldier and Peasant in Japan : The Origins of Conscription*, 1945년에는 *Feudal Background of Japanese Politics*가 발표되었다.

戰後 일본에 근무하게 되면서 노만은 거의 알려져 있지 않던 德川思想家 안도 쇼에키(安藤昌益)의 연구에 몰두하였다. 그 결과로 나온 것이 *Ando Shōeki and the Anatomy of Japanese Feudalism*(1949)으로서 일본 학계에 특히 큰 자극을 주었다. 일본어로만 출간된 《クリオの顔 : 歷史隨想集》(1956)은 역사에 대한 그의 입장을 밝힌 명상적 글들을 모은 것이다.[12]

노만은 역사를 기본적으로 非決定的 변화의 과정으로 파악하려 하였다. 따라서 어떠한 주제에 대하여도 분명한 해답은 낼 수 없는 것이 그의 입장이었다. "'역사의 심판'이라는 말을 ……많이 듣고 있으나…… [역사의 神인] 클리오는 엄격한 심판자가 아니라 두려워해야 할 女神"으로서,[13] 인간이 클리오에 가하는 가장 큰 모독은 "역사를 기계적이고 진부한 상투어의 연속으로 바꾸어놓는 것, 예컨대 어떠한 전통·제도에 '봉건적'이니 하는 말로서 그것을 무가치하게 단순화해 버리는 것이다."[14] 역사현상의 미묘하고 복잡한 요소들의 작용에 대하여 노만은 어떠한 결정론도 배격했다는 점에서 그의 입장을 唯物史觀에 바탕하였다고 단정할 수는 없다.

한편 "역사는 결코 一直線도, 단순한 因果의 방정식도, 사악한 것에 대한 정의의 승리도, 암흑에서 광명으로의 필연적 진보도 아니다. 오히려 역사는 모든 실이 서로 서로 이음새 없이 연결되어 있는 옷감과 비슷하다. 한번 [잘못] 건드리기만 해도 섬세하게 짜여진 綱目을 찢어놓을지도 모른다는 두려움, 그것은 진정한 역사가가 자기 일에 착수하기 전 품게 되는 불안함이다"라고[15] 노만은 역사가의 겸허한 자세와 균형있는 안목을 강조하였다.

따라서, 알렉산드로스대왕이 골디움에서 단칼로 매듭을 끊어버린 것은 마치 어려운 代數學의 문제를 푸는데 책 뒤의 해답을 미리 알고 한 것과 같다고 그는 비난하였다. 문제를 푸는 과정에 곧 대수학의 본질이 있기 때문이라는 것이다.[16] 역사는 미묘하고 복잡한 학문이기 때문에, 그 복잡성에 대하여 인식을 깊이함과 동시에 우리의 역사판단이 독단적 광신적이 되지 않도록 주의해야 한다고 그는 경고하고 있다.[17]

그러나 역사서술이 사실을 있는 대로 나열한다고 될 수 없음은 벽돌을 마구 쌓아올린다고 집이 되지 않는 것과 마찬가지이니, 본래 관련있는 사실을 뽑아 그 상호관계를 평가해야 한다고 하였다. 역사가의 일이 사진사의 일보다는 화가의 일에 가깝다는 비유는[18] 이러한 역사서술의 기술과 그것이 독자에게 주어야하는 의미를 강조한 것이다.

참다운 역사인식에 따라 역사의 가치와 효용은 나타날 수 있다. 과거의 집적으로서 현재를 이해한다면, 서로 다른 국가와 민족의 사이에서 과거의 전통과 문화가 어떠한 공통점과 차이점을 갖고 있는가를 인식한 바탕 위에서 오늘의 관계를 살펴야 하는 것이다. "클리오를 존숭하는 사람이라면 自國民만이 德性・知性에서 뛰어나다고 주장하지는 않을 것이다.……한 민족이 다른 민족에 대하여 빚진 것이 없다고 자만한다면 그 삶은 실로 무미건조한 것"이리라고[19] 노만은 보편적인 과거인식의 필요성을 밝히고 있다.

나아가, 역사에 대하여 진정한 흥미를 가진 사람 즉, 역사적 감각을 소유한 사람만이 이성과 관용을 갖춘 교양인일 수 있다고 주장하였다. 국제적 갈등이나 독재자의 횡포도 어느 의미에서는 '교양인'이 부족한 데에서 나오는 것이다. 이름있는 사람뿐 아니라 無名人의 열정과 희망・실망의 생생한 기록으로서의 역사는 '인간의 불멸한 정신'을 나타낸다고 그는 보고 있다. 과거의 경험을 정신적으로 공유하는 역사인식은 궁극적으로 모든 인류가 협동하여 평화롭게 살아갈 수 있도록 하는 현명함을 갖게 하고 인간에 대한 깊은 애정을 심어준다고, 노만은 역사가 갖고 있는 가치와 효용성을 현재적

의미로 연결시키려 하였다.[20]

　따라서 역사를 취급할 때의 그의 관심은 인간──그중에서도 무명의 민중──과, 그들의 의지──자유와 자율을 지향한──, 그리고 인간의 경험을 가장 집약해서 보이는 전환기의 변화의 현상에 집중되었다. 그는 역사의 神 클리오의 감정을 빌려, 역사상 이름있는 인물들의 특출한 행동들이 중요한 것이 아님을 강조하고 있다. "클리오를 감동시키는 것은 스스로의 존귀함을 자각하지 못하면서 문화의 창조에 공헌하는 인민의 근면한 노력이며, 인간적 애정의 전통을 주의깊게 지키는 사람, 또는 잃어버린 자유를 되살리는 사람들이라고 생각된다"고 한 표현이 바로 그것이다.[21]

　또한 억압에 시달리던 인민이 그 속박의 굴레를 파괴적으로 벗어나는 것을 진보에 필요한 전제라고 볼 수는 있으나, 그러한 행동은 "프랑스혁명의 경우처럼 사회적 심리적 발전이 오래도록, 어려운 시기를 거쳐 하나의 정점에 이른 것을 보이는 것이다. 맹목적 군중폭력의 자연발생적인 행동은 국가의 사회·정치구조의 안에서 기본적 변혁을 결코 성취할 수 없다."[22] 즉 집단적이고 파괴적인 인민의 힘이 변혁의 전제는 될 수 있을지언정 변혁을 역사의 과정으로서 이끌고 나아가는 데에는 또 다른 힘──지도력이 필요한 것이다. 이러한 현상들이 집중적으로 표현되는 전환기──일본의 경우 도쿠가와가 붕괴되고 근대국가가 성립되는 시기에 역사학자로서의 노만의 관심이 집중될 것은 당연하였다.

　민중의 힘 그리고 그 힘을 전제로 한 변혁현상에의 관심과 함께, 노만은 자유롭고 자주로운 사회야말로 추구해야 할 대상이라고 보았다. 이 자유를 위한 싸움에서, "결정적인 역할을 한 것은 아마도 자유의 兵卒이 되었던 수많은 無名의 庶民일 것이다." 이를 지키는 데 냉담하면 자유는 잃어버리고 만다. 자유는 이를 지키려는 열망이, 스스로 주체가 되는 自主政治(self-government)로 결집되어 구현될 수 있다는 것이다. 자주정치란 "현대사회에서 가장 합리적 상식적이며 문화적인 생활방법을 가리키는 것이다.……이는 결코 통제로부터 자유라는 것은 아니다. 반대로 [정당한] 정부가 정한 법률은 자주정치사회의 구성원에 대하여 도덕적 구속력을 갖는다."[23] 결국

196

자유와 자주 그리고 정당성은 모두 불가분의 관계에 있음을 알 수 있다. 그렇다고 비판마저 없을 수는 없다. 오히려 비판이 제한받는 체제는 진정한 자주정치가 아니며 그곳에서 반항적 지식인이 나오는 것은 당연하다. 노만은 자유와 자주를 지향하는 지식인의 예를 일본의 역사 속에서도 찾아보려고 하였다.

이런 그의 관점——민중의 힘, 전환기의 현상, 자유와 저항의 전통——을 추출해 볼 때 노만은 강한 사회의식을 갖고 있는 것을 알 수 있다. 그러나 사회의식의 바탕에 있는 문제의식도 항상 그에게서 떠나지 않고 있다.

2) 민중의 힘과 운동방향

노만의 민중에 대한 시각은, 피지배자로서 억압받아 온 민중의 힘이 분출하여 변혁의 전제와 원동력을 이룬다고 하는 점으로 모아진다. 물론 그 분출의 계기나 변혁의 방향이 일정하지 않고, 바람직하지 않은 경우도 보이는 것을 지적하고 있다. 복잡미묘한 현상에 대한 그의 통찰력은 단순한 결정론을 받아들일 수는 없었던 것이다.

봉건시대 일본의 지배자들은 그들의 체제와 특권을 보호하기 위하여 농민들의 소득을 수탈하고 개인적 자유를 침해하였다. 지배층의 횡포와 억압이 농민들의 인내의 한계를 넘게 될 때 농민들의 저항은 발생하였다. 이 농민봉기의 계기를 노만은 상반되는 두 요인으로 각각 구분하였다. 反封建的이고 전진적인 정치목표를 띤 것과 단순히 참을 수 없는 억압에 대한 파괴적 증오심에서 일어난 것이 그것인데, 德川 성립 이전의 중세말까지는 봉기가 전자의 성격을 갖고 있는 반면 오히려 후대로 내려와 德川시대에는 후자 즉 과도한 억압에 대한 단순한 폭력항거의 형태를 띠었다. 물론 발전적 측면이 후자에는 결여되어 있어 그 봉기의 중요성을 경시하기 쉬우나, 德川시대의 농민봉기도 봉건지배자로부터 분명한 양보를 얻어내기 위하여 그 자체로 잘 계획·조직된 것이었음을 노만은 밝히고 있다.[24]

농민봉기의 성격이 德川 이후 오히려 퇴보하는 것은 중세말의 민중들의 변혁욕구와 저항이 기존지배층의 반동적 대응으로, 이른바 '봉건제의 재편'을 통하여 좌절되었기 때문이다. 德川체제는 小農民의 자립경영을 보호하는 대신 이들을 복종 순치시키기 위하여 하부지배층 사무라이들에게 민중에 대한 억압역할을 맡도록 하였다. 德川시대의 농민저항은 견고한 지배체제 아래에서 卽對的이고 제한적일 수밖에 없었다.

德川의 지배층들이 민중들의 불만과 폭발적인 힘을 얼마나 두려워했는가를 노만은 幕末期 農兵의 활동을 들어 설명하고 있다. 즉 외압이 심각해지고 국내체제의 지탱력이 약화됨에 따라 幕府에서는 농병의 필요성을 인정하고 그 구성을 허용하였으나 농병으로 이용하려 한 것은 지배측에서 조금이라도 신뢰·의지할 수 있는 '村役人·鄕士·富農'들이었다. 외압과 내부저항세력의 위협에 대응하기 위하여 농병과 같은 군사력을 증가시키려는 의도와, 농촌을 무장시킴으로써 농민들의 불만이 위험한 요소로 결집 증가될 것에 대한 두려움으로 幕府 지도층은 뚜렷한 주견을 갖지 못하였다.[25] 外侵과 內患을 앞에 놓고 농병의 필요성은 인식하면서도 농병이 농민들의 불만에 호응하여 진정한 의미의 농민군으로 德川체제에 저항할 수도 있는 잠재력을 가진 것에 두려움을 품었다는 것이다.

결국 농병에 저변민중적 요소가 포함된 長州의 奇兵隊에서처럼, 反幕府체제적 성격은 뚜렷이 나타나기 시작하였다. 기병대의 지휘부는 "편협한 계급적 경제적 동기를 굴절시켜 가며, 농민들의 폭발적 힘을 德川幕府專制에 대한 좀더 넓은 정치적 투쟁으로 전환시키려 하였다"는 것이다.[26] 기병대는 反幕을 지향한, 위로부터 통제된 농민봉기의 일종이었다. 따라서 이러한 성격의 지도자들은 농민해방에 관심을 둔 사회개혁가일 수는 없었던 만큼 농민들의 反幕정치의식을 더욱 치열하게 고취시켜 마침내 德川체제를 붕괴시키는 데 결정적 역할을 하게 하였다.[27]

그러나 정치투쟁을 격화시켜 가는 데에는 끊이지 않는 농민봉기의 힘이 축적되어 온 결과——'幕末期의 혁명적 정세'——임을 노만은 제일 강조하고 있다. "反封建運動의 배후의 원동력이라 할 수 있는 농민봉기는, 그 최종 목표를 의식하고 있지는 못했어도 舊體制의 바탕을 심각하게 흔들어놓았다."[28] 이러한 농민봉기의 지도자는 농병의 지휘자들과는 달리, 정치적 계획 같은 것은 없이 자기들을 지키려는 농민들 가운데에서 나왔다. 그러나 "老獪한 사무라이들은 농민봉기의 의의를 인식, 그 反封建운동의 힘을 교묘히 轉用하여 倒幕을 위한 정치투쟁의 유력한 무력적 원동력으로 하였다"고 노만은 판단한다.[29] 여기에 농민봉기를 반동적이나 진보적 어느 한쪽으로만 규정할 수 없는 이면성—— '야누스의 얼굴'——이 있는 것이다.

새로운 明治政府가 선 뒤에도 농민은 봉건적 속박으로부터 해방되지는 않았으나 근대화를 위한 기초적 財源은 부담하지 않으면 안되었다. 따라서 초기에는 舊制度를 완전히 해소할 때까지의 舊제도 유지비용(사무라이의 俸祿 등)과 아울러 新制의 실시를 위한 비용까지 대부분 농민이 져야 했던 것이다. 이때 발생하는 농민봉기는 舊制의 완전한 해소 즉 봉건적 특권의 근절을 목표로 하는 反봉건적 혁명적 계기에 의한 것과 新政府의 개혁책에 반대하는 농민의 본능적 반대와 보수적 계기에 의한 것이 또한 혼재되어 있는 이면성을 띤 것이라고 본다.[30]

보수·반동형의 농민봉기는 1877년 薩摩반란이 진압되면서 그 성격을 잃어가게 된다. 이후 정부의 '新政' 그 자체가 아니라 新政이 의도하는 '방향과 본심'에 항거하는 농민운동이 自由民權運動으로 전개되었다. 이 운동이 정부에 위협을 줄만치 확대되어 추진력을 갖게 된 배경에는 도시·농촌에서의 민중레벨의 참여가 있었다. 그러나 산재한 촌락의 농민들이 적극적으로 가담하기는 어려웠다. 이에 주도권이 대지주·옛사무라이·지방상인에게 맡겨진 것은 당연하였다. 참여계층간의 이해관계가 노출되기 전까지, 저변민중의 적극적인 호응이 있을 때에는 혁명적 잠재력까지 있었던 것으로 노만은 보았다.[31]

자유민권운동은 다른 나라에서의 자유주의운동이 도시민의 집중된 정치조직의 힘으로 추진된 것과는 달리 일본에서는 주로 지방에 지반을 두었다. 분산·고립적인 촌락의 위치와 환경의 차이는 여기에 민권운동 구성원간의 이념적 갈등이 개입될 때 내부충돌이 불가피하였다고 노만은 보충하고 있다. 그러나 결국 "民權運動의 패배는 민주적 행동·조직의 전통을 갖지 못한 日本人들의 정치적 미숙을 나타내는 것이며……정부의 탄압책으로 민중들이 적절한 대응수단을 모두 상실하고 만 것을 고려할 때 실패는 우연의 결과라기보다는 지배측의 계획에 의한 것이었다.”[32] 明治지도자들은 ‘가장 희망 있는 잠재적 재산인 일본인민을 잘못 이용’하였다고 노만은 민중적 입장에서 민권운동의 실패를 보고 있다.

민중운동, 특히 농민봉기의 양면성은 그 폭발적인 힘이 지도자들에 의해 어떠한 방향으로 유도되느냐에 따라 反봉건적이거나 반동적 어느 한 면으로 규정된다는 것이 노만의 지론이다. 幕末期 反幕지도자들은 농민이 발휘할 수 있는 힘을 평가하여, 반봉건적 저항의 추진력이 될 수도 있는 그 힘을 지도층들의 이익을 위한 쪽으로 —— 정치운동으로 이끌려 하였다. 이때 “反封建的 흐름을 정치적으로 안전하게 전류시키기 위한 확실한 방법으로서, 비록 서양열강들에게 적대해야 하는 위험이 포함되어 있음에도 불구하고, 배외감정을 이용하였으리라”는[33] 것이다.

그러나 攘夷는 당시 서양열강마저도 묵인 방조하였다고 노만은 추론하고 있다. 즉 중국의 태평천국난에서 나타난, 봉건제로부터의 해방을 지향하는 민중의 힘의 폭발이 일본에서 다시 나타나는 것을 서양열강은 원하지 않았다. 민중봉기와 체제파괴로 서양열강이 추구하는 이익이 확보되지 못한다면 급선무는 반봉건적 혁명적 흐름을 중단시키든가 다른 곳으로 돌려야 하는 것이었다. 여기에서 일본의 사무라이지도자들과 서양열강과는 이해가 일치하여 양이로 돌아가는 민중적 불만을 다 같이 받아들였다. 이 전략이 성공하였기 때문에 明治維新 직후에는 반동세력과 변질된 양이론자, 해외팽창론자의 지위가 크게 강화되었다는 것이 노만의 설명방법이다.[34]

1867년 關西지방을 풍미한 ‘에쟈나이카’운동은 개항과 외압으로 사회적 불안이 두드러짐에 따라, 德川的 탄압체제에 대하여 일대의 민중들이 그들 나름의 저항을 도착적으로 표현한 것이다. 운동은 비조직적이었으나 축적되었던 불만의 폭발은 거대하였다. 거의 자연발생적이라고도 할 이 운동은 정치적 사회적 진보의 방향에 목표를 두지 않았던 만큼 맹목적 비합리적 측면이 특히 부각되었다. 민중이 일으킨 운동 그 자체가 발휘할 수 있는 힘은 막대하였으나 방향을 설정하지 못한 상태였기 때문에 반봉건적 혁명이나 반동적 攘夷 어느 쪽으로도 가능성은 열려 있었다. 그러나 無方向의 '에쟈나 이카'운동은 결국 이 운동을 조종한 지배자들에 의하여 사회경제적 변혁의 가능성은 무산되고 오히려 보수적 정치그룹간에 이용되고 말았다고 노만은 주장한다.[35] 운동 그 자체를 '반동적' 또는 '진보적'으로 성격 규정짓는 것은 불가능하다. 문제는 어떠한 정치세력들이 운동을 이끌었고 그들의 목표가 어디에 있었는가에 운동의 결과는 달려 있다는 것이다. 결국 거대한 민중의 힘은 반동적 우익지도자들을 통하여 그 분출구를 찾아, 국내 우익운동과 해외침략의 지원에 이용되고 말았다고 본다.

민중적 힘을 바탕으로 한 일본의 반동세력은 왜 다른 파시스트국가에서처럼 대중적 단일정당을 만들어내지 못하였는가?라는 의문에 대한 해답도 역시 일본의 지배층이 갖고 있는 특색에서 노만은 찾고 있다. 즉 일본의 반동적 지도그룹은, 민중운동이 민중 자체의 힘에 의하여 움직여질 때 그것이 포함하고 있는 양면성 가운데 진보적 개혁적 성격이 분출될 가능성에 대하여 두려움을 느끼고 있었다. 多衆이 공동행동을 익히게 되면, 관료나 군지휘관 또는 우익간부들로 구성된 반동적 지도자들은 자기들이 이끌려는 방향과는 다른 쪽으로 민중의 힘이 흐르게 되지나 않을까 하여 대중적 조직형성을 기피하였다고 노만은 판단한다.[36] 지도층은 민중적 힘의 분출을 방향전환시켜 그들의 목적에 도움이 되도록 이용하면서도 한편으로는 그 힘이 자체로 운동력을 갖고 기존체제에 대한 파괴적 힘으로 등장하는 것을 두려워했다는 것이다.

개혁과 진보를 향하여 운동을 하지 못한 일본인민의 축적된 힘과 불만은 국내에서는 반동우익, 대외적으로는 침략의 방향으로 나아갔다. 이는 일본 민중의 '어깨와 정신'을 짓눌렀고 나아가 이웃 나라에 대한 피해는 더욱 심하였다. 특히 지배자들은 불만을, "안전하다고 생각해 온 방면으로 유도, 농민의 자제들을 군대로 징집하여 평화로운 다른 국민에 대한 침략으로 동원하였다. 그러면서 이 침략이야말로 일본에 번영을 가져올 것이라는 부정과 기만에 찬 敎說을 주입하였다"고[37] 노만은 강하게 지도세력을 비판하였

다. "남을 노예화하기 위하여 순수하게 자유로운 인간을 사용하기는 불가능
하다. 반대로 가장 잔인하고 파렴치한 노예는 남의 자유를 가장 무자비하고
철저하게 파괴하는 것"을[38] 일본인들은 보여주었다.

　이러한 어두운 현상이 지속되는 배경에는 또한, 德川 이래로 지배층이 민
중의 힘에 의하여 혁명적으로 바뀌지 않았다는 사실이 있음을 노만은 지적
하고 있다. 물론 그는 봉건제의 속박을 완화시킨 농민봉기의 영향을 과소평
가하고 있지는 않으나, 明治維新은 프랑스나 러시아의 혁명과 달리, 사회혁
명이 되지 못한——위로부터 추진된 정치혁명이었다고 평가한다. '下級武
士와 商人의 연합'으로 幕府를 타도함으로써 농민·노동자의 반봉건적 반항
은 제지되었다. 舊制度를 해체해야 함과 동시에 밑으로부터의 요구를 단호
하게 억압하는 입장을 明治政府는 택하게 되었고 이를 위하여 강력한 국가
기구가 필요하였음은 물론이다. 이 필요가 곧 明治정부의 특징이라 할 開明
的 絶對主義의 원동력이었다고 노만은 파악하고 있다.[39]

3) 전환기의 제약과 왜곡

　德川幕府의 붕괴로부터 明治정부가 근대적 체제——이른바 天皇制 絶對
主義체제——를 갖추게되기까지의 전환기는 노만이 가장 관심을 기울이는
집중적 변화의 기간이었다. 이 기간을 그는 '開明的 絶對主義'로 규정, 그
효율성을 평가하고 있다. 그의 첫번째 저서——동시에 대표적 저서인
*Japan's Emergence as a Modern State*가 이 과정을 다룬 것이다. 책이 출판된
1940년의 상황은 "이미 超國家主義的 侵略主義的 경향이 농후하긴 했으나,
아직 태평양전쟁은 발발하기 전이며 중국침략전쟁에 대한 비판이 나오기도
하여 자유주의적 사상이 어느 정도 부활하는가 하는 느낌도 들던 때였다."
이것이 노만으로 하여금 "일본의 근대화나 明治지도자에 대한 평가를 무르
게 한" 것이라는 견해도 있다.[40]

　봉건체제에서 근대국가로 일본이 급속히 전환케 된 이유를 노만은 변화가
이루어지기 시작한 '時點'과 발전의 '速度'에서 우선 찾고 있다. 즉 무너져

가는 봉건사회의 내부적 위기와 막강한 서양열강의 압력——이 두 가지 요인이 한 시점에서 작용하여 효과를 증폭시켰으며, 明治지도자들은 난국의 극복과 국가자립의 확보를 목표로 신속하게 근대산업사회를 이루어가지 않으면 안되었다는 것이다.[41]

경제적 파탄과 농민봉기로 정치적 위기에 몰려있던 德川幕府가 외침의 위협에 직면하게 되어 그 체제의 무능력을 폭로하고 만 그 시점부터 일본의 지도자들은 조급하게 부강한 근대국가를 수립해야 한다고 인식하였다. 그러나 "침략을 막기 위한 서양식 군대의 건설, 군비의 기초를 이룰 공업화의 추진, 이러한 근대국가에 맞는 교육제도의 수립 등을 동시적으로 신속하게 달성하지 않으면 안되는 '속도' 때문에 변혁은 민주적 제도를 통하지 않고 소수의 전제관료들에 의하여 이루어졌다."[42]

바로 이 '속도' 때문에 경제적 정치적 자유는 희생되고 왜곡된 형태의 근대적 변모를 하게 되었다. 자유롭고 민주적인 방식을 택했을 경우 발생했을지도 모를 사회적 대혼란을 피하여 큰 위험 없이 근대화를 성취할 수 있었던 것은 절대주의 국가의 힘, 그중에서도 유능하고 희생적이었던 지도층 관료들의 역할이 컸다고 노만은 지적하고 있다.[43] 물론 그들도 자유롭고 민주적인 개혁을 수행하지 않은 것을 비난받아야 하나 그에 앞서 전제관료들이 이룩한 업적은 평가해야 한다는 것이다.

明治 관료지도층은, 일찍이 幕末期에 성공적으로 개혁정책을 추진하였던 몇몇 藩의 사무라이 관료들의 맥을 잇고 있다. 원래 이 藩政改革이란 민중적 반항을 받아 추진된 것도, 인민대표의 참가에 의해 수행된 것도 아닌, 봉건적 체제의 위기를 벗어나려 한 보수적 개혁이었다. 관료들이 물려받은 것은 전제적 무단적 정치유산이었고, 외국의 위협 앞에 노출된 무력한 군사력·산업기술이었다. 가중되어 가는 국내외적 불안상황 속에서 근대적 개혁사업을 급속히 수행해 나갈 유일한 방법으로 그들 주도 아래 절대주의적 중앙집권정부의 수립을 도모하게 되었다.

이러한 배경의 지도층관료들이었기 때문에 그들은 프랑스나 러시아의 혁명에서 나타난 것 같은 舊體制와의 '혁명적 단절'을 허용하지 않는, 지도권의 지속성을 유지하였다. "봉건제로부터 자본제로 옮아가는 간극에 다리를 놓는" 역할을 하였다고 노만은 明治政府 관료들의 역사적 위치를 규정하고 있다.[44] 또한 이들은 국가의 다른 기관이나 조직으로부터 견제받지 않는 독특한 지위에 스스로를 놓아, '公僕'이 아닌 '引導者'로 자처하였다.[45] 독자적인 지도역을 담당하고 있었던 만큼 그들은 기능적으로 여러 세력을 연결하고 통제하는 고리였다. 군부나 재계의 정치적 지배를 막기 위하여 관료는 이쪽저쪽으로 힘의 중심을 옮겨가면서, 군부·산업계 등등 여러 세력간의 마찰을 완화시키는 중개자였다는 것이다. "군부에서 재계로, 또는 궁정세력에서 정당으로 [관료조직의 관심이] 오가는 동안, 노련한 배후의 관료들은 진정한 민주적 행동의 싹을 말소시켜 버렸다"고 관료조직의 부정적 기능을 밝히면서, "그러나 [관료조직은] 철저한 파시스트세력의 승리를 막는 역할도 하였다"고 긍정적인 면을 노만은 무시하지는 않는다.[46] 물론 파시스트세력의 완벽한 승리는 일본의 관료들에게는 견제할 수 없는 세력에게 권력의 중심을 빼앗기는 것이었기 때문에 그들은 대중적 기반을 가진 파시스트 정당의 출현도 어느 선에서 막았다고 보는 것이다.

일본의 國粹主義는 관료집단의 목표수행에 보조적으로 이용당하였지, 관료조직을 완전히 포용하지는 못하였다. 玄洋社나 黑龍會 같은 국수주의적 단체들이 표면상으로는 독자적인 행동을 했어도 이면으로는 국내 右傾化와 해외침략을 시도하는 관료집단의 핵심과 손을 잡고 있었다. 국내외적 캠페인을 국민에게 확산시키려 할 때 '신비적 비합리적 이념'의 고취는 바로 국수주의단체들이 맡고 나서기 시작한 것이었다.[47] 역설적인 일이지만 이들 국수주의단체의 지도자들은 일찍이 자유민권운동에 적극적으로 참여하였던 인물들이었다. 국내문제에서는 상당히 급진적이면서도 대외정책에서 침략적인 현상은 일본에만 독특한 것은 아니라고 노만은 다른 예를 들고 있다.[48] 그러나 민권운동가들의 변신은, 전환기에 처한 일본의 특수한 조건으로 인한 자유민권운동의 한계에 연유하는 것이다. 전환기의 특수조건이라는 제약하에 그 과정이 왜곡된 것은 당연하였다.

근대화 추진기의 왜곡은 '개명적 절대주의'로 상징될 수 있다. 봉건체제에서 자본주의체제로의 전환은 '속도'가 전제가 되었을 때에는 불완전할 수밖에 없었다. 이로 인하여, 발전하는 자본주의구조와 나란히 새 시대에도, 많은 봉건적 유산은 共生하게 되었다. "共生뿐 아니라, 정부는 부르주아화하는 과정에 통제력을 강화하였다"고 노만은 지적한다. 그러면서도 동시에 "(봉건적 유산은) 산업화에 따른 긴장과 충격을 완화"하는 기능도 하였다고 보아 그 왜곡의 다른 면을 평가하고 있다. [49]

봉건제의 흔적과 영향은 新政府 수립 후 여러 면──경제·농촌생활·관료조직·군부·국가와 국민의 관계 등에서 많이 찾아볼 수 있다. 이러한 新舊要素의 공생은 갈등을 초래하지만 이는 일본의 여러 분야에 잠복하고 있는 양면성──개혁과 반동──의 표현이고, 그렇기 때문에 상황에 따라 왜곡된 형태로 그 일면이 나타난다는 것이다.

'殖産興業'정책은 물론 서양기술의 도입이라는 점에서 근대화의 상징적 사업이었으나 착수의 동기가 군수산업육성이라는 전략적 중요성에서 나왔기 때문에 정상적인 공업화과정과는 거꾸로 중공업 분야가 집중적으로 건설되었다. 더욱이 사업추진의 경제적 부담은 아직도 농업 부면에 맡기면서도 식산흥업의 군사적 성격은 결국 외국에 대한 침략과 국내의 민중에 대한 탄압으로 연결되는 모순을 안고 있었다. [50] '秩祿處分'이나 '地租改正'도 마찬가지로 봉건요소의 잔존·계승이라는 면에서 불완전하고 왜곡된 형태로 추진되었다. 제거되어야 할 봉건지배층──사무라이의 봉록을 明治정부가 무효화시키지 못하고 서서히 有償解消하여 간 '秩祿處分'은 반봉건적일 수 없었던 明治維新의 한계이고, 근대화 초기과정의 왜곡을 보여준다. 더욱이 '秩祿處分'의 재원은 일차적으로 농민들이 내는 세금으로 충당하는 만큼 '地租改正'의 타협적 성격과 연관되는 것이기도 하다. 舊貢租總額의 수준에 맞춘 新地租總額의 事前設定·地租額의 하향적 할당 등은 新政에 대한 농민들의 기대를 저버린 것이었다. 봉건제의 흔적이었고 신정부의 타협·왜곡이었다.

사무라이가 주도하는 새로운 군부의 성립과 천황에 대한 절대적 충성관계의 군질서 확립 또한 明治정권 아래 군조직과 제도에 보이는 왜곡의 예이다. 그러나 무엇보다 대표적인 제약과 왜곡의 경우는 大日本帝國憲法──

'明治憲法'의 제정이었다. 국민의 국가가 아닌 국가의 국민, 그보다도 '天皇의 臣民'으로 국민을 규정한 明治憲法은 근대적 법의 형태 속에 전근대적 요소를 강하게 삽입함으로써 이후 일본의 변화를 특이한 형태로 제한·왜곡하는 중심이 되었다. 明治헌법을 바탕으로 한 이른바 '近代天皇制'가 바로 그것이다.

이러한 전환기의 여러 현상에 나타난 제약과 왜곡의 근본요인을 노만은, 국내외적 불안상황 속에서 개항을 강요당하고 근대국가로의 전환을 해야 할 '시점'의 문제와, 부강한 국가를 신속하게 이루어 자주독립을 확보하고 서양열강의 隊伍에 들어가야 한다는 '속도'의 문제에 있었던 것으로 보았다. 그러나 그는 냉정하게, 효율적으로 근대적 전환과정을 겪어나간 것은 인정했고 특히 관료집단의 조직적 국가경영능력을 평가하였다. 이러한 면에서 그의 근대일본에 대한 인식은 단순한 결정론적 마르크시즘의 입장과는 차이가 있다.[51] 역사현상 자체에 매몰되지 않고 좀더 배경적인 인식방법을 택하였다고 하겠다.

4) 저항적 지성의 존재

노만은 인간의 존엄성과 본래적 가치에 궁극적인 관심을 두고 있었다. 이러한 가치는, "오랫동안 내면적으로 民衆의 기본적 품성이나 인간적 열망에 伏在하여 왔다. 한편 그것이 명확한 형태로 표출되는 것은 위대한 사상가들의 저작에서이다."[52] 민중의 힘과 운동에 대한 관심과 마찬가지로 그는 인간의 가치를 드높이려 한 저항적 지성의 전통에 관심을 기울였다.

"수백년간의 봉건시대가 일본에 있었으므로 그 오랜 기간중 전제권력과 억압에 대한 반항의 사상이 존재했던 것을 보여주고, 나아가 강한 감명을 줄 수 있는 증거가 있지 않을까 하는 점에 흥미를 갖고 있던"[53] 노만은 안도 쇼에키(安藤昌益 ; 1703~1762)를[54] 찾아내었다. 그는 패전 후의 일본인들이 점령당국의 민주화개혁에 피동적으로 무력하게 끌려가고 있는 상황에 하나의 지적인 자극제를 찾고 있던 중이었다.

안도 쇼에키는 인간의 본성에 변함없는 신뢰를 갖고 있었다. 이는 반드시 능력의 평등이라기보다 "인간의 잠재적 가능성이 자유롭게 충분히 발전할 수 있는 계급적 신분적 평등에의 신념"이었다고[55] 노만은 보고 있다. 이러한 평등론은 明治초 자유민권운동이 발생하기 전까지는 일본사상사에서 유일한 것이었다고 그는 안도의 발견에 의의를 두었다.[56]

안도는 '잊혀진 사상가'라고 불릴 만큼 사상사의 연결에서 중요한 위치를 차지하고 있지는 못하다. 아마도 시대를 초월한 과격한 사고 때문에 그의 저작이 공개적으로 넓게 읽히지 못했으리라고 추측된다. 노만의 안도연구는 그 자체로 일본사상사계에 큰 공헌을 하기도 했지만, 우리의 관심을 끄는 것은 안도를 통하여 노만이 그의 역사관을 피력한 점이다.

안도에게서 자연은 규범이고 이상이었다. 사람은 이 자연에 반하지 않고, 자연을 통하여 그 섭리대로 일하는 것을 배워야 한다는 것이다. "자연에 합치하는 완전한 사회(自然世)를 규준으로 하여 비추어볼 때 당시는 부정과 폭압의 사회(法世)였다."[57] 法世는 당초 자연을 무시한 소위 성인군자들이 인간들에게 인위적 도덕을 가르치면서 시작되었다고 안도는 역사상의 성인들을 매도하였다. 즉, 그들이 종교·사상·윤리·법률·제도 등을 만들어 인간을 자연세로부터 떠나게 하였고 따라서 제도의 노예가 되도록 하였다는 것이었다. "慈惠의 원칙에 기초한 정치는 온정정치이기는 하나 臣民이 분별력을 못 갖추어 수동적 태도밖에 취하지 못하는 정치이므로, 이것이 최대의 전제정치"이며, "전제적인 정치란 옳고 개명적인 군주에 의한 것이라 해도 언제나 惡"이라고 주장한 근대유럽의 사상가들을 노만은 안도에 맞추어 보고 있다.[58]

자혜롭고 개명한 정치라 해도 그것이 인간의 주체성과 본성에 맞지 않는 것이라면 배격해야 하는 철저한 자연세의 추구라는 점에서 볼 때 당시 일본의 현상은 안도에게는 타기할 만한 것이었다. 본래 인민의 소유인 땅은 봉건귀족에게 빼앗겨버렸고 사무라이들은 이들의 앞잡이가 되어 백성을 압박하고 있다고 주장한 안도는 초보적인 인민주권과 토지공유권의 선봉자였다.[59] 빼앗긴 토지에 대한 원한으로 인민들은 당연히 보복의 기회를 찾으려 하나 안도는 폭력에 의한 보복에는 비판적이었다. 폭력의 분출이 가져올 피해의 두려움 때문에 안도는 열렬한 평화애호자였다고 노만은 강조한다.

또한 자연세를 추구하는 인간에게서 食物——그중에도 쌀을 안도는 생명과 활력의 근원으로 신성하게 취급하였다. 그런 만큼 이를 死藏하거나 낭비하는 것도 사회적 죄악이었다. 식물을 생산하는 농민——'直耕之人'에 대한 존숭 그리고 노동에 대하여 풍요한 결실을 맺게 하여주는 자연에 대한 존경, 이것이 안도의 자연관·사회관의 바탕이었다 할 때 그는 원시적 유물론자에 가까웠다고 노만은 보고 있다.[60]

안도 쇼에키의 사상적 연원을 찾으면 莊子에까지 거슬러 올라간다. 莊子의 철학이 諦觀的이며 고립적인 데 반하여 안도의 사상이 능동적이고 對社會的이라는 점에서는 차이가 있으나, "自然의 至高性을 중시하고 자연의 조화를 바르게 이해하여야만 인간은 거기에 적합할 수 있다는 확신"을 갖고 있다는 점에서[61] 유사성을 찾을 수 있다. 이외에도 그가 높이 평가하고 있는 중국의 인물들, 예컨대 陶淵明이나 李卓吾 등은 안도가 그러하였듯이 현실적이고 정통적인 역사의 정면에서는 눈을 돌린 사람들이었다.

한편 안도의 자연세에 대한 열망을 보편가치의 추구로 본 노만은 이에 비견할 만한 서양의 사상가·운동가들을 들어 동서양의 차이를 넘어서 보려고 하였다. 즉 고대 그리스의 에피쿠로스학파, 17세기 영국의 '수평파', 18세기 프랑스의 '백과전서파', 미국을 건국한 사람들이 그들로서, 시대와 지역의 사회적 지적 환경은 안도와 전혀 달랐어도 정신은 서로간에 상당히 근사하였다는 것이다. 예컨대 '수평파'의 대표적 인물인 윈스탄리(Gerrard Winstanley)와 안도는, 사람들이 토지와 자연의 寶庫를 자유로이 이용하며 모두 평등하게 살았던 과거의 시대에 눈을 돌리게 한 점, 인간의 자유를 구속한 봉건체제는 가장 존귀한 가치창조자여야 할 농민계급의 정신을 짓눌러 저항을 파괴해 버린 거대한 妖魔라고 본 점, 한쪽은 범신론적으로 신들을 자연의 여러 가지 힘과 동일시하고 다른 한쪽은 청교도로서 유일신을 믿었다는 차이는 있으나 모두 무신론자로 부를 수는 없다는 점 등[62] 보편적 유사성이 있다는 것을 노만은 강조하고 있다.

노만은 특히 개인적으로 경도되어 있던 에피쿠로스를[63] 여러 곳에서 안도와 맞추어보았다. 안도가 일체의 타협을 배격, 당시의 教學體系를 비판한 태도는 祭祀·迷信을 전적으로 비판한 에피쿠로스와 비교할 수 있을 것이라고 하였다. 또한 에피쿠로스가 자연의 탐구를 강조하고, 마음에 평화와 평정을 주는 철학을 발전시키고, 주위에 극소수의 門弟만을 모아 담론하며 실제정치에는 관여하지 않았던 점들은 안도에게도 해당된다고 지적하고 있다.

결국, 노만은 인위적인 제도·장치의 억압과 이에 항거하려는 약자의 저항정신, 그것이 추구하는 이상적 상황 등 보편적 의미를 일본사 안에서도 밝혀보려 하였던 것이다. 안도에서의 강자에 대항하는 약자는 "정직하고 성실하게 살아가는 사람들이며, 그 때문에 피억압자의 위치로 떨어지게 된 사람들이었다." "이러한 사람들에 대한 敬意를 안도와 노만은 밑바탕에 공유하고 있었다고 보인다."[64] 보편적 가치를 추구하는 저항하는 지식인을 찾아내어, 그를 통하여 노만은 자기표현을 하였다는 해석이 여기에서 나올 수 있다.

5) 맺음말

노만은 역사를 어떤 하나의 종교나 신념이나 원리로 대하려는 것에 반대하였다. 역사는 헤아릴 수 없이 많은 미묘한 요소들에 의하여 구성되어 있기 때문에 그 자체(클리오)에 대하여 겸허하게 균형을 잃지 않고 접근해야 한다는 것이다. 그렇다고 실증적 객관적 방법만이 확실한 길은 아니었다. 완전한 실증적 객관이 불가능한 한 그것은 의미 없는 작업에 불과하기 때문이다. 올바른 가치를 추구하는 역사가가 의미 있는 역사를 서술할 때 참다운 교양인의 양식이 될 수 있으며, 그러한 교양인이야말로 문화의 보편성을 이해하는 바탕 위에서 개별적 존재의 가치를 인정하는 평화의 수호자일 수 있다는 것이다.

노만은 역사를 움직여온 힘을 王侯將相이 아닌 무명의 인민들에서 찾으려 하였다. 거짓없이 순수하게 살아온 이들 피지배민은 국가나 문화의 차이를 넘어선 보편적 삶을 영위해 왔다. 그러나 이들에게는 폭발적인 잠재력이 있었다. 그래서 역사상 저변민중의 힘이 집중적으로 나타난 전환기는 역사학자로서의 노만이 가장 큰 관심을 기울인 대목이었다. 아울러 그는 민중적 생산자적 입장에서 기존권위와 제도에 저항한 지적 전통을 찾아, 보편적 가치추구의 사상적 연결을 일본사내에서 지어보려 하였다.

역사를 대하는 그의 접근태도대로, 노만은 일본사에 나타난 민중운동을 그 자체가 일정한 방향과 목표를 갖는 것으로 보지는 않았다. 反封建的이고 개혁적인 면과 함께 보수적 반동적인 모습도 보여주는 '야누스의 얼굴'과 같았기 때문이었다. 엄청난 힘을 갖고 있는 민중운동의 성격은 지도자의 방향에 따라 정해지는 것이다. 일본의 지도자들은 이 운동을, 위에서 통제할 수 있는 정치운동으로 굴절시켰다. 그들은 국내외적 불안상황 아래서 정치운동으로 전환시킬 명분을 찾았으나, 이는 궁극적으로는 민중의 힘이 체제 파괴적으로 폭발하는 것을 두려워했던 것이라고 노만은 규정하였다. 민중저항은 일본이 처한 특수상황 아래서 사회혁명으로 발전하지 못함으로써, 舊制를 해체하는 데는 결정적인 역할을 하였음에도 불구하고 새로운 체제의 억압구조 속에 들어가게 되었다.

노만은 이를 개명적 절대주의로 평가하였다. 즉 변혁의 계기가 된 '시점'이 내외로부터 이중적 위협에 휩쓸린 때였고 이러한 위협에서 벗어나기 위하여 신속한 대응과 정비 즉 '속도'가 요구되었다. '속도'의 전제 아래 明治의 지도자들은 민중적 요구를 희생시켜 가는 왜곡된 발전의 길을 택하였다. 이 모든 책임은 궁극적으로 지도층관료에게 돌아가는 것이지만 그들 자신 봉건적 요소를 벗어날 수 없었던 존재들이었다. 전환기의 여러 현상에는 또한 민중레벨의 보수적 측면이 이에 가중되어 전근대적 요소들이 共生하고 있었다. 그러나 노만은 일본이 결정적 위기를 맞지 않고 근대적 변모를 할 수 있었던 것은 오히려 봉건체제와의 연속·공생으로 안정을 취했기 때문이고 또한 이를 효율적으로 이끈 지도층관료들의 국가경영능력이 우수했기 때문이라고 보기도 한다.

물론 왜곡된 근대화는 얼핏 성공으로 보일지 몰라도 그것은 보편적 자유를 추구하는 인간성의 발로를 억압하였다. 노만은 이러한 관점에서 저항적 지성의 일본적 예를 찾아 접목시키려 하였다. 철저하게 비주류적 사상가인 안도에게서 그는 평화로운 '自然世' 아래에서의 인민주권, 원시적 공유의 구도를 찾아내었다. 노만이 기대한 순수하고 성실한 인간성의 존재는 결국 일본에서는 저항적인 민중이나 지성인처럼 역사의 뒤안길에 있었다.

이러한 노만의 일본사에 대한 접근태도와 설명밥법을 놓고 그를 마르크시스트史家로 보려는 경향이 많다. 더 나아가, 일본사학계의 관례에 따라 '講座派'로 또는 '勞農派'로 구분하기도 한다. 明治維新의 전환기적 변혁은 '위로부터의' 강행에 의하여 추진되었으며, 이는 불가피하게 봉건적 요소의 연결선상에 있었다고 하는 노만의 논리는 곧 '講座派' 계통에 들어가야 한다는[65] 주장이 있는 반면에, 明治 지도층관료들과 明治政府의 역할에 대한 노만의 긍정적인 평가를 놓고 그를 '勞農派' 계통으로 취급하는 학자도 있다.[66] 노만의 일본사인식을 계급관계에 치중하였다고 하여 마르크시스트史家로 비판하는 소지가 이러한 데에 있는 것이다.

기능론적 입장에서 일본의 특수한 성격을 강조하는 미국 중심의 근대화론자들은 노만이 일본사의 여러 현상을 계급적 입장에서 너무 단순화 개념화시켰다고 비판한다.[67] 한편 일본의 일부 마르크시스트학자들은 오히려 노만이 非定型·無方向의 민중사관을 제시하였다고 공격하는가 하면, '생산력의 발전단계'를 무시하였다고 비판하기도 한다.[68] 이러한 비판들에 대하여 노만이 보완했어야 할 또 다른 문제는 明治정부 및 그 지도층관료들의 근대화 추진역할에 대한 긍정적인 부분의 평가이다. 민중저항의 사회경제적 개혁을 향한 힘과 열망이 지도자들에 의해 이용 좌절된 사실을 강조하는 그로서는 논리적 연결이 불완전한 대목이다.

그러나 노만의 일본사연구는 그 자체로 완결이 아니라 그후의 연구를 위한 이론적 정리와 문제제기 구실을 한 점이 더 중요하다. 인간의 억압으로부터의 해방과 그 존엄성의 보장이라는 보편적 가치를 노만은 일본사에 적용시켜 보려 하였다. 그가 제기한 문제는 이후 찬반의 논의를 야기시켰을 뿐 아니라, 논의가 기술적 수준으로 떨어지려 할 때에는 되돌아보게 되는 기점이기도 하였다. 이는 지금도 계속되고 있는 문제이다.

[주]

1) H. D. Harootunian, "E. H. Norman and the Task for Japanese History," *Pacific Affairs* 16-4(1968), pp. 551~552.
2) 遠山茂樹, 〈ノーマン史學の評價の問題〉, 《思想》 634(1977. 4.), p. 26. 대표적인 예로, 노만 死後 20주년을 기념한 《思想》의 특집(634호)에 비중있는 日本史學者들이 노만과 자신들의 연구와의 관계에 대하여 밝힌 것을 보면 그의 영향이 日本內의 史學界에 미친 바를 알 수 있다.
3) C. Taylor, *Six Journeys : A Canadian Pattern*(Toronto, 1977), pp. 109~110.
4) C. Powles, "E. H. Norman and Japan," in Roger Bowen ed. , *E. H. Norman : His Life and Scholarship*(University of Toronto Press, 1984), p. 18. [이후 *E. H. Norman*으로 줄임.]
5) R. Bowen, *Innocence is not Enough : The Life and Death of Herbert Norman* (Vancouver, 1986), p. 27. [이후 *Innocence*로 줄임.]
6) C. Taylor, *Six Journeys*, p. 113.
7) 여기에 관하여는 V. Kiernan, "Herbert Norman's Cambridge," in Bowen, *E. H. Norman*, pp. 27~45 참조.
8) 이에 관하여는 S. H. Chang, "Institute of Pacific Relations and U. S. Wartime China Policy," *Paper for the Conference on the History of the Republic of China* (Taiwan, 1981).
9) R. Bowen, *Innocence*, p. 76.
10) 이는 점령군사령부에서 노만과 대립하였던 미국의 C. A. Willoughby 소장이 FBI에 제보하여 조사가 시작된 것으로 추측되고 있다.
11) B. S. Silberman, "E. H. Norman : Structure and Function in the Meiji State——A Reappraisal," *Pacific Affairs* 16-4(1968), p. 553.
12) 노만의 저작은 모두 日本語로 번역되어 있는데, 1977~1978년 岩波書店에서 《ハーバート ノーマン全集》 4권으로 집성하였다. [이하 《全集》으로 줄임.] 英文으로는 J. W. Dower, ed. , *Origins of the Modern Japanese State : Selected Writings of E. H. Norman*[이하 *Selected Writings*로 줄임](Pantheon Books, New York, 1975)에 *Japan's Emergence*와 *Feudal Background* 등이 실려 있다.
13) 〈歷史の效用と樂しみ〉, 《全集》 4, p. 197.
14) 〈クリオの顔〉, 《全集》 4, p. 184.
15) 〈詩神の苑に立つて〉, 《全集》 4, p. 132 ; "The Shrine of Clio," *Selected Writings*. p. 107.
16) 〈クリオの顔〉, 《全集》 4, pp. 162~163. Gordium이라는 곳에, 어떤 사람이 공들여 끈을 묶어 놓은 것을 아무도 풀지 못하자, 이 매듭을 푸는 자에게 큰 영달이 있을 것이라는 神託이 있었다. 알렉산드로스가 골디움에 오자 그 매듭을 칼로 끊어버려 여러 사람으로부터 갈채를 받았다고 한다.
17) 〈歷史の效用と樂しみ〉, 《全集》 4, p. 201.
18) 위의 책, p. 192.
19) 위의 책, p. 197.
20) 위의 책, pp. 202~207.

21) 〈クリオの顔〉, 《全集》 4, p. 184. 丸山眞男는 노만의 이러한 입장을, "큰 길을 당당히 활보하는 정치가, 장군 또는 정통파의 碩學보다는, 그 시대의 이단자나 약간 비뚤어진 遁世의 諷刺家 등, 정해진 역사수업 중에서는 그냥 넘어가고 마는 傍役에 더욱 많은 관심과 嗜好를 보였다"고 노만을 추도하는 글에서 밝혔다. 丸山, 《戰中と戰後の間》(みすず書房, 1976), p. 624.
22) 〈クリオの顔〉, 《全集》 4, p. 167.
23) 〈說得か暴力か〉, 《全集》 4, pp. 143~146.
24) *Soldier and Peasant in Japan*(Institute of Pacific Relations, New York, 1943), pp. 9~10. [이하 *Soldier and Peasant*로 줄임.]
25) 위의 책, pp. 18~22.
26) 위의 책, p. 31.
27) 위의 책, pp. 36~37.
28) *Japan's Emergence*(*Selected Writings*), p. 169.
29) *Feudal Background*(*Seleted Writings*), p. 383.
30) *Japan's Emergence*(*Selected Writings*), p. 179.
31) 위의 책, p. 281.
32) *Feudal Background*(*Seleted Writings*), p. 449.
33) 위의 책, p. 377.
34) 위의 책, p. 382.
35) 위의 책, pp. 354~355.
36) 위의 책, p. 320.
37) 위의 책, p. 328.
38) *Soldier and Peasant,* p. 53.
39) *Japan's Emergence*(*Selected Writings*), p. 115.
40) 遠山茂樹, 〈ノーマン著書評〉, 《歷史學硏究》 131(1948), p. 45.
41) *Japan's Emergence*(*Selected Writings*), p. 118.
42) 위의 책, p. 154.
43) 위의 책, p. 209.
44) *Feudal Background*(*Selected Writings*), p. 384.
45) 위의 책, p. 457.
46) *Japan's Emergence*(*Selected Writings*), p. 313.
47) *Feudal Background*(*Selected Writings*), p. 461.
48) 영국의 로이드 조지, 미국의 데오도어 루스벨트가 유사한 경우에 해당된다고 설명하고 있다. *Japan's Emergence*(*Selected Writings*), p. 311.
49) 위의 책, p. 116.
50) 위의 책, p. 230.
51) R. Bowen, *Innocence*, p. 88.
52) Dower, "E. H. Norman, Japan and the Uses of History," *Selected Writings*, p. 68.
53) 《全集》 3, p. 14.
54) 그의 生沒年에 대하여는 아직도 定說이 없다. 여기에서는 安永壽延의 주장에 따랐다. 《安藤昌益》(平凡社, 1976), pp. 36~63.
55) 《全集》 3, p. 283.
56) 물론 安藤昌益를 노만이 처음 찾아낸 것은 아니다. 그러나 극히 일부 예외적인 학자를 제외하고는 昌益는 거의 묻혀진 사상가였다. 昌益가 日本史上의 전면에 부각된 것은 노만의 재발견에 의한 것이었다고 해도 과언이 아니다. 家永三郎는 "〔노만의〕

역사과학적 시야의 넓이와 동서문화에 대한 해박한 지식이, 그 傳記조차 모르고 있
는 고립적 사상가를 훌륭하게 역사적 세계 속으로 위치하게 하였다"고 평하였다.
〈書評〉, 《史學雜誌》 59-6(1950). 노만에 비판적인 존 홀도 "昌益는 뛰어난 연구업적
이며 노만의 자기표현을 위한 멋진 기록"이라고 호평을 보냈다. J. W. Hall, "E. H.
Norman on Tokugawa Japan," *Journal of Japanese Studies* 3-2, (1977), p. 373.

57) 《全集》 3, p. 272.

58) 前者는 칸트, 後者는 디트로의 말. 위의 책, p. 148.

59) 위의 책, pp. 128~129.

60) 위의 책, p. 253.

61) 위의 책, p. 222.

62) 위의 책, pp. 367~368.

63) 앞에서 이미 서술한 바와 같이, 노만은 토론토대학 시절 에피쿠로스를 이해한 뒤부
터 항상 그를 개인적 위안의 상대로 삼아 왔다. 이는 생을 끝낼 때까지 계속되었다
고 보인다.

64) 鹿野政直, 〈セルフ・ガバメントの 交響詩〉, 《思想》 634, p. 15.

65) 위의 책, p. 6 ; J. W. Morley, "Introduction : Choice and Consequence," in Morley
ed., *Dilemmas of Growth in Prewar Japan*(Princeton, 1971), p. 25.

66) 遠山茂樹, 〈ノーマン史學の評價〉, 《思想》 634, p. 33 ; K. Yamamura, "E. H. Nor-
man as an Economic Historian," *Pacific Affairs* 17-1(1969), p. 18.

67) 예컨대 Sydney Crawcour 같은 학자는 노만의 德川幕府타도세력으로서의 武士・商
人聯合論에 대하여, 이는 상인계층 내부의 다양성을 輕視한 결과이며 특정시기의 특
정한 그룹에나 적용할 수 있는 것을 너무 일반화시켜 놓았다고 비판한다. "Changes
in Japanese Commerce in the Tokugawa Period," *Journal of Asian Studies* 22-4
(1963), p. 387.

68) 安藤昌益가 내세운 自然世의 사회질서를 민주주의적 강령으로 노만이 보는 것은 봉
건제의 비판이나 인간의 자유・평등이라는 점에서는 발전적이라 하겠지만, 생산력의
발전・사회적 분업의 성과에 의한 역사상의 문화형태를 昌益가 부정한 점에서는 보
수적이라고 日本학자들은 주장한다. 歷史科學協議會 編, 《歷史の名著 : 外國人篇》(校
倉書房, 1971), pp. 265~266.

2. 東아시아에서의 日本의 근대화 ── 논의와 평가

I.

산업혁명 과정을 경과한 뒤의 서양강국들의 아시아 진출은 이전과는 달랐다. 기계제 생산을 통한 제품의 대량생산과 가격저렴화, 팽창하는 산업 자본의 세계적 자유무역 요구, 경제 진출과 동시에 우세한 군사력을 이용한 군사·정치적 침략 등은 일찍이 없었던 충격이었다. 서양강국들은 동아시아의 나라들에는 위협적 존재임과 동시에 빨리 뒤따라야 할 대상이었다. 어떻게 하면 눈앞에 닥친 위협을 극복하고 부강한 국가를 이루어 국제질서 구축에 능동적으로 참여할 수 있는가 하는 것은 서양의 충격을 받은 아시아의 어느 나라에서고 추구해야 하는 과제였던 것이다.

서양으로부터의 충격을 받기 이전까지는 정치제도·문화·사회경제의 면에서 특별히 우열의 차이가 없었던 것으로 보였던 동아시아 국가들 가운데 일본은 일찍이 그 충격을 이겨내며 자주독립적 근대국가를 이루어갔다. 이른바 '서양에 속하지 않은 나라 가운데 근대화에 성공한 유일한 나라'로 평가 받는 위치를 차지하게 되었다. 서양의 충격을 받은 뒤 신속하게 정치체제를 바꾸어 明治國家를 세운 일본인들은 근대화사업에 전력을 기울였다.

당시 일본에서의 근대화추진은 특이한 성격을 가졌었지만, 많은 中國의 지식인들의 관심을 끌었고, 달성 가능한 하나의 모델로 비치기도 하였다.

물론 개항 이전의 일본에 대하여도 魏源은, 천하각국의 사정을 탐구하고 있고 서양의 과학기술에 통하고 있는 일본인의 총명함을 지적한 바 있다.[1] 또한 일본의 개국·통상을 본 洪仁玕도 일본이 서양을 본떠 앞으로 큰 성과를 이룰 것이 틀림없다고 《資政新編》에서 예측한 바 있다.[2]

그러나 1877년 明治政府가 활발히 근대화정책을 추진하고 있을 때 일본에 온 淸國公使 何如璋과 參贊官 黃遵憲은 새롭게 발전하고 있는 일본과의 合力까지를 제안하였다. 何如璋은 《使東述略》에서 일본과 연합하면 수천 리 문밖에 또 하나의 담을 세우는 것과 같다고[3] 막연히 표현한 데 반하여 黃遵憲이 《朝鮮策略》에서 조선이 중국·미국·일본과 손잡을 것을 제안, 중국이 동맹해야 할 상대로 일본을 지목한 것은 익히 알려진 일이다. 특히 《日本國志》에서 일본의 진취성과 서양화정책을 높게 평가한 黃遵憲이 그 발전의 원동력을 단순히 기술의 도입이 아닌 정치의식과 제도의 개혁에서 찾은 것은 당시 중국의 지식인들에게 자극을 주었음이 틀림없다.[4] 입장은 조금 다르지만 李鴻章까지도 1882년 조선에서의 淸日 충돌시, 일본의 해군력은 중국에 뒤지지 않을 뿐더러 중국의 해군력이 여러 省에 分屬되어 있는 것과는 달리 일본은 전국적으로 지휘권이 통일되어 있기 때문에 전쟁이 일어날 경우 승패는 예측할 수 없다고 上奏한 적이 있다.[5] 明治 초기 일본의 비약적 발전 앞에 淸末 중국의 지식인들은 그 차이를 인식해 가고 있었던 것이다.

1894년의 청일전쟁 전까지는 그래도 전반적인 중국인의 對日觀은 두려움이나 賞讚보다는 호기심 내지는 멸시의 경향을 띠고 있었다. 중국이 그 역사와 문화 그리고 나라의 크기에 대하여 어느 정도 자신하고 있었던 데 반하여 일본은 상대적으로 위기의식을 더욱 느끼고 있었던 것이다. 그러나 청일전쟁에서 패한 중국인들은 일본에 대하여 憤懑을 품게 되는 한편으로는 앞으로 본받아야 할 모델로 평가하게 되었다.[6] 이때는 사실 일본에서도 근대화의 초기단계를 넘어서고 있었기 때문에 일본을 평가하는 관점도 좀더 깊이를 가질 수 있었다. 더욱이 중국에서는 패전 후, 근본적인 개혁이 불가피하다고 믿는 지식인들의 주장이 호응을 얻고 있기도 하였다.

康有爲의 《日本變政考》는 바로 이러한 흐름을 대변하고 이끌어갔다. 그의

216

일본근대화 추진에 관한 인식은, 인재의 등용, 관제개혁, 헌법제정, 지방관
회의 및 민선의원의 설립, 조약개정, 幣制改革, 은행창설, 식산흥업, 교육
진흥 등으로 요약될 수 있다. 즉 근대화는 정치체제의 본질적인 변화여야
한다는 것이었다. 특히 《日本變政考》를 일본에서 국회가 처음 열린(1890. 11.
29.) 직후에 끝내고 있는 데에서 암시되듯이, 입헌제와 국회의 설립은 본떠
야 할 가장 중요한 목표였다고 보인다.[7]

梁啓超는 언론과 교육에 더 관심을 기울였다. 變法運動이 실패한 것은 근
대국가를 형성하는 주체로서 국민이 성숙되지 못했기 때문이므로 民智·民
力·民德을 함양, 民氣를 떨치게 하여 이를 기초로 강력한 근대국가를 이룩
해야 한다고 주장하였다. 바로 '작은 나라 일본'이 근대국가로 발전하고 있
는 것은 민기와 단결된 애국심에 바탕하고 있기 때문이라는 것이다. 민지를
개발, 민권·민력·민기가 일어나 일본에서와 같이 입헌정치를 수립하고 산
업자본을 육성해야 한다고 그는 주장하였다.[8]

이들 變法改革派들은 근대화를 성취하여 아시아의 강국으로 등장하고 있
는 일본과의 연합·합방까지도 한때 고려한 적이 있었다. 중국이 瓜分의 위
기에 빠지게 되자 그들은 일본의 침략성을 간파하면서도 눈앞의 위기를 벗
어나기 위하여 극단적인 방책까지도 생각했던 것이다.[9] 孫文 등의 혁명파들
도 일본과의 협력을 신중히 검토하고 있었다. 그러나 이들의 주장은 무원칙
한 연합을 의미하는 것이 아니라 일본의 침략·흡수주의와 중국의 親日·排
日派를 모두 배격하는 대등한 자격의 연합이었다.[10] 어떻든 일본의 근대적
변모를 직접 관찰하며 느꼈던 당대의 중국인들에게 일본은 호기심과 선망에
서 증오의 대상으로 바뀌기도 하였으나, 중국의 위기를 극복하기 위하여는
본떠야 할 목표, 합력해야 할 상대로 고려하기도 하였다. 일본의 근대화는
그만큼 중국의 지식인들에게 자극을 주었고 평가를 받았다.

그러나 이후 일본근대화의 방향이 제국주의적 해외침략을 노골화함에 따
라 이에 대한 건전한 평가는 외국으로부터 별로 나올 수 없게 되었다. 일본
의 근대화에 대한 학술적 검토는 明治국가의 건설이 역사적 사실로 되는
1920년대말부터 일본내 마르크시스트학자들에 의하여 활발히 이루어졌다.[11]

그러나 객관적 입장에서의 일본근대화에 대한 고찰과 평가는 정치적 격동의
시대를 벗어난 1960년대에 들어오면서였다.

Ⅱ.

근대는 어떠한 요소로 규정될 수 있는가? 가장 포괄적으로 지적한다면,
그것은 산업혁명을 통한 산업의 비약적 발전, 자본주의의 형성과 새로운 부
르주아 계급의 등장, 이들이 주도하는 정치체제의 개혁과 국민국가의 성립,
합리성과 효율성이 모든 면에 침투된 사회의 형성, 국제질서와의 직접적 연
계 등을 들 수 있다. 일본의 근대화를 볼 때, 서양에 의한 강제적 개항이
그 결정적 계기가 된 점은 누구나 인정하는 바이다. 외부적 요인이 크게 작
용한 일본의 근대화는 다른 後發近代化國이 그랬듯이 내적 요인과 함께 외
적 요인이 근대화의 초기단계를 평가하는 중요한 근거가 되고 있다.

먼저, 내적 요인을 중심으로 한 근대화논의는 강조점에 따라 대조적인 접
근방법을 취한다. 물적 객관적 조건에 중점을 두어 거기에 따른 변화의 현
상에 주목하는 입장——사회가 가진 富와 힘의 양에 주목하는 입장을 하나
로 본다면, 다른 하나는 인간의 가치의식에서 근대화 곧 자유주의·민주주
의로의 변화——부와 힘의 분배를 결정하는 구조의 변화에 주목하는 입장
을 들 수 있다. 이는 근대일본이 추구한 산업화와 민주화의 방향 가운데 어
느 것에 중점을 두느냐의 차이가 그대로 반영된 것이었다.

물적 객관적 조건의 변화현상을 중시하는 입장——이른바 '근대화론'은
1960년 이후 미국을 중심으로 한 영어권의 학자들이 택한 것이었다. 이들은
근대화를 도시화, 流動化, 세속화, 정보화, 無生物的 에너지 사용의 고도
화, 대규모 사회시설의 관료제적 조직화, 정치적 통합과 국제관계의 증대
등으로 집약하였다. [12] 이들에 의하면 위의 변화과정 대부분은 이미 일본에
서는 德川시대부터 나타나기 시작한 것으로서, 明治정권이 수립되면서는 적
극적으로 서양제도와 기술을 도입하여 이미 싹트고 있던 변화에 접목, 그
속도를 가속화시켰다는 것이다. 특히 서양의 제도·기술을 적용하는 데 성

공할 수 있었던 것은 "이를 도입한 나라(日本)가 대중들의 정치참여 기대가 높고 제도변혁이 급격히 행해지는 그 시기에 정부와 각종 이익집단간에 조정과 통제의 조화를 유지할 수 있었기" 때문으로 보고 있다.[13]

일본은 다른 아시아 국가들보다는 근대화에 필요한 기반을 더욱 광범위하고 견고하게 쌓아가고 있었기 때문에 일단 근대화사업에 착수하자 훨씬 빠를 수가 있었으며 특히 외압 아래의 비상시기와 위기상황에서 강력한 중앙정부의 지도력이 확립되어 이를 효율적으로 추인할 수 있었다는 것이 '근대화론자'들의 일관된 주장이다. 근대화는 이미 德川시대부터 싹트고 있었으므로 明治시기는 이를 효율적으로 개화시킨 때에 불과하며 따라서 사회체제의 전면적 변혁도 일어나지 않았다는 것이다. 무엇보다도 그들은 가치 중립성과 객관성·보편성, 그리고 확인가능성을 연구의 기본으로 내세우고 있다. 이러한 입장에 서면 일본의 근대화는 특이하게 성공한 예로 취급된다.

그러나 가치중립성과 객관성을 표방하면서도 실제로 근대화의 개념규정에서 나타났듯이 그것은 서양자본주의 국가가 모델로 된 것이었다. 가치판단의 기준을 설정한 위에서의 중립적 객관적 접근이라는 맹점을 안고 있는 것이다. 또한 보편성을 추구하고 있으나 사실은 일본의 특수성——동아시아 다른 나라와의 전통의 차이와 근대화 초기의 효율성을 추출함으로써 역사적인 보편기준과는 무관하게 되고 말았다. 결국 확인가능한 기능주의적 접근방법을 택하여 부와 힘의 양적 증대를 설명하는 데에서만 성공하였다고 하겠다.

'근대화론자'들과는 달리 근대화를 체제변질의 현상으로 보는 입장에서는 근대적 변화를 전통사회내에서 발생했던 변화와는 근원이 다른 것으로 취급한다. "근대화라는 변화는 확립된 구조내에서 제한된 선택을 통한 변천이기보다 구조 자체가 변질되고 있는 체제변질적 성격을 지니고 있다. 균형을 주축으로 그 주변에서의 동요나 변동이 아니라 불균형상태 속에서 부조리와 모순이 갈등을 빚어내고 있는 한편 전통이라는 연속성과 근대라는 불연속성이 서로 조화보다 부조화, 통일보다는 불일치를 자아내는 변화현상이다."[14] 이러한 변화가 근대화라는 체제변질적인 변화로 지속되려면 갈등을 조절할 수 있는 체제가 구비되어 있어야 할 뿐 아니라 변화를 조성하고 흡수동화할 수 있는 능력을 갖추어야 하는데 明治日本은 근대화의 의욕만 앞서고 갈등과 변화를 흡수동화할 체제를 수립하지 못한 결과 그후의 불행이 나타났다고 파악하는 것이다.

그러나 분명히 근대화를 역사 발전단계로서 자본주의 성립과 이후의 자유주의·민주주의로의 변화로 보는 학자들은, '근대화론자'들이 근대의 개념에서 계급적 요소를 배제하고서 이를 끊임없는 진보의 과정으로만 그리려한다고 비난한다. "역사적 범주로서 근대화가 어떻게 정의되든 그것은 반드시 자본주의의 형성·발전과 결부되어야 한다. 공업화에는 자본주의적 공업화도 있는가 하면 사회주의적 공업화도 있고, 민주주의에는 부르주아 민주주의도 프롤레타리아 민주주의도 있다. 둘 사이에는 결정적인 차이가 있으므로 그 차이를 무시하여 공업화 일반이나 민주주의 일반으로 상정, 근대화로 규정하는 것은 역사와 현실의 이해 및 평가에 중대한 과오와 혼란을 가져온다"는 것이다.[15] 부와 힘의 분배구조의 변화와 인간의 가치의식의 변화에 중점을 둔 마르크시스트학자들은 세계사적 보편성의 일본에서의 적용이라는 목표를 갖고 있었다.

이들은 '근대화론자'들이 일본근대화의 밝은 면에 관심을 두고 있는 데 반하여 근대화과정에서의 갈등 희생 등과 같은 어두운 면을 중시하고 있다. 그런 점에서 일본근대화에 대하여 다분히 부정적이다. 德川시대에 대한 평가에서도 이들은 근대화의 싹이라는 발전적인 면을 인정하려 하지 않고 오히려 더 압도적이었던 요소――봉건적 압제와 착취가 지배했던 시대로 보고 있다.

그러나 明治시기의 변화과정을 어떻게 평가해야 할 것인가를 놓고 이들 일본의 左派들 사이에는 견해의 차이가 있다. 즉 일본에서 근대화 추진단계라 할 明治시기를, 德川시대 말기에 접속되는 봉건제의 마지막 단계――절대주의체제의 확립기로 보는 입장이 있는가 하면, 다른 쪽에서는 이 시기에 불완전하나마 부르주아 자본주의체제가 형성되었던 것으로 보는 것이다. 前者를 '講座派', 後者를 '勞農派'로 부르고 있다.[16] 講座派에서 明治시기를 절대주의체제의 확립에 불과하다고 주장하는 논거는, 明治維新 이후에도 지배층은 사실상 德川시대의 지배층과 본질적으로 같은——단지 불만에 차 있었던——봉건무사 출신들이었고 생산구조 면에서는 가장 기본적인 토지소유제도에 별다른 변화가 없었으며 사회적으로도 근대적인 개인·자유의식이 없는 가부장적 권위주의체제가 지배하고 있었다는 점이다. 초기에 나타났던 自由民權運動도 체제 전반에 걸쳐 부르주아 민주주의화를 성취할 가능성이 없지도 않았으나 압도적인 절대주의 관료독재 아래서 실패하고 말았다고 講座派에서는 설명하고 있다. 현실적으로 封建遺制가 지배적이었다고 주장하는 講座派에 대하여 勞農派에서는 明治 초기의 제도개혁과 그 영향을 무시할 수 없다고 맞선다. 바람직한 근대화의 방향으로 나아가지는 못했지만 제도적으로는 근대자본주의·부르주아 지배체제를 구축, 입헌대의제를 수립하였고 토지소유 관계에서의 사적 독점권을 인정하였으며 모든 경제부면에서는 근대 산업자본주의적 혁신이 이루어지고 있었다는 것이다. 조숙하고 강압적인 자본주의화로 인하여 일본은 결국 그 갈등을 극복하지 못한 채 제국주의체제로 변신하고 말았다는 것이 勞農派의 '半부르주아 혁명설'의 근거이다.

양파 모두 봉건적 속박과 불평등으로부터의 해방을 근대화의 목표로 삼았다는 점에서 '근대화론자'들과는 큰 차이를 내고 있으나, 明治시기에 대한 평가가 이렇게 서로 다른 것은, 양파의 논쟁이 처음 시작된 1920년대말의 일본의 상황과 과제에 대한 대립된 인식을 이들이 逆으로 각각 추적하여 간 것이었기 때문이다. 그러나 이들은 지금까지도 일본학계에서는 가장 대표적인 학설로 계승되어 오고 있다.

Ⅲ.

외부적 요인으로 눈을 돌려볼 때, 일반적으로 개항과 그 이후의 시기에서 외적 요인은 오히려 일본의 발전에 도움이 되어왔다고 생각되기도 하였다. 즉 개항은 강제적으로 되었다 해도 이에 앞서 중국이 일찍이 영국에 패하여, 일본이 받게 될 충격을 어느 정도 줄이는 역할을 했다고 본다. 물론 개항 후 식민지화되지 않을 수 있었던 원인은 중국에서의 太平天國의 亂, 인도에서의 세포이반란(1857), 유럽에서의 크림전쟁(1853~1856), 미국에서의 남북전쟁(1861~1865) 등으로 일본을 침략하려는 서양강국들이 다른 곳에 힘을 쏟을 수밖에 없었다는 견해 또한 있다. 특히 인도와 중국에서 민족적 저항에 부딪쳤던 경험은 서양강국들에게 정치적 침략이 커다란 희생을 가져올지도 모른다는 불안을 주어 일본은 다행스럽게도 주권의 제한을 받는 것과 같은 서양의 침략형태를 벗어날 수 있었다는 주장도 일부 마르크시스트로부터 나왔다. 한편 외압 자체가 일본에게는 해롭다기보다는 "위기감을 일으키기에는 충분히 강하나 절망적일 만큼 압도적이지 않은 [외압의] 자극이 지속적으로 가해진 것은" 근대화의 노력을 촉진하는 데 가장 적절한 것이었으리라고 추론하는 특이한 입장도 있다.[17]

그러나 이러한 피상적인 외압의 인식을 넘어 일본의 근대적 변혁을 내적 요인이 아닌, 그 내적 필연성이 세계 자본주의라는 외압에 포섭되는 국제적 계기라고 지적하는 논의가 1960년대부터 활발해졌다. 이 논의는 외압 및 이에 대한 내적 대응의 성격을 둘러싸고 관점이 달라진다. 처음 닥쳐온 외압의 정도나 성격은 어느 나라에서고 비슷하였던 만큼 일본에서도 半植民地化의 위기는 존재하였다고 시바하라 다쿠지(芝原拓自)는 보았다.[18] 그럼에도 불구하고 일본이 아시아의 다른 나라와 달리 '전제적 국가자본주의적인 내부변혁'에 의해 독립을 지켜나갔다고 하면 이는 외압이라고 하는 세계사적 규정성과 내부적 요인이라고 하는 일본적 특수성간의 통일적 파악이 필요한 것이다. '경제적 유럽화'의 길을 택한 '維新變革'의 과정은 민족적 독립의 확보를 최대 과제로 한 것으로, 힘들게 반식민지화의 위기를 벗어난 것은 中·下級 武士的 중간층의 개량적 지향과 인민의 혁명적 지향의 통일노선이 승리한 것으로 판단한다. 그러나 '경제적 유럽화' 추진의 과정에서 서양자본주의 세력과 일본 인민간의 모순이 국내적 계급모순으로 전환케 되기 시작하자 그것이 제국주의적 세계분할의 개시라는 세계사적 단계에 규정되어 明治정부는 국내적으로 反人民的 反革命的 본질, 국제적으로는 침략적 해외

진출의 본질을 드러내게 되었다고 본다.

이에 대하여 도야마 시게키(遠山茂樹)는, 1884년까지는 중국·일본의 근대화가 양의 차이에 불과하였으나 이후 질의 차이로 전환하였다는 주장을 펴 비판하였다.[19] 그는 중·일간의 기로는 1850년대에서 1860년대와 같은 개항 직후의 시기가 아니라 1890년대 세계가 제국주의단계에 들어가는 시점에서 갈라진다고 본다. 즉 1860년대 후반부터 1880년대 전반까지는 외압이 아시아에서 약간 완화된 기간으로서 이동안 일본은 독립을 지키며 자본주의화의 기초를 닦고 조선의 문호를 열게 하여 우월한 지위를 획득한 반면 중국에서는 洋務派가 대두하여 중국 자본주의화의 싹을 트게 하였다. 따라서 이 기간중의 오쿠보 도시미치(大久保利通)가 주도한 明治정권의 정책과 양무파의 정책과는 본질적으로 같은 방향이었다는 것이다. 결국 1880년대 전반까지, 서양자본주의에의 종속의 형태와 정도는 달랐어도 민족국가 창출과 자본주의화는 필연적인 것이었으며 그 실현 가능성은 완전히 사라지지 않고 있었다고 주장하였다.

이에 대하여 시바하라는, 19세기 중반으로부터 제국주의단계에 이르기까지 세계자본주의의 운동법칙은 변함없이 동아시아에 '전반적으로 관철'하고 있다는 견지에서, 외압이 약간 완화되었던 시기의 존재를 부정한다.[20] 오히려 이 시대의 역사환경에서 상대적으로 독립을 유지할 만한 민족적 역량을 일본이 인도나 중국보다 잘 갖추고 있었던 점에서 차이는 유래한다는 것이다. 또한 '帝國主義前夜段階'에서의 중·일간의 근대화의 기본적 동일성에 대하여도 그는 반대한다. 처음부터 양무운동은 반혁명적 매판적인 것이었기 때문에 중·일 두 나라 지배계급의 성격과 방향의 차이, 즉 질의 차이는 이미 존재해 있고 그 총결산이 청일전쟁이었다고 시바하라는 주장한다.

일본내에서 외압의 시기별 차이와 이에 대응하는 민족적 능력의 차이를 중심으로 논의가 계속되고 있는 동안 '종속론'·'세계체제론'적 입장에서 일본의 근대화 초기를 검토한 연구가 나왔다. 이의 선구가 되는 바란(P. A. Baran)은 일찍이 일본은 서양강국들의 침략욕구를 일으킬 만하지 않아 상대적으로 외압의 정도가 약했었다고 보았다.[21] 즉 후진적이고 빈곤한 민중과

빈약한 천연자원·시장, 충분한 식민지 확보와 새롭고 교묘한 침략방식(英國의 경우), 서양강국간의 경쟁과 미국의 출현으로 인한 獨占不可라는 인식이 생겨 일본에 대한 매력을 크게 느끼지 못했고 직접침략의 의도는 그만큼 약했다. 이러한 사이에 일본 국내에서는 애국심이 발흥하고 군사경제적으로 발전하게 되어 대외팽창을 자극하게 되었다는 것이 바란이 일찍이 주장한 바였다.

같은 동아시아권에 있으면서도 중국과 일본은 지역적인 차이로 외압의 정도가 달랐다고 하는 '종속론'적 주장은 모울더(F.V. Moulder)에 의해 좀더 구체화되었다.[22] 먼저 그는 개항 이전의 정치제도나 상품경제의 발전에 따른 여러 변화는 중·일간에 질적 차이는 없었다고 보고 있으며, 더욱이 개항 전의 차이가 개항 후의 근대화의 성패를 가르는 요인이 된다는 것을 부정한다. 따라서 서양강국의 정치적 경제적 종교적 침투와 압력이 중요한 것이다. 중국이 바로 집중적인 침투의 대상이 되어 서양 자본주의국가들에 대한 종속도가 심화되었고, 일본은 그 정도가 약하여 대외적 자립성을 지킬 수 있었다고 본다. 바란의 논거를 부연하여 모울더는, 아시아 다른 나라에 비하여 일본의 상대적 빈약과 이에 따른 서양강국들의 상대적 관심박약을 우선 들고 있다. 무역 면에서도 서양강국들과 중국과의 사이에는 중국의 茶와 영국의 綿製品 같은 主宗品이 중심이었으나 일본과의 사이에는 非主宗品·사치품이 많았으며 일본에 들어온 면제품은 소량에 불과하였다고 분석한다. 더욱이 중국은 연속된 패전으로 이권을 허용하지 않을 수 없었고 內地通商權과 기독교 포교도 인정해야만 했다. 그러나 일본에서는 정치적 경제적 종교적 종속은 극히 미약했다는 것이다. 이러한 외압의 강도의 차이는 곧 그 대상국의 종속도와 깊은 관련을 갖고 있다는 것이 모울더의 주된 논지이다.

이에 대하여 시바하라는 역시 그의 기존 입장을 가지고 비판한다.[23] 중국이나 일본이나 외압의 가장 핵심요소인 協定關稅制·治外法權·最惠國條款은 공통으로 안고 있었다. 다만 중국만이 갖고 있던 부담으로는 공인된 아편무역, 外商의 내지통상권, 기독교 포교권, 總稅務職의 外人任用 등을 들 수 있다. 물론 이는 중국이 처한 불리한 지위를 나타내는 것이기는 하나 이 것이 외압의 기본적 공통성을 갖고 있는 양국간의 근대화의 성패를 규정짓는 요인이 될 수 있는가에 그는 의문을 제기한다. 우선, 무역의 절대액으로 보면 물론 일본이 중국에 비해 적기는 하나 인구비례로 보면 1867년부터는 일본이 더 많은 무역을 하고 있는 것이다. 특히 당시 외압의 중심이라 할 영국의 對日輸出을 보면 1871년부터는 인구당 액수가 중국을 훨씬 능가하고 있다. 이때 일본의 綿絲輸入은 절대액에서도 중국을 상회한다. 그러나 면제품 수입은 1880년대 중반 이후 일본에서 정체되기 시작하여 1890년부터는 면포의 수출국으로 전환하고 있다. 그 원인은 국제사정의 변화에 있던 것이 아니라 明治維新 이래 官·民의 수입 억제와 민간공업 육성에 힘을 쏟았기 때문이라고 시바하라는 단언한다. 자본투자의 면에서도 일본이 안고 있던 外債가 인구당으로는 중국보다도 무거웠다는 계산이다. 그러나 1898년까지는 외채가 상환되고 마는데 이것도 明治국가의 통일과 재정의 집중 그리고 금융제도의 정비라고 하는 대응책이 성공했기 때문이라고 설명한다. 청일전쟁 이후의 사실에 주로 의거하여 투자·이권을 둘러싼 중국의 종속도가 일본보다 심각하였다고 논리를 펴는 모울더에 대하여, 시바하라는 그 이전 1860년대에서 1880년대까지의 두 나라의 대응방식을 따져보지 않는 것은 결과를 원인과 같이 논증하는 것이라고 반박한다.

1860년대에서 1880년대까지에 중국과 일본은 주로 영국의 '非公式' 영향력을 강하게 받고 있기는 하였으나 그래도 국가적 대응이라는 면에서는 주체적인 선택의 폭이 아직도 상대적으로 컸다고 시바하라는 결론짓고 있다. 그의 논리는 그러나 경제적인 외압의 양적 비교에 치중하여 같은 정도의 경제적 외압이라도 그것이 정치적 열세와 결부될 때는 얼마나 심각한 질적 충격을 주는가를 간과하고 있다. 더욱이 공통적 외압상황 아래에서 이에 대응하는 민족적 역량에 따라 근대화의 성패가 갈린다고 하는 그의 논지는 자칫 근대화의 목표를 설정하고 이를 설명하려는 '근대화론자'들의 주장과 혼동될 우려도 있으며, 국제적 계기론을 처음 주창한 그로서는 논리의 모순에 빠질 가능성도 다분히 내포하고 있다.

Ⅳ.

　明治국가가 추진한 일본의 근대화사업은 동아시아의 나라들에게 달성할 수 있는 가능성을 보여준 모델이었다. 그러나 일본 자체가 서양강국들에 의하여 강제로 문호를 열어야 했던 後發國이었던 만큼 일본의 근대화는 처음부터 의존적이고 왜곡된 형태로 나아갔다. 선진국에 대하여는 후진국이면서 동아시아의 후진국에 대하여는 선진국이라는 입장은 일본으로 하여금 양측에 모두 의존적일 수밖에 없도록 하였다. 국내자원과 시장이 한정된 일본이었기 때문에 동아시아의 다른 나라들에 대하여도 의존적일 수밖에 없었다는 것이다.

　왜곡된 일본의 근대화는 많은 갈등과 모순을 국내외에서 야기하였다. 근대화의 방향이 해외침략을 수반하게 될 때, 일본을 바람직한 모델로 여겼던 동아시아의 인민들은 그 침략의 대상이 되었고, 동시에 일본인민들도 해외침략에 이끌리어 근대화의 결실을 맛보지 못하고 오히려 그 희생이 되고 말았다.

　근대화는 부와 힘의 양적 증대가 필수적이기는 하나 그러한 증대가 무엇을 향한 것인가를 심각하게 고려하지 않고 나아갈 때, 이른바 '발전'의 그늘에는 모순·갈등·희생이 쌓여가게 된다는 것을 일본의 근대화는 여실히 보여주었다. 결국 일본의 근대화는 동아시아의 지식인들에게 일면 模範이며, 일면 反模範이기도 한 아이러니로 인식될 수밖에 없었다.

[주]

1) 魏源, 《海國圖志》 권 ʾ51, 〈夷情備採〉, 道光27年(古微堂鐫權).
2) 王曉秋, 《近代中日啓示錄》(北京出版社, 1987), p. 68.
3) 위의 책, p. 217.
4) 위의 책, p. 81.
5) 波多野善大, 〈中國近代史に關する三つの問題〉, 遠山茂樹 等編, 《歷史學論集》(河出書房, 1961), p. 305.
6) Samuel C. Chu, "China's Attitudes toward Japan at the Time of the Sino-Japanese War," Akira Iriye ed., *The Chinese and the Japanese*(Princeton University Press, 1980),

  pp. 93~94.
 7) 彭澤周, 《中國の近代化と明治維新》(同朋社, 1976), pp. 109~127.
 8) 위의 책, pp. 195~206.
 9) 閔斗基, 〈戊戌改革運動의 國際的 環境〉, 《中國近代改革運動의 研究》(일조각, 1985).
10) 小島晋治 等, 《中國人の日本人觀100年史》(自由國家社, 1975), pp. 70~76.
11) 이에 관하여는 金容德, 《明治維新의 土地稅制改革》(일조각, 1989), 제1장 참조.
12) J. W. Hall, "Changing Conceptions of the Modernization of Japan," M. B. Jansen, ed., *Changing Japanese Attitudes toward Modernization*(Princeton University Press, 1965), p. 19.
13) C. E. Black, et al., *The Modernization of Japan and Russia*(Free Press, 1975), p. 344.
14) 韓培浩, 《日本近代化研究》(고려대출판부, 1975), p. 227.
15) 井上淸, 〈近代化への一つのアプローチ〉, 《思想》(1963. 11.), 武田淸子 編, 《比較近代化論》(未來社, 1970), pp. 234~235.
16) 金容德, 앞의 글 참조.
17) 佐藤誠三郎, 〈近代日本をどうみるか〉, 中村隆英 等編, 《近代日本研究入門》(東京大學出版會, 1977), p. 15.
18) 芝原拓自, 〈明治維新の世界史的位置〉, 歷史學研究會 編, 《世界史と近代日本》(靑木書店, 1962).
19) 遠山茂樹, 〈東アジアの歷史像の檢討——近現代史の立場がら〉, 幼方直吉 等編, 《歷史像再構成の課題》(御茶の水書房, 1966).
20) 芝原拓自 等, 〈明治維新と洋務運動〉, 위의 책.
21) P. A. Baran, *The Political Economy of Growth*(1957), pp. 151~161; 芝原拓自, 《日本近代化の世界史的位置》(岩波書店, 1981), pp. 8~9.
22) F. V. Moulder, *Japan, China and the Modern World Economy*(Cambridge University Press, 1977), pp. 21~23, 199~203.
23) 芝原拓自, 〈國際關係からみた日本の近代化〉, 永井道雄 等編, 《明治維新》(東京大學出版會, 1986), pp. 82~87.

日本近代史

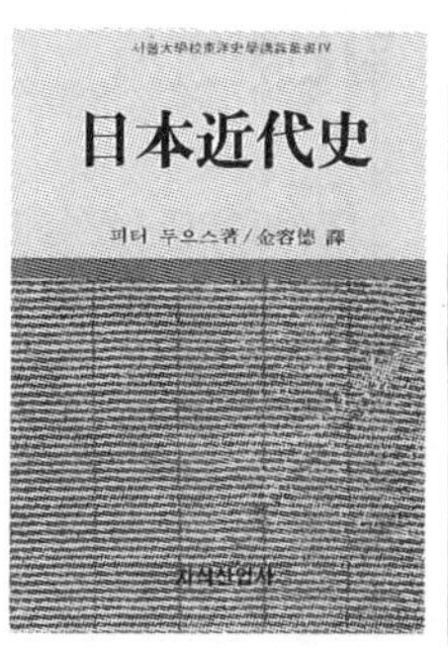

피터 두으스 著 / 金容德 譯
신국판 / 반양장 318쪽

日本史의 객관적 이해를 돕기 위하여 지나친 해석 위주와 사실 나열에서 벗어나 여러 설명방법을 객관적으로 종합하여 요약하였으며, 주로 일본의 정치·경제·사회·외교면을 다루어 근대 일본의 역사를 알아보려는 독자들에게 안내역을 제공한 책이다.

日本近代史論

高橋幸八郎 著 / 車泰錫·金利進 譯
신국판 / 반양장 366쪽

日本의 현대 역사학 연구의 일반적 동향 내지는 수준에 대한 배려 아래 이루어진 일본 근대사의 이른바 총괄적 서술이라 할 수 있는 책으로 '세계역사학회 일본위원회'가 외국학도를 위하여 만든 것으로서 일본 근대사의 기본 문제들에 대하여 각기 전문분야를 대표하는 역사가들이 분담, 집필하여 그 자체가 치밀하고 독립된 일본 근대사이다.

日本의 歷史

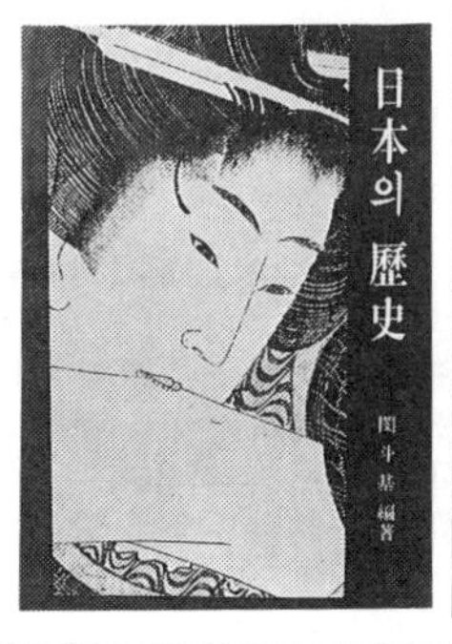

閔斗基 著
신국판 / 반양장 344쪽

우리처럼 日本을 정확히 알아야 할 나라나 겨레는 없을 것이다. 과연 우리는 일본을 아는가, 일본을 안다면 얼마나 알며, 어떻게 알고 있는가. 일본이란 우리에게 무엇인가. 최근 한반도와 일본은 새로운 단계에 접어들고 있다. 이 마당에 우리는 보다 체계적이며 조직적으로 일본을 알기 위한 가장 기본 입문서로서 이 책은 씌어진 것이다.

日本經濟史

나가하라 게이지 編 / 朴玄埰 譯
신국판 / 반양장 324쪽

일본의 경제와 경제사를 자본주의 발달사에만 한정시키지 않고, 전 시기에 걸쳐 최근의 연구성과를 토대로, 시대별 전문연구자가 철저한 논의를 걸쳐 공동 저작하였다. 이 책은 각 시대별 경제양상을 구조적·이론적으로 파악하는 방향을 강하게 인식하면서 산 역사로서의 발전과정에 일관성이 있도록 집필한 것이 특징이다.

일본미술사

武藤 誠 著 / 姜德熙 譯
신국판 / 반양장 332쪽

　미술을 통해서 일본문화의 전개를 원시부터 근대까지 일관해서 기술함으로써 미술 방식의 기법이 그 시대상이나 사회상과 어떻게 유기적인 관계를 맺고 있는가를 아주 자연스럽게 보여주고 있다. 이 책에서는 각 시대에 나타난 대표적 작품의 해설뿐만 아니라 그 작품의 시대적 배경도 충분히 조명해 주고 있는 것이다.

사회와 사상 9
日本言論界와　朝鮮

姜東鎭 著
신국판 / 반양장 366쪽

　이 책은 한국이 일본제국주의의 식민지였던 시기에, 일본의 언론인을 비롯하여 민본주의자나 사회주의자 등 지식인이 식민지 조선에 대하여 어떠한 인식을 가졌으며, 어떠한 논리로 그 지배정책론을 전개했는가 하는 것을 한일합방 직후기, 무단통치기, 3·1운동기, 문화통치기, 식민지 파시즘통치기 등 5개의 장으로 나누어, 일제통치기 36년간의 일본의 유력 전국지의 사설과 유력 종합잡지에 실린 한국관계 논문의 분석을 통하여 체계적·실증적으로 밝혀내려는 책이다.

日本資本主義 論爭

G.A.Hoston 지음 / 김영호 · 류장수 옮김
신국판 / 반양장 430쪽

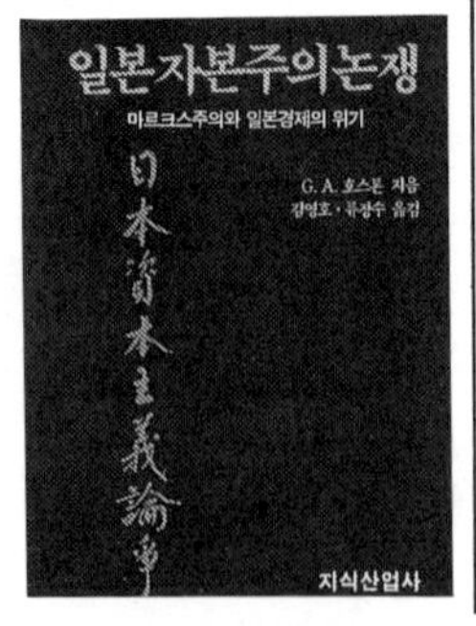

　이 책은 일본에서의 2단계혁명을 요구하는 코민테른테제에 반대하여 노농파가 일본공산당에서 이탈한 1927년부터 현재까지 일본에서 마르크스주의의 발전과정과 의미를 노농파·강좌파 논쟁을 통하여 체계적으로 분석한 것이다. 특히 이 책은 그간의 유럽적 상황 속에서만 적용되던 마르크스주의를 아시아적 상황 속에서 분석함으로써 일본을 포함한 후진국가들의 경제적 상황을 이해할 수 있는 이론적인 틀을 제공해 주고 있다.

講座中國史　Ⅰ~Ⅶ (전 7권)

서울大學校 東洋史學研究室 編
1~7권 신국판

　중국사에 대해 초보적인 지식은 있으나 좀더 깊이, 더 넓게 알고 싶은 독자를 상대로 한 새로운 편제의 현대식　중국역사총서로서 통사적 객관성과 논문식 주관성을 적절히 배합한 것이 특징이다.
　또한 기존의 중국사 전반에 걸친 주요 문제를 고대문명에서 근현대까지 모두 31명의 저자가 36장의 논문으로 나누어, 각장이 하나의 독립된 주제를 갖고 기존의 연구성과를 수렴해 서술하였다.